돈을 생각하다

인생을 좌우하지만 제대로 이야기해본 적 없는

돈을 생각하다

○— 니콜라우스 브라운 지음 · 박제헌 옮김 —○

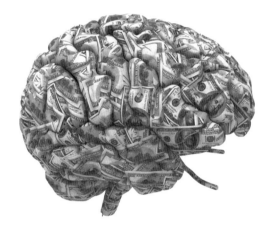

Über Geld nachdenken

ć
청림출판

일러두기

1. 이 책의 내용은 저자의 개인 견해를 나타내며 오로지 교육에 초점을 두고 있습니다. 책에 수록된 지침을 따름으로 인해 발생하는 손해에 대해서는 책임을 지지 않습니다.
2. 이 책에서 소개하는 부동산, 금융, 보험 관련 내용은 독일 및 유럽 기준이며, 한국의 상황과 상당 부분 다를 수 있습니다.
3. 옮긴이주는 1유로당 한화 1300원 정도의 가치로 계산하여 표기했습니다.

돈에 관한 올바른 질문

돈이 가난보다 낫다.
오직 금전적 이유에서만.

- 우디 앨런

세상에는 수많은 금융 컨설턴트가 있다. 그 중 대다수는 실력이 아주 형편없고 지적 수준마저 떨어지지만, 몇몇은 상당히 훌륭한 자질과 탁월한 전문 지식을 갖추고 있다. 언뜻 보면 유독성 폐기물과 대단한 합리론자의 사이만큼 엄청난 간극이 있는 듯하다. 그러나 개인 투자자 눈에는 모두 그저 돈 굴리는 사람으로 보일 뿐이다. 게다가 수많은 사람이 책을 통해 성공의 비결을 이야기하는 것도 투자자의 판단을 흐리게 만드는 요인이다. 대개 책 내용이 명백히 모순되는 주장을 담고 있기 때문이다. 이런 책에 담긴 조언은 투자자가 애초에 세웠던 목표를 상실하거나 투자 전략을 전부 뜯어고치게 만들어버렸다. 아주 훌륭한 금융 컨설턴트를 둔 고객조차 투자에 실패하고 있다.

왜 그럴까? 금융 컨설턴트는 말 그대로 오로지 돈에 초점을 맞추고 일하는 사람이다. 금융 컨설턴트가 던지는 질문은 항상 똑같다.

나는 무엇을 해야 하는가?

컨설턴트는 최고의 투자, 최선의 전략을 고민하고 끊임없이 최신 정보를 업데이트한다. 또한 자본의 투입과 회수 시점을 계산하고, 부동산에 투자할 때는 자금 조달 방안을 구상한다. 이 작업에는 매우 복잡한 기술과 접근 방식이 필요하다. 돈은 (일단 표면적으로는) 합리적인 존재로서 자기 분야에서 우위를 점하고 있기 때문에 이런 방식이 잘 들어맞는다. 이 글을 읽는 여러분도 그동안 한 번쯤은, 최적의 투자 시점을 고민하며 갖가지 투자 방도를 찾아 헤맨 적이 있을 것이다. 현실이 불만족스럽고, 기존의 투자 방식을 고수하면 성공이 보장되지 않는다고 생각하기 때문이다.

'나는 무엇을 해야 하는가?'라는 질문 자체는 나쁘지 않지만 너무 함축적이다. 오히려 '나에게 돈이 왜 중요한가?'라고 묻는 게 이 책의 주제에 더 가깝다. 구체적으로는 다음과 같은 질문을 던질 수 있다.

내가 가진 돈이 내 인생이나 정체성과 무슨 상관이 있는가?
돈에 휘둘리지 않고 사는 법은 무엇인가?
돈이 없어도 불안하지 않을 방법은 무엇인가?
인생을 더 만족스럽고 행복하게 사는 방법은 무엇인가?

나는 당신의 투자를 향한 첫걸음을 함께하며 이런 질문에 답하려 한다.

내 목표는 독자 여러분에게 경제 나침반을 만들어주는 것이다. 이 나침반을 사용하면 우리 각자의 삶에 적합한 자산 형성을 계획하고 적절한 소비 시점을 판단할 수 있다. 나는 처음부터 끝까지 돈 얘기만 하기보다는 여러분이 지속 가능한 미래 계획의 기반을 명확히 다지게 하고 싶다.

'그 기반이란 게 뭔가?'라고 질문하기 전에 해결할 문제는 '어떻게 그 기반에 접근할 것인가?'다. 어떻게 하면 기반을 형성할 때 방해가 되는 강력한 적을 무너뜨릴 수 있을까? 여기서 적이란 금융 산업과 금융 언론이다. 그리고 가장 막강한 상대는 인간의 감정이다.

그렇다면 인간이 저지르는 심각하고 중대한 실수를 예방할 수 있는 조치는 무엇인가? 위험과 수익률에 관련된 가장 중요한 원칙은 어떻게 만들어지는가? 현명하게 예산을 짜고, 살아가면서 적재적소에 돈을 쓰는 요령은 무엇인가?

접근 방식이 명확하면 전반적으로 여유롭게 행동할 수 있다. 이 것은 인간 내면의 불안을 잠재우고, 터무니없는 재정적 조언에 휘둘리지 않게 해준다. 자산 형성 전략의 성공 확률을 높이려면 근거 없는 뜬소문을 믿어선 안 된다.

이렇게 확고한 기반을 다져야 하는 이유와 그 방법을 파악하고 나면 성공을 가정하고 '무엇을 해야 하는가?'라는 물음에 집중할 수 있다. 이 시점에서 나는 수많은 재무 컨설턴트와 뚜렷한 차별점이 있다. 고객의 재무 상태를 최상으로 유지하는 일보다 고객의 인생에서 최적의 상태를 찾는 일에 더 높은 비중을 두기 때문이다.

인생에서 최적의 상태를 달성하려면 자산 전략이 단순하고 투명하며 명확하고, 관리가 쉬워야 한다. 이것은 고객의 자산을 소수점 아래까지 파악하는 일보다 더 중요하다. 나는 여러분이 쉽게 이해하고 감당할 수 있는 한도 내에서 알맞은 해결책을 제시하려 한다. 이러한 해결책은 완벽하진 않아도 충분히 좋은 방안이 될 수 있다. 어떤 방책이 나오든 간에 내가 매일 만나는 개인 고객의 98%에게 건네는 조언보다 나을 것이다. 그러나 방심은 금물이다. 내가 하는 제안이 이해하기는 쉬워 보여도 실천하기는 힘들 것이다.

우리 인생은 돈과 별개로 생각할 수 없다. 이 책에서는 부동산, 유가 증권, 저축을 다룬다. 추가로, 비상시 대비책과 해결 방안을 포함시켰다. 이 대목에서는 무슨 보험을 해약하고, 어떤 보험이 필요한지 설명하며 유언장의 필요성을 언급한다. 미처 대비하지 못한 위험에 부딪혀 인생 계획에 차질이 생긴다면 완벽한 재정 전략이 있다 한들 무슨 소용인가?

삶의 질을 높이기 위해 돈이 필요하다면 돈을 모으려는 강박에서 어떻게 벗어날지도 생각해봐야 한다. 나이가 들면서 가난에 쪼들리지 않게 소비를 조절하는 방법은 무엇인가? 돈을 시간, 물건, 경험으로 바꾸는 가장 현명한 방식은 무엇인가? 돈을 더 행복하고 만족스럽게 쓰는 방법은 무엇인가?

이 책이 단순한 재무 컨설팅 도서가 아닌 인생의 조언자가 되었으면 좋겠다. 내가 매일 진행하는 금융 상담과 연계하여, 구체적인 재정적 결정이 어떻게 삶의 질에 지속해서 영향을 미치는지 보여주고자 한다.[1] 돈이 인생의 핵심 요소임은 틀림없다. 그래서 나는 여러분이 미래에 돈을 더 현명하고 침착하게 다뤄서 유능한 결정을 내리게 하고 싶다. 이렇게 내려진 결정은 더 나은 인생을 살도록 해준다. 다만 돈이 아닌 성공적인 인간관계가 진정으로 삶의 중심에 놓여야 한다는 사실을 간과해선 안 된다.

돈 문제를 너무 심각하게 받아들일 필요는 없다. 돈에 관해 너무 많이 생각하다 보면 매사에 불만이 가득하고 불행하다고 느끼게 된다. 돈에 너무 심취하면 자신을 불편한 사람으로 만들어갈 수도 있다. 그래서 유익하고도 단순한 소비 결정이 절실하게 필요하다.

돈을 취급할 때 최선의 정답까지는 필요하지 않다. 좋은 결정을 내린다면 그 자체로 충분히 훌륭하기 때문이다. 자산을 꾸준히 불리면서 삶의 질을 높이는 결정을 내리는 편이 끊임없이 완벽함을 추구하는 것보다 낫다.

2장 나에게 돈은 무엇인가

3장 어디에 투자할 것인가

4장 돈, 어떻게 쓸 것인가

Über Geld nachdenken

1
장

돈에 대한 생각들

당신은 평생 돈에 관해 단 한 가지 질문을 던진다고 생각한다. '얼마를 벌 것인가?' 그러나 나는 여기에서 그치지 않고 계속해서 물었다. 정말 중요한 질문은 바로 이것이다. '내가 누구인지를 결정하는 데 있어 돈의 역할은 무엇인가?'[1]

- 조지 킨더George Kinder

한번 물어보겠다.

최근에 돈 얘기를 진지하게 한 것이 언제였나?

누구와 대화를 나눴는가? 배우자, 부모님, 아이들, 친구 외에 돈 얘기를 나눈 사람이 있는가?

대화는 재미있었는가? 대화를 하면서 새로운 사실을 알게 되었나? 대화를 나누고 나서 마음이 편안해졌거나 만족스러웠나?

여러분의 답은 다음의 세 가지 정도가 될 것이다.

한 번도 한 적 없음.

누구와도 그런 대화를 나눈 적 없음.

아니요.

독일에는 돈에 관련된 동의어만 100개가 넘는다. 사실 돈을 주제로 대화를 나누지 않는 게 나쁜 일은 아니다. 그러나 이성적인 측면에서 보면 우리가 왜 돈에 대해 말하는 법을 배우지 못했는지 이해하기 힘들다. 불교의 승려나 농장에서 일하는 자급자족 노동자가 아니고서야, 돈은 분명히 인간의 삶을 좌우한다. 돈은 삶의 수준뿐만 아니라 인간의 가치, 관계, 정체성까지 결정한다. 그렇다면 어째서 돈보다 섹스, 정치, 종교를 주제로 대화하는 편이 더 수월할까?

우리는 자본주의 시대에 살고 있다. 돈은 사회를 돌아가게 하는 연료이며 우리는 언제나 화폐를 손에 쥐고 있다. 돈은 삶의 거의 모든 영역에 막대한 영향을 끼친다. 그러나 우리가 돈에 관해 소통하는 능력은 제로(0)에 가깝다. 아주 중요한 부분이다! 돈을 주제로 즐거운 대화를 나누지 못하는 것은 인생이라는 비행기가 목적지도 없이 그저 떠다니는 것과 같다. 소통의 부재는 재정적으로 심각한 실수를 범하는 주요 원인이 된다. 말하지 못한다는 건 곧 생각할 줄도 모른다는 뜻이기 때문이다.

그런가 하면 어떤 사람들은 적극적으로 돈 얘기를 한다. 누구나 TV에 등장한 연예인이 자기가 매매한 주식에 관해 일장 연설을 해대는 모습을 본 적이 있을 것이다. 어떤 사람은 엄청난 위험을 피해 자산을 불린 비법을 떠벌린다. 손해 한 푼 보지 않고 부동산 투자로 자산가가 된 경험을 나누는 자도 있을 것이다.

이런 무의미한 말에 귀를 기울이지 마라. 허풍쟁이가 하는 말을 아무리 많이 들어봤자 인생에 도움이 될 지식은 하나도 없다. 오히려 부정적인 영향만 끼칠 뿐이다. 자본가나 투자 전문가를 자처하는 이들이 오히려 우리가 잘못된 결정을 내리도록 할 수도 있다. 바로 이런 결정이 삶의 수준을 위협한다. 나아가 인간의 지성을 마비시키고 내면의 평화를 파괴한다.

　우리가 비이성적인 결정을 내리는 이유는 금융 교육을 받지 못했기 때문이다. 제대로 된 금융 교육을 받지 못하는 것은 사회적 지위와 상관이 없다. 일반 노동자부터 의사까지, 다양한 집단 구성원들이 충분한 금융 교육을 받지 못했다. 이자율을 계산할 줄 모르고, 자본시장에 대한 기본 지식도 없으며 리스크에 대응할 능력이 없다. 금융 지식을 완벽하게 숙지하라는 의미가 아니다. 그저 절반, 아니면 반의반 정도의 지식만 있어도 된다. 금융은 학교에서는 배우지 못하는 영역이다. 금융업계는 많은 정보를 알고 있는 고객이 필요 없으므로 금융 관련 수업을 정규 교육 과정에 포함시키지 않는다. 금융업자들은 고객이 이미 계산기나 수학 기본 공식으로 웬만한 문제를 해결할 수 있다고 여긴다. 그러므로 괜히 상품 판매에 방해만 되는 정보를 추가로 제공할 필요를 못 느낀다.

　문제는 돈을 합리적으로 이해할 수단이 차단되는 것에 그치지 않는다. 돈과 정서적 교감을 나누는 일까지 힘들어진다. 무지는 교육으로 깨우칠 수 있다. 예를 들어 분별력 있는 금융 전문가의 책 몇 권을 읽는 것으로도 가능하다. 그러나 정서적으로 교감하는 문제는 그보다 복잡하다. 단지 엑셀 시트에 적힌 숫자를 계산하는 일을 돈이 가진 역할의 전부로 표현할 수 없다. 우리 감정에 부정적이고 긍정적인 면이 모두 존재하듯, 돈에도 항상 유쾌한 면만 있지는 않다. 이 대목에서 많은 사람이 감정을 표현하거나 생각하는 범위가 좁아진다. 예를 들어 친구가 최근 승진을 하고 새 차를 산 일을 못마땅하게 여기는 마음이 그렇다. 또는 '부자'가 외로움을 토로할 때, 그것을 가진 자의 배부른 투정으로 치부해버리는 일도 정서적 교감이 부족한 탓이다. 이때 무슨 생각을 했는가? 시기심을 없앨 수는 없었는가? 왜 우리는 돈이 삶에 끼치는 긍정적인 영향에 관해 이야기하는 걸 배우지 않았을까? 어째서 돈이 타인의 삶을 부정적으로 바라보고 지레짐작하도록 만들었을까?

돈 얘기를 하다보면 또 다른 특성이 있음을 알 수 있다. 처음에는 물 흐르듯 평온하게 진행되다가 순식간에 감정적으로 막다른 길에 다다른다.

"아빠, 어제 니키가 부모님이랑 〈마술피리〉를 봤대요!"

"오페라 같은 건 돈 많은 부자들이나 보는 거야."[2]

놀랍지 않은가! 불과 4초만에, 부모의 한마디 탓에 아이 인생에는 '돈은 부정적인 것'이라는 인식이 박혀버렸다. 그 부정적인 돈으로 관람하는 오페라도 나쁜 것이 되어버렸다. 아이가 나중에 성공해서 부자가 되어도 돈에 대한 부정적 고정관념은 없어지지 않을 것이다. 이처럼 어떤 부모는 아이가 예술적 경험을 하고 윤리적 가치관을 지닌 자산가가 될 기회를 박탈해버리기도 한다. 우리 부모 세대도 돈을 제대로 생각하는 법을 배우지 못했기 때문이다.

우리가 돈에 대해 훌륭하고 유의미한 대화를 나눌 수 있다면 얼마나 좋을까? 돈이 중요한 이유를 합리적 관점에서 생각해보자. 이 과정을 거치고 나면 소득 활동, 투자, 지출에 이르기까지 재정적으로 좋은 결정을 내리는 견고한 기반이 형성될 것이다.

돈과 소통하는 능력이 부족한 경우, 그것을 해결하는 첫 단계는 돈에 관한 설화에 얽매이지 않는 것이다. 돈이 생각만큼 중요하지 않다는 사실도 깨달아야 한다. 그러나 그전에 우선 돈이 우리 사회와 삶을 어떻게 지배하는지 알아야 한다.

돈의 설화에서
자유로워지는 법

돈은 합리적인 존재로 보인다. 돈의 가치는 아주 복잡하게 얽힌 중앙은행, 일류 경제 전문가와 수학자가 결정한다. 그들은 통화량을 계산하고 제어하며 인플레이션이 일어날 확률을 추적하고 금리를 결정한다. 국가 간에 서로 다른 화폐를 사용해도 상품과 서비스로 제한 없이 교환할 수 있다. 이때 시장의 법칙은 철저히 냉정하고 논리적이다. 이 법칙이 전 세계적으로 적용될 수 있게 하는 효율적인 자본시장이 존재하기 때문이다.

그런데 돈이 그토록 합리적이라면 어째서 그것을 바라보는 우리의 시각은 설화라는 허상과 감정에 사로잡혀 감정적이기만 할까? 이해 가능한 해석 하나는 돈이 합리적이라는 기본 가정이 완전히 틀렸다는 것이다. 돈 자체는 객관적인 존재가 아니다. 돈은 인간이 그것을 굳게 믿기 때문에 작용하는 집단적 허상이다. 이런 믿음은 정부, 대통령, 황제, 나아가 신에 대한 믿음과도 비슷하다.

이제 돈이 인류 발전을 촉진한 사례를 알아보자. 한 농촌 마을이 있다. 이 마을 주민은 모두 자신의 수확물로 자급자족하고, 비축 후 남은 것은 다른 사람과 물물교환한다. 이런 과정이 별문제 없이 진행되는 것은 주민들의 활동이 덜 전문적이고, 상호 신뢰가 높으며 마을 규모가 작기 때문이다. 그러나 마을 규모가 커지고 주민의 활동 범위가 세분화되면 과거 방식을 고수하기 힘들어진다. 어떤 농부가 급히 곡식으로 농기구를 구하려 하는데 농기구 상인에게 이미 충분한 곡식이 있다면 농부는 물물교환으로 원하는 물건을 얻을 수 있을까? 상인이 곡식 대신 아내에게 줄 장신구나 새 신발을 원한다면 이 문제를 어떻게 해결할 것인가? 이때 가장 쉬운 방법은 곡식을 목걸이로 바꿔줄 사람을 찾는 것이다. 그런데 만약 농부가 필요한 농기구는 한 개뿐인데 구해온 목걸이가 농기구 두 개 내지는 두 개 반 정도의 값어치를 하면 어떻게 하겠는가? 이처럼 교환 경제는 인간이 경제적으로 협력할 때 어느 순간 분명한 한계점에 다다른다.

이 문제를 해결할 타협점으로 금속 덩어리가 등장했다. 금속은 매우 무겁고 휴대성도 떨어졌지만, 곡식 같은 물건보다는 운송이 수월한 편이었다. 그리고 형태가 변하지 않았으므로 처치 곤란할 일도 없었다. 게다가 금속은 도구나 무기의 원료로 쓰였으니 교환 수단으로 충분한 가치를 했다. 다만 무게가 표준화되지 않고 품질이 보장되지 않는 점이 문제였다. 정해진 기준이 없었기 때문에 당시 위조나 변조 문제는 그리 심각한 수준이 아니었다. 사람들은 일단 보편적인 교환 수단으로 쓰기 위해 금과 은으로 표준 크기의 동전을 만들었다. 그러나 여기서 새로운 문제가 발생한다. 순수한 금과 은은 위조와 변조가 쉬웠기 때문이다. 게다가 순수한 금화와 은화는 너무 물러서 실생활에 쓰이기엔 큰 어려움이 있었다. 화폐의 진가는 희소성과 복제 불가능하다는 특성에서 발휘된다. 그리고 일단 정부 기관의 보증이 있어야만 화폐를 보편적 교환과 축재 수단으로 여길 수 있다.

통치자들은 동전에 자기 초상화를 새겨 넣어 화폐의 가치와 자신의 주권을 동일시하기도 했다. 그런 이유로 국가 주권에 반하는 화폐 위조범에 대한 처벌은 현재까지도 매우 엄격하다. 또한 신의 권능을 나타내는 수단으로 돈의 가치를 이용하기도 했다. 그래서 대다수의 고대와 중세시대 동전에는 권력자의 주권을 상징하는 표식과 더불어 고대의 신이나 알라의 계시를 나타내는 문양이 있다. 화폐에 새겨진 종교적 상징은 사용자가 화폐 가치를 훼손하는 위법을 하지 않도록 경각심을 불러일으켰다.

기원전 7세기, 리디아인은 금과 은으로 동전을 만들었다. 이로 인해 유럽, 북아프리카, 아시아까지 화폐가 빠르게 유통되기 시작했다. 스페인이 중앙아메리카를 발견한 후 살아남은 원주민은 자신들이 흘린 피를 통해 현실을 깨달았다. 쓸모없어 보였던 노란 금속이 나은 삶을 보장해주는 매우 귀중한 가치를 지니고 있었던 것이다. 금화와 은화를 화폐로 통용한 일은 전 세계적으로 유래를 찾을 수 없을 정도로 성공적이었지만, 그것만이 유일한 거래수단은 아니었다. 지역에 따라 소금, 돌고래 이빨, 조개, 달팽이 등을 사용하는 곳도 있었다.

금의 가치를 미처 알지 못했던 아즈텍 원주민은 금을 소유한 탓에 문화가 파괴되고, 수많은 생명을 잃는 비극적 결말을 맞이했다. 당시 아즈텍 원주민이 화폐로 사용한 물건은 바로 카카오 열매였다. 현대인의 관점에서는 이상하고 터무니없어 보이는 거래 수단이지만 지급 구조상으로는 금화나 은화와 다르지 않다. 소금과 카카오 열매는 적어도 원료로써 실질적 가치가 있지만 조개, 돌고래 이빨, 달팽이, 금, 은은 그저 장식품에 불과했기 때문이다. 다만 이 장식품들이 위조가 불가하고 희귀한 자산이었으므로 화폐의 역할을 수행했다고 볼 수 있다. 또한 지니고 다니기 쉽고 보존성이 뛰어나다는 장점까지 지녔다. 장식품을 화폐로 사용하는 집단은 암묵적 협약으로 장식품의 가치가 미래에도 보장되리라 믿었다. 동전도 화폐로서의 신뢰성을 법적으로 보장받았다.

오늘날까지 돈은 이런 고유한 특성을 간직하고 있다. 돈의 주요 특성은 사회적 약속에 따라 유통되는 인쇄된 종이라는 것이다. 여기서 약속이란 종이에 기재된 가치가 계속 유지될 것이라는 정부와 종교 기관의 규약이다. 현재 미국의 1달러 지폐를 예로 들어보자. 한 면에는 국가 문장과 'In God We Trust(우리는 신을 믿는다)'라는 글귀가 있고, 뒷면에는 미국 초대 대통령 조지 워싱턴의 초상화, 재무장관의 서명과 재무부 인장이 인쇄되어 있다. 국가 권력, 종교적 상징, 불법 행위에 대한 경고를 한눈에 볼 수 있는 좋은 사례다.

여기서는 순수한 결제 수단의 기능만을 이야기하는 것이 아니다. 은행을 마치 신전처럼, 제복을 갖춰 입은 금융업 종사자를 사제처럼, 증권 시황 보고를 엄숙한 종교 의식처럼 바라보는 시각을 말한다. 라틴어 'credere(믿다)'에서 유래한 영어 단어 'credit(신용 거래)'는 곧 '신자'를 의미한다. 그래서 사람들은 은행이 화폐 가치의 존속성을 보장하고, 고객이 맡긴 돈을 언제든 내어준다고 믿는 것이다.[3]

스웨덴은 현금 없는 사회로 바뀌고 있다. 스웨덴처럼 화폐가 종이에 인쇄된 형태가 아닌 숫자로만 나타나는 국가에서는 실물 화폐를 사용하는 나라보다 돈이 추상적인 존재가 될 수밖에 없다. 새로운 화폐 경제 사회는 피해망상을 유발하기도 한다. 혹시 괴짜 해커가 은행 전산망에 침투해 계좌 잔액을 바닥내고 등록 계좌를 전부 삭제해버리면 어쩌지?

다시 한 번 강조하지만 이 시스템은 정부와 모든 국민이 협약을 지킨다는 신뢰가 있어야만 제대로 작동한다. 현대 금융 시스템을 허구로 치부하는 것은 유로화에 비판적인 일부 음모론자들이 화폐를 금으로 유통하자고 하는 주장만큼이나 순진한 발상이다. 종이와 온라인 화폐는 효율적으로 작동하는 집단 허구이자 상호 간에 주관적으로 인지하는 실재다. 화폐를 원시시대 수준으로 대체해야 안전하다는 생각은 그럴싸한 사탕발림에 지나지 않는다.

돈 뒤에 숨겨진 가혹한 현실은 돈이 의외로 나약한 존재라는 점이다. 돈의 효과는 충분히 많은 사람이 돈을 신뢰한다는 가정하에 발휘된다. 정확히는 본인 외에 다수의 타인도 돈을 믿는다고 생각해야 한다. 이런 생각이 돈에 권능을 부여하여 우리를 비합리적으로 행동하고 신화에 맹목적으로 매달리게 만든다. 이 인식을 바로잡으려면 무엇보다 돈을 이성적이고 평온한 마음으로 바라보는 게 중요하다.[4]

돈을 둘러싼 갖가지 환상

∨

돈에 관련된 소통 능력과 사고 능력이 부족하다고 해서 돈에 대한 인간의 도덕 가치 판단과 추측에 영향을 주지는 않는다. 반대로 돈에 무지한 많은 사람이 돈에 대해 놀라울 정도로 다양한 신념을 갖고 있다.

돈은 나쁜 것이다?

인간의 무지에서 비롯된 이러한 신념의 기본 전제는 '돈은 그 자체로 나쁜 것이고, 돈을 소유하면 악인이 된다'는 것이다. 이런 인식은 종교에서 유래되었고 세속화된 사회에서 다소 희석되긴 했지만 큰 틀은 오랫동안 바뀌지 않았다. 성경에 이런 말이 여러 번 나온다.

"부자가 천국에 가는 것은 낙타가 바늘구멍을 통과하는 것보다 어렵다."[5]

이 문장은 '신과 재물을 동시에 섬길 수는 없다'는 뜻이다.[6] 재물을 축적하는 자본주의를 비판하는 사상이 인간 사회 깊숙이 자리 잡고 있다. 이들이 자본주의를 비판하는 이유는 어떤 사람이 부유해질수록 어떤 사람은 점점 가난해진다고 생각하기 때문이다. 이런 사고방식은 선진국과 개발도상국 간 관계나 한 국가 내에서의 빈부 격차를 논할 때도 변함이 없다. 이런 제로섬 논리는 EU에서 공식 빈곤율을 계산할 때나 독일 연방 통계국의 수치 계산에 적용된다. EU와 독일 연방 통계국은 개인 수입이 국민 평균 소득의 40% 이하일 경우를 가리켜 빈곤층으로 분류한다.[7] 그러나 이 주장은 딱히 설득력이 없다. 제로섬 논리에 따르면 백만장자들만 가입한 클럽에 빌 게이츠가 가세하는 경우, 그를 제외한 모든 백만장자가 가난해지기 때문이다. 소비 문화를 비판하는 염세주의와 경제적 성공을 회의적으로 바라보는 시각에서 사람들은 가난을 전형적인 문학 소재로 이상화시켰다. 동화, 통속 소설, 고급 문학까지 가난을 주제로 한 글은 무궁무진하다. 대중은 이런 글을 접하면서 근검절약하고 자신을 통찰하며 저성장 기조를 이해하는 사회적 합의에 이르렀다.

종합적으로 따져보면 절약과 자아 성찰이 비난받을 태도는 아니다. 오히려 사회 정의, 부의 재분배, 자원 소비, 돈의 가치와 관련된 거대 권력은 통제할 필요가 있다. 그러나 부의 권력 통제에 문제를 제기하는 자들이 돈을 모든 악의 근원이라고 규정하는 탓에 엄청난 사고 오류와 위험이 발생하고, 부작용이 나타난다. 일반적으로 자유 시장 경제와 자본주의는 제로섬 게임이 아니기 때문이다. 특히 지난 250년간 돈은 인류의 위대한 성공과 번영의 원동력이 되었다.

현대 자본주의가 '발견'되기 이전, 수천 년 동안 절대 빈곤과 생명을 위협하는 환경은 인류가 감내해야만 하는 문제였다. 자유시장 경제가 선진국 번영의 원동력이라는 사실은 인정하지 않을 수 없다. 당신이나 부모님의 어린 시절을 떠올려보라. 부유한 나라가 가난한 나라의 고혈을 짜낸다는 생각이나, 양극화가 점점 심해지는 세상에 살고 있다는 생각도 잘못되었다. 1970년대에 제3세계로 분류되었던 거의 모든 아시아 국가들의 현재 경제 수준은 대부분 중위권에 속한다. 오늘날 절대 빈곤은 사하라 사막 이남 아프리카 국가들이 겪는 중대한 문제다. 그렇다고 시장이 항상 옳다거나 심각한 문제는 전혀 없다는 의미는 아니다. 그저 돈이나 자본주의가 무자비한 착취의 형태로 나타나는 문제가 있긴 하지만, 문제를 해결하는 가장 중요한 열쇠이기도 하다는 말이다. 양도, 기부, 자선 활동에서 부를 나누는 데 그치지 않고 이론상 분배 가능한 부를 창출해야 한다. 그것이 최소한의 사회보장 수준을 달성한 사람에게 자력으로 발전할 기회를 주기 때문이다.

'네가 지금 소유한 건 내게서 빼앗아간 거야'라는 제로섬 논리는 인간 사회에서 수없이 나쁜 영향을 끼친다. 부유한 사람을 잠재적 양심 불량자로 보고, 타인에게 무심한 태도를 보이는 '바겐부르크 멘탈(아무도 받아들이지 않으며 밖에서 들리는 소리마저 무시하고 외부와 단절한 정신적 행위-옮긴이)'로 이어진다. 이런 생각은 타인이 자신의 소유물을 빼앗으리란 공포를 느끼게 하고, 재산에 대한 욕망 때문에 타인과의 공유를 거부하는 편집증의 원인이 된다. 그리고 상대적으로 특권을 누리지 못한다고 생각하는 사람은 경제적으로 여유로운 사람을 질투한다. 이것은 긍정적인 특성이 아니다. 이런 생각은 사람들이 경제적으로 발전할 기회를 막아버리기 때문이다. 질투심에 사로잡힌 자는 타인이 자신보다 낫다는 사실을 견디기 힘들어한다.

고전적 도덕관념에 따르면 돈은 인간의 품성을 망치므로 부자는 나쁜 사람이 된다. 이는 부자들도 어느 정도 동의하는 부분이다. 돈 때문에 타락한 인간이라는 취급을 받지 않으려고 많은 사람이 '부자'로 정의되길 꺼린다. 객관적으로 중상류층에 속하는 사람들이 자신을 중산층으로 인지한다. 이렇게 되면 중산층의 범위는 엄청나게 넓어진다. 심지어 예금 200만 유로를 보유하고 함부르크에 180년 된 거대 임대주택에 살면서 연간 순소득이 18만 유로인 사람도 중산층이 된다(우리나라로 치면 통장에 27억 원이 있고 분당의 대형 평수 아파트에 거주하며 연소득이 2억 원이 넘는 사람들도 스스로를 중산층으로 생각한다는 것이다-옮긴이). 별로 현실적이지 않지만, 이 사례에 공감할 사람도 분명 있을 것이다. 나는 이런 주장을 소외된 엘리트가 대중에게 비치는 자아상을 상쇄시키려는 시도로 본다.

도덕성을 의심받는 집단에서 벗어나는 또 다른 방법도 있다. 여러 세대에 걸쳐 막대한 부를 물려받은 사람들은 '돈이 부정적이라는 인식은 신흥 부자들의 행실 때문'이라고 주장한다. 기존 부자가 생각하는 신흥 부자들은 요란하고 저속하며 사치스럽고 거만하다. 특히 하위층에 있다가 부자가 된 경우에 이런 저속한 행동을 일삼는다고 생각한다.

기존 부유층의 이런 사고방식에는 고등 교육을 받은 자의 자만심, 사회계층 이동 현상을 바라보는 왜곡된 시선이 내포되어 있다. 반면에 자수성가하여 부를 축적한 사람은 '신흥 부자'의 개념을 본질적으로 다르게 해석한다. 자수성가형 부자들에게 혐오의 대상은 '막대한 유산을 물려받고 권리만 주장하며 아무것도 하지 않는 사람들'이다. 이들 중에는 자수성가형 부자 자신들의 후손도 자주 포함된다.[8] 그 중에서도 역시 고등 교육을 받지 않은 집단을 향한 혐오는 상상 이상이다.

대체 어느 쪽의 말이 맞는가? 심리 연구에 따르면 돈은 생각하는 것만으로도 인간의 사회 행동에 커다란 악영향을 끼친다고 한다.[9] 돈은 분명 인간을 더 야심 차게 만들고 타당한 방식으로 타인에게서 독립적인 존재가 되도록 한다. 여기까지는 그래도 괜찮다. 그러나 문제는 이런 자세를 가진 사람이 타인을 만날 때 비용과 효익을 따지고, 상황에 따라서 거리를 두기도 한다는 점이다. 심리 연구 결과, 사람들은 부자가 '도움을 받기를 꺼릴 뿐만 아니라 배려심이 없고 오히려 남을 속일 궁리만 하는 사람들'이라고 인식한다. 이 같은 이기적인 성향은 꼭 그럴 필요가 없는 일상에서도 발견된다. 아이가 남에게 빼앗기지 않으려고 혼자서 사탕을 모두 먹어 치워버리거나 횡단보도에서 대기하던 보행자가 똑같이 보행 신호를 받고 길을 건너는 찰나를 못 견디고 남을 앞질러 가야만 직성이 풀리는 행위에서도 엿보인다. 이렇게까지 할 필요는 없지 않을까?[10]

다행히 이런 행동은 비교적 쉽게 고칠 수 있다. 정말 힘든 것은 수많은 사람에게 돈에 대한 왜곡된 인식이 박혀버렸을 때다. 인간이 사회적이든 비사회적이든 자유 의지에 따라 행동하는 건 좋은 일이다. 그러므로 돈이 인간을 부정적인 방향으로 이끈다고 크게 우려할 필요는 없다. 중요한 것은 돈이 인간에게 부정적으로 작용할 가능성을 충분히 인지하는 것이다.[11]

위와 같은 심리 연구 이론은 지난 20년간 내가 개인적으로 관찰한 결과와도 일치한다. 나는 돈 자체나 돈을 다루는 일이 어떻게 인간의 품성을 만들고 변화시키는지 오랫동안 지켜보았다. 돈을 모으기에 부적절한 사람은 부자가 되면 자신의 부정적인 성향을 끌어내 타인에게 공격성을 드러냈다. 이때 돈은 공격성을 높이는 촉매로 작용한다. 돈이 촉매가 되는 것은 선한 품성을 가진 사람의 경우도 마찬가지였다. 선한 자가 돈을 벌면 자신의 긍정적인 성격을 배양하는 기회를 얻는다. 이럴 때 돈은 여유롭고 침착한 성품의 토대가 되며 행동의 우선순위를 신중하게 정하도록 한다. 두 가지 경우에서 돈을 상속받았거나 직접 벌었는지의 여부는 크게 중요하지 않았다. 그리고 부자가 된 사람의 나이가 성품에 미치는 영향도 미미했다.

돈이 많을수록 행복해질까?

돈이 야기하는 문제 가운데 이제 도덕과 품성 다음으로 돈이 행복을 만드는지, 아니면 적어도 더 만족을 주는지 문제가 남았다. 이것은 이 책의 핵심 질문 중 하나다. 어떻게 하면 우리 재산이 더 나은 삶의 질을 얻는 데 도움이 될까? 이 질문에 당장 대답하기 어렵다면 한 가지 확실한 답이 있다. 바로 돈이 없으면 불행하다는 점이다.

가난은 사회 참여와 교육의 기회를 제한하고 기대수명을 심각하게 감소시킨다.[12]

반대로, 돈이 더 많아져도 무한정으로 행복과 만족을 주지는 않는다. 어느 시점이 되면 자극의 한계만 변할 뿐이다. 인간은 체념과 결핍이 있어야만 부를 체감하고 즐길 수 있기 때문이다.

돈 때문에 생긴 행복은 부유해짐에 따라 더욱 커진다. 그래서 '만족은 재력에서 나온다'라는 말이 생겼다. 그런데 갈수록 곡선이 점점 평평해진다. 이 현상을 '부의 역설'이라고 부른다. 개인이 처한 환경에 따라 만족도가 최고를 찍는 위치는 달라지겠지만, 1인당 연간 소득이 7만 5000유로(한화로 1억 원 정도-옮긴이)에 다다랐을 즈음

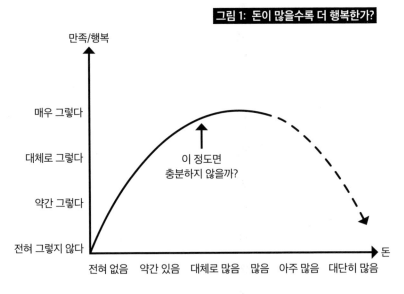

그림 1: 돈이 많을수록 더 행복한가?

출처: 저자 본인, ©behaviorgap에서 영감을 받음

이 되면 더 이상 만족도가 상승하지 않는 것만은 분명하다.[13] 단지 돈이 모자라서 소비에 한계가 있을 때만 아래의 만족도 그래프가 의미 있는 게 아니다. 막대한 재산을 소유하고 있는 사람의 삶의 만족도도 언젠가 다시 떨어질 수 있다. 그러면 아무리 부자라도 잠재적인 고립 상태에 처하고 만다. 그래서 '집이 클수록 담장이 높은 법이다'라는 말이 있는 것이다.[14]

얼마를 모을지, 그리고 그 금액을 모으기 위해 얼마의 시간을 투자할지 고민하는 사람은 더 많은 재산을 모을 준비가 되어 있는 사람이다. 회사의 소유주 내지는 상당한 자산가를 제외하고는 누구나 일을 하면서 끊임없이 시간과 돈을 교환한다. 결국 당신이 모은 재산은 멈춘 시간을 의미한다. 이런 측면에서 '시간은 돈Time is money'이라는 개념은 맹목적으로 이익의 최적화만 고집하는 모습을 잘 보여준다. 미하엘 엔데가 쓴 소설 《모모》에 등장하는 시간 도둑을 떠올려보자. 시간을 돈으로 계속해서 교환할 때 들어가는 사회적 비용은 상당하다. 시간이 멈추면 인간은 외롭고 불행해질 수 있다. 반면에 좋은 소식도 있다. 돈으로 멈춘 시간을 다시 흐르게 만들 수 있다. 인간은 돈을 시간으로 되돌려 얻어낸 기회로 자신의 꿈을 실현할 수 있다. 당신이 저축할 때도 이 사실을 잊어선 안 된다.

돈은 곧 시간이다Money is time.

돈, 행복, 만족의 본질을 물을 때 한 가지 더 중요한 요소가 있다. 재력은 항상 상대적이라는 사실이다. 인간은 서로 비교하려는 경향이 강하다. 지하철역 노숙자와 마크 저커버그를 비교하는 극단적인 경우가 아니다. 인간은 자신과 직접 연결되고, 같은 사회적 환경에 놓인 형제, 친구, 지인과 본인을 비교한다. 보통 타인은 우리보다 약간 나은 사람들이다. 그래서 우리는 종종 남을 질투하거나 은연중에 불만을 내비치곤 한다. 내가 1년에 7만 5000유로를 벌고 남이 10만 유로를 벌 때보다, 내가 5만 유로를 벌고 남이 4만 유로를 벌 때 우리는 더 만족한다.[15]

1990년대 초반, 나는 여자 친구와 함께 더블린에 있는 셰어하우스에서 살았다. 내가 받는 장학금과 여자 친구의 할머니가 보내주는 200마르크를 더하면 우리 둘의 수입은 월 1400마르크였다. 그 중 절반은 임대료로 나갔다. 중앙난방 시설은 없었고 보일러 용량은 최대 7명이 따뜻한 샤워를 할 수 있는 정도였다. 그리고 서풍이 불 때는 (거의 매일같이) 커튼이 펄럭였다. 그렇지만 나는 인생에서 그때만큼 부유하다고 느낀 적이 없다. 왜 그랬을까?

당시 아일랜드는 실업률이 20%를 웃도는 가난한 나라였다. 우리와 함께 살았던 룸메이트들은 모두 우리보다 적은 돈으로 살아갔다. 나와 여자 친구는 버스를 타고 다녔고 각자 자전거도 있었으며 아일랜드까지 스쿠터를 가져오기도 했다. 비싼 버스비가 부담되어 매일 40분씩 걸어서 학교에 가는 친구 피오나에게 이것은 엄청난 사치였다. 룸메이트 에밀리에게도 마찬가지였다. 에밀리는 일주일에 한 번 무어 거리에서 감자 한 포대, 당근, 사탕수수를 사서 만든 퓌레를 거의 매일 먹었다. 에밀리가 제대로 된 음식을 먹는 건 두 달에 한 번 자기 부모님의 농장에 갈 때뿐이었다. 나와 여자 친구는 고기가 먹고 싶으면 슈퍼마켓에서 고기를 샀고, 영화관에 갈 여유도 있었다. 몇 주에 한 번 술집에 가면 파인트 잔으로 술을 세 잔은 마셨다. 심지어 1년에 한 번은 인도 식당에도 갔다.

2000년 초에 나는 은행에 취업했고 비교적 높은 급여를 받았다. 당시 내 고객들의 사회적 배경은 나보다 월등했다. 그들은 내 아이 친구들의 부모이자 변호사, 기업 컨설턴트, 의료계 종사자들이었다. 2000년대가 되어 나는 10년 전보다 재정적으로는 훨씬 나아졌지만 상당한 소외감을 느꼈다.

돈, 행복, 만족을 이야기할 때는 두 가지가 중요하다.

첫째, 만족과 불만족은 자신과 타인을 비교함으로써 생긴다.

둘째, 돈을 많이 벌기만 해서는 만족을 느낄 수 없다.

그러므로 많은 컨설턴트가 선전하는 재정적 독립은 신기루나 다름없다. 돈을 잔뜩 모아 재정적으로 독립만 하면 행복해지고 만족스러운 삶을 살 거라는 생각은 환상이다. 그래서 수많은 사람이, 일하지 않아도 될 정도로 많은 돈만 있으면 모든 일이 잘되리란 착각에 빠진다. 《28세에 은퇴하기》[16] 또는 《재정적 자유를 향해 가는 길》, 《7년 안에 100만 유로 만들기》[17]와 같이 비현실적인 책 제목에 현혹되지 마라. 이런 가치관을 좇다보면 반드시 실패한다. 만족할 만큼 충분한 돈을 모으는 일은 불가능하기 때문이다. 돈을 어떻게 써야 더 행복해질지 고민하지 않으면, 돈을 아무리 많이 벌어봐야 좋은 일은 없다.

·02·

돈이
중요한 이유

∨
∨

일반적으로 자산은 단순히 가치 저장이나 교환 수단이라는 의미를 넘어선다. 우리가 당장 필요한 기본적인 수요를 충족시킬 때 돈이 필요하다는 사실 외에도 돈은 종종 완전히 다른 개념의 상징물이 된다. 돈은 한 사람의 꿈, 트라우마, 희망과 가치관을 투영하는 캔버스와 같다. 또한 권력, 증오, 집착, 책임감을 나타내면서 존재의 유한성에 맞서려 한다. 이제는 우리가 돈이라는 존재를 깊이 있게 들여다봐야 할 때다.

돈과 함께 가는 사람, 돈을 뒤쫓는 사람

나는 일하면서 만나는 사람들을 크게 두 그룹으로 분류한다. 함께 일하며 효과적으로 업무를 수행할 수 있는 사람과, 상대하지 않는 편이 나은 사람이다.

전자에게 돈은 여유를 보장하고 삶의 질을 높여주는 수단이 된다. 이런 사람은 자기 재산으로 무엇을 할 수 있는지를 중심으로 생각한다.

후자에게 돈은 그 자체로 목적이다. 이런 사람은 남 앞에서 자신을 드러내고 지위나 명성, 영향력을 과시하고 싶어한다. 이들의 생각은 주로 돈 자체에 쏠려 있다. 이런 사람 중 대다수가 누군가 자신의 돈을 빼앗아갈지도 모른다는 근심을 안고 산다. 정부, 세무 당국, 사회주의자는 물론 가족까지도 자기 재산을 노리는 존재로 취급한다. 더불어 경제 위기에 대한 두려움도 상당하다. 과다한 세금 추징을 당하거나 초인플레이션이 닥칠지 모른다는 공포에 이르기까지 그 종류는 다양하다.

부자를 두 그룹으로 나누면 돈이 완벽하게 양면성을 지니고 있음을 알 수 있다. 돈을 목적을 이루는 수단으로 사용하느냐, 아니면 돈 자체가 목적이 되느냐에 따라 돈을 보는 마음가짐도 달라진다. 돈이 수단이냐, 아니면 목적이냐 하는 문제는 놀랍도록 다양한 의미를 담고 있는 분류 기준이다. '내 재산이 나에게 속해 있는가, 아니면 내가 나의 재산에 속해 있는가?' 우리가 돈에 대해 어떤 태도를 가지느냐에 따라 투자와 지출 방식에 엄청난 영향을 미친다.

또한 돈은 우리 삶의 방식과 인간관계에 직접적인 영향을 주며 우리의 자아상을 형성하는 데도 중요한 역할을 담당한다. 돈이 목적을 위한 수단이라면, 돈은 그저 물질에 지나지 않는다. 그러나 돈 자체가 목적이 되면, 돈은 개인의 가치를 나타내고 인격의 일부가 되어버린다. 돈이 자신의 존재를 나타낸다고 여기는 사람들은 자본시장에서 손실이 발생하는 것을 자산의 일시적인 변동으로 보지 않고, 자기 가치의 손실로 생각한다. 그래서 손실이 발생하는 것을 감당하지 못할 충격으로 받아들인다.[18]

투자자의 9가지 유형

자산관리 컨설턴트인 러스 앨런 프린스Russ Alan Prince의 2005년 연구에 따르면 그 차이는 더 극명해진다. 그는 투자자를 9가지 유형으로 분류했다.[19]

여기서 가장 큰 비중을 차지하는 유형은 돈을 안정적으로 투자하며 가족 구성원의 이익을 최우선시하는 '청지기형' 투자자다. 이들은 대개 표면적으로는 검소한 면을 보인다. 그리고 한 조직의 청지기가 되어 구성원을 돌보는 후견인 역할을 하려는 경향을 띠기도 한다. 일명 '스튜어트 가문'으로 불리는 이 조직은 돈을 목표로 하지 않는다.

'개인 투자형' 사람들에게도 자본은 그저 자신의 투자 계획을 실행시키기 위한 에너지원일 뿐이다. 자신이 세운 투자 계획이 경제적인지, 모두에게 평등한지는 중요하지 않다. (나는 청지기는 물론 개인 투자자로서도 모두 성공을 거두고 만족을 경험했다.)

다른 한편으로 어떤 사람들은 특정 목적과 별개로 부 자체를 중요하게 여기기도 한다. 이런 특성이 가장 잘 드러나는 사람이 바로 '저축형' 투자자다. 저축형 투자자는 되도록 빨리, 오로지 더 많은 부

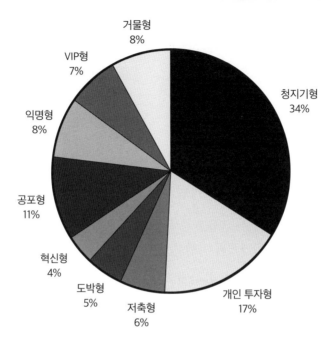

그림 2: 투자자의 9가지 유형

거물형
8%

VIP형
7%

익명형
8%

청지기형
34%

공포형
11%

혁신형
4%

도박형
5%

저축형
6%

개인 투자형
17%

출처: 러스 앨런 프린스

를 축적하는 데만 관심을 쏟는다. 이들에게는 소비를 하려고 돈을 쓴다는 생각 자체가 고통스러운 일이다. 소비는 곧 훌륭한 투자처를 놓치는 일과 다름없기 때문이다.

이런 생각은 '도박형' 투자자에게도 해당한다. 도박형 투자자는 밤낮으로 자본시장의 판세를 읽는 데 몰두하고 투자처를 신속하게 갈아치우며 재산을 빠르게 처분하는 경향을 보인다.

'혁신형' 투자자도 자산과 투자에 중점을 둔다. 혁신형 투자자에게 가장 중요한 점은 자신이 항상 투자 분야의 선두에 있는 것이다. 혁신형 투자자는 최신 유행과 최신 디자인을 비롯해 최신 뉴스에 대해서도 민감하게 반응한다. 어쩌다가 유행을 선도하지 못하고 불가피하게 뒤쫓는 꼴이 되면 자신의 자산 형성에 대개 부정적인 영향을 끼친다고 생각한다.

반면에 '공포형' 투자자는 자산과의 괴리감이 심하다. 이들은 재산을 보유함으로써 따르는 책임에도 큰 부담을 느낀다. 이들은 잘못된 투자를 하게 될까 두려워하며 이성적인 투자를 하지 못하고 투자 행위에서 즐거움을 얻지도 못한다. 이런 공포심은 보통 특혜를 받는 것에 대한 양심의 가책과 관련이 있다. 유능한 재무 컨설턴트는 이런 공포형 투자자가 돈에 대한 두려움을 떨치도록 해준다. 컨설턴트는 돈이 항상 좋은 것은 아니지만 돈에는 분명 장점도 있다는 사실을 알려준다.

거의 10년 전 일이지만, 나는 공포형 투자자와 나눈 대화를 아직 생생하게 기억한다. 마리아는 실업계 학교의 교사로, 뉘른베르크에 있는 방 두 개 반짜리 허름한 아파트에 살고 있었다. 40대 후반에 그는 계부로부터 300만 유로를 물려받았다. 그러나 이것은 유산의 일부에 부과했다. 마리아는 머지않아 그 액수의 두 배를 물려받을 예정이었다. 나도 마리아의 모든 속사정을 훤히 꿰뚫고 있는 것은 아니었지만, 내가 아는 한 마리아와 계부 사이는 그리 좋지 않았다. 마리아는 계부의 기대에 결코 부응하지 못했고 계부는 전형적인 가부장이었다. 계부는 매일같이 자신의 투자처와 자산을 면밀하게 분석

했다. 그는 그렇게 축적한 재산을 무기로 가족 위에 군림했다.

계부의 재산을 상속받은 마리아도 컴퓨터 앞을 한시도 떠나지 못했다. 유로화 위기와 초인플레이션이 올까 우려하고 은행이 파산될지도 모른다는 걱정을 떨치지 못했다. 재무 전문가들의 다양한 의견이 뒤죽박죽되어 마리아의 머릿속을 맴돌았다. 마리아는 이미 실패한 계부의 투자 패턴을 그대로 답습하고 있었다. 나는 마리아에게 상장지수 펀드ETF와 투자 포트폴리오의 구조를 설명하는 데 하루를 꼬박 쓰기도 했다. 어쩌면 마리아에게 필요한 것은 1년간의 휴식이었을지도 모른다. 먼저 세계를 여행하며 5만 유로나 50만 유로를 어떻게 소비할지 계획을 세우게 만들어야 했다. 아니면 괜찮은 집을 매매하라고 조언할 수도 있었다. 나는 마리아가 돈에서 자유로운 삶을 살지 못하는 게 안타까웠다. 재산 때문에 마리아의 삶은 서서히 망가져갔다.

'익명형' 투자자도 돈 때문에 불행하다. 이들은 누군가 자기의 재산 규모를 알게 되는 것을 극심히 두려워한다. 나는 심지어 자기 재산을 본인의 배우자에게까지 숨기는 사람을 종종 만나곤 했다. 이런 행동은 더 나은 생활 수준을 누리는 데 방해만 된다. 내가 부자라는 사실을 친구나 가족 내지는 동료가 안다고 해서 무슨 일이 벌어지겠는가? 그러나 익명형 투자자는 이렇게 주장한다.

"내가 편집 증세가 있기 때문에 주변인들이 내 뒷조사를 한다고 느끼는 게 결코 아니다."

소위 'VIP형' 투자자는 익명형과는 정반대의 성향을 가진다. 이들은 타인에게 재력가로 인정받으며 존경과 호평을 받고 싶어한다. VIP형 투자자에게는 자동차나 시계 같은 물건이 중요한 상징성을 지닌다. 이와 더불어 적합한 장소에 어울리는 사람과 시간을 보내는 일도 중요하다. VIP형 투자자는 자신의 재력을 과시하길 즐긴다. 소셜 미디어에 호화로운 생활을 포스팅하고, TV 프로그램에 출연해 사치스러운 생활을 전시하며 뽐낸다. 이렇게 과장된 행동으로 역겹고 불쾌한 부자의 이미지를 대중에게 각인시키기도 한다. 그들은 허세를 부리며 불쾌한 부자의 이미지를 형성한다.

아마 당신이 키츠뷔엘(스키 리조트로 유명한 오스트리아의 도시-옮긴이)에서 스키를 타다 잠시 길을 잃고 낯선 레스토랑에 들어가면 이런 장면을 목격할 것이다. 막강한 재력가의 자녀들이 누가 뭐라든지 아랑곳하지 않고 200유로짜리 와인을 거리낌 없이 마셔대는 모습. 이들 주변에 수많은 사기꾼, 허풍쟁이, 무능력한 야심가가 득실거려도 놀랍지 않다.

VIP형 투자자보다 더 불쾌한 존재는 '거물형' 투자자다. 이들은 돈을 이용해 타인을 지배하고 통제한다. 이들에게 대부분의 남성과 극소수의 여성은 자산을 축적하는 도구로 전락한다. 이들은 세무사, 재무 컨설턴트, 심지어 자신의 가족도 자산 축적의 도구로 삼는다. 가정에서 나타나는 거물형 투자자의 최악의 사례가 바로 마리아의 계부 같은 경우다. 내가 투자 자문을 하면서 자주 접하던 투자자 유형이 이런 거물형이었다. 마리아의 품성을 타락시킨 것이 돈이었는지는 아직 알 수 없다. 그렇지만 확실히 좋은 영향을 끼친 것도 아니었다. 거물형 투자자는 때로는 다혈질적이다가도 냉정하고 계산적인 면모를 보이곤 한다. 거물형 투자자는 옹졸하며, 선한 사람이 아니다.

앨런 프린스의 연구는 미국의 백만장자를 대상으로 했지만 일반적인 분류 기준은 다른 나라에도 적용할 수 있다. 그리고 재력가는 아니지만 일정 규모 이상의 재산을 보유한 사람에게도 해당할 수 있다. 특성이 두드러지게 보이지 않을 뿐, 소규모 자산가도 동일한 메커니즘을 가지고 있기 때문이다. 또한 현실에서는 한 사람이 여러 투자자 유형을 넘나드는 유동적인 결과를 보여주기도 한다.

돈과 성 역할

∨

여성의 소득은 여전히 남성보다 훨씬 적다. 여성은 높은 급여를 받는 직종에서 수적으로 열세를 보이며, 남성과 동등한 직무를 수행할 때는 남성보다 더 낮은 급여를 받는다. 후자가 단순히 불공정의 문제라면 전자의 경우는 단지 가부장제의 산물로만 볼 수 없다. 고소득 직종에 종사하는 여성이 적다는 것은 다분히 의식적인 선택에 따른 결과이기 때문이다.

여성은 평균적으로 사회적 능력이 남성보다 출중하고 남성보다 더 관계 지향적이며 맹목적으로 재물만 좇지 않는다. 이런 특성 때문에 공공 영역에서 낮은 급여를 받는 여성이 나온다. 무엇보다 여성은 자녀 양육이나 부모를 봉양하는 데 시간을 투자하느라 시간제 근무를 할 수밖에 없는 경우도 있다. 만약 돈이 한계를 무너뜨리고 최선의 경우 관계를 돈독하게 만드는 데 도움이 된다면 사실 적은 급여를 받는 게 나쁜 일만은 아니다. 그러나 자신의 경제적 교환 가치를 떨어뜨리면 결코 만족스러운 삶을 살 수 없다. 여성의 직업 선택이 의식적이든 비자발적이든, 여성은 매번 돈 때문에 한계에 부딪힌다. 돈이 많을수록 삶의 질이 더 높아진다는 말은 곧 돈이 부족할수록 삶의 질이 낮아진다는 뜻이다.

그래서 여성은 금전 사기를 당하지 않도록 각별히 주의하고, 안정적인 수익을 확보해야 한다. 여기서 안전장치란 당연히 개인 은행 계좌나 자산만을 일컫지 않는다. 자녀를 양육할 때 부모의 역할 분담이 불균형한 경우를 살펴보자. 이때는 부모 두 명의 급여를 합산해 자산을 형성한 다음, 중요한 재정 결정을 공동으로 내리는 것이 지극히 정상이다. 예를 들어 부동산을 남성 명의로 취득하면서 여성이 홀로 자금 조달의 책임을 져선 안 된다.[20] 여성은 혼인 계약을 할 때 자신에게 부여된 모든 합법적 권리를 자발적으로 포기하지 않도록 조심해야 한다.

돈이 남성의 전유물이라는 인식은 우리가 쓰는 언어에도 깊이 뿌리박혀 있다. 돈과 관련된 대부분의 개념과 가치는 전통적으로 남성성을 드러내는 표현으로 암호화되어 있다. 권력, 지위, 명성 같은 단어가 대표적이다. 돈은 때때로 사회복지나 사회적 관계처럼 전형적인 여성관이 반영된 사고와는 반대되는 지점에 있다. 지금으로선 딱히 변화의 여지도 없지만, 일단 상황이 이렇다는 것을 알려주고자 한다. 파티에서 돈 얘기를 떠벌리는 건 거의 항상 남자들이다. 그러면서 자산 축적 이면에 숨겨진 은밀한 내막은 감춰버린다.

1995년에 전파를 탔던 성차별적이고 자기 모순적인 저축은행 광고 문구가 떠오른다. '내 집, 내 차, 내 보트.'[21] 과시하길 좋아하는 남자들이 광고에 등장해 여성들(한 명이 아니다?!)을 말이나 수영장과 동일 선상에 놓고 이야기한다. 사람을 돈 주고 살 수 있는 존재로 봤기 때문이다. 이렇게 과시욕 넘치는 자들이 과거에는 눈 위에 오줌을 누며 누가 더 큰 구멍을 만들었는지 경쟁했으리란 건 어렵지 않게 상상 가능하다.

이와 비슷한 맥락에서 금융 산업만큼 남성성을 드러낼 수 있는 분야는 아예 없다. 특히 고위 지배 계층일수록 금융업에 강한 애착을 보인다. 은행가는 좁은 의미에서 사회복지 업무와는 한참 동떨어진 업무를 수행한다. 주식 투자에 보수적인 개인 은행이든 대형 은행이든 (겉보기에) 혁신적인 핀테크든 상관없이 보조 업무 영역을 넘어서면 모두 남성만 존재한다. 특정 계급은 주로 어두운 청색 정장에 흰 셔츠를 받쳐 입고 서류 가방을 들고 있다. 이런, 바로 나의 모습이기도 하다.

개인적으로 관찰한 결과, 돈은 가부장제가 가진 최후의 보루였다. 이와 관련해서 나는 10년 전에 충격적인 경험을 했다. 당시 나는 마이어 부부를 만났다. 나는 마이어 씨에게 인사했다.

"안녕하세요, 마이어 씨, 이번에는 부인과 오셔서 함께 결정을 내리신다니 기쁘네요."

마이어 씨가 손가락으로 자기 아내를 가리키며 대답했다.

"브라운 박사님, 제 아내는 오늘 아무 말도 하지 않겠다고 약속했습니다. 아시다시피 돈 문제는 남자들끼리 해결해야 하는 게 아니겠습니까."

나는 그때 즉시 마이어 씨를 내쫓지 않은 것을 지금도 후회한다. 그날 이후 내 사무실에서 다시는 그런 일이 일어나지 않았다.

내가 만나는 부부 고객들은 대부분 서로에 대한 애정이 넘친다. 기본적으로 중요한 결정을 함께 내리고, 자금 운용은 남자가 담당하는 식이다. 나는 스트레스를 유발하는 돈 문제를 남자에게 일임하고는 그가 유능하다고 지레짐작하며 홀가분해하는 여성을 자주 본다. 남성은 좋든 싫든 금전 문제를 떠맡았으니 전력투구로 일을 처리한다. 나는 이렇게 남성 홀로 일하는 방식이 여성을 서서히 금치산자로 만드는 건 아닌지 의심했다. 그럴 가능성은 있지만, 반드시 그렇게 될 필요는 없다. 그러다 최근에 만난 한 고객과의 대화는 신선했다.

"내 남편은 재무 이사지만 나는 금융감독원장입니다."

그녀가 나를 자기 남편에게 소개한 다음에야 우리는 업무 이야기를 나눌 수 있었다.

'성 역할과 돈'이라는 이미지는 특히 투자에 대해 남성보다 여성이 다소 소극적이라는 연구 결과로 뒷받침된다. 은행협회의 연구에 따르면 조사 대상 가운데 여성의 약 60%(남성은 49%)가 투자 펀드가 무엇인지도 몰랐다. 대체로 여성은 재정 상황이나 경제 문제에 대해 남성보다 관심을 덜 기울인다. 기본 금융 지식이 모자라면 쉽게 습득할 수 있다. 근본 문제는 여성이 남성보다 투자를 시작할 때 큰 저항에 부딪힌다는 점이다. 여성의 74%(남성은 64%)가 금융 안정성을 가장 중요한 투자 기준으로 꼽는다. 전체 여성의 8%(남성은 20%)만이 더 많은 수익을 내기 위해 더 큰 위험을 감수할 준비가 되어 있다. 그 결과 설문에 응답한 여성 중 18%(남성은 27%)만이 증권을 보유하고 있었다.[22]

주식은 가장 수익성이 높은 투자 종목이다. 그러나 주식 투자를 할 때는 위험을 감수하지 않으면 이익을 보기 힘들다. 이것이 주식 투자 시스템의 태생적 단점이다. 위험을 회피하려는 본능은 장기적으로 삶의 질, 성공 가능성, 역설적으로 투자 안정성에도 직접 영향을 끼친다. 이 같은 사실에 비추어보면 투자 시장에서 안정을 추구하는 여성이 남성보다 큰 파급력을 지녔다는 것이 그저 이론에만 그치지는 않는다.

여성은 쓸데없이 자존심을 내세우는 일이 남성보다 적다. 그래서 여성은 자금을 아낄 줄 알고, 투기 세력에 휩쓸리지도 않는다. 여성은 아무것도 증명할 필요가 없기 때문이다. 그래서 여성은 위험성을 예상하고 이에 맞게 투자하면서 평균적으로 남성보다 높은 수익률을 올린다. 반면에 여성의 절대 투자 비용이 남성보다 현저히 낮은 이유는 위험을 회피하는 성향 탓에 여성의 주식 투자 비율이 낮기 때문이다.[23]

"남자는 은퇴 연금이 아니다"[24]라는 좌우명 아래 여성 금융 전문가가 등장하기도 한다. 이런 전문가가 등장하게 된 배경이 여성의 재무 능력 결핍 때문이라는 점이 달갑진 않지만, 현재로서는 원칙적으로 올바른 과정이다. 여성 금융 전문가는 다름 아닌 사업 모델에 중점을 둬야 한다. 여성 특유의 언변이나 다른 여성을 남성보다 더 잘 이해한다는 가정하에 치열한 수수료 싸움이 벌어진다. 수수료가 붙는 모든 하위 금융상품은 액티브 펀드(시장 수익률을 초과하는 수익을 올리기 위해 펀드 매니저들이 적극적인 운용 전략을 펴는 펀드-옮긴이), 생명보험, 협동조합 상품 등이 있다.

별다른 대안이 없던 1980년대에 활동한 여성 금융인들은 금융 수수료 업계에서 어느 정도 성과를 거두었다. 그러나 10여 년 전 공정하고 투명한 대안으로 금융 자문 컨설턴트가 대거 등장한 이후로 현재는 과거에 선지자 역할을 한 여성 금융인들이 설 자리가 없어졌다. 그래서 여성 금융인들은 금융 블로그를 개설해 재무적 자기 결정권 강화를 코칭하는 형태로 발전했다.[25]

돈과 인간관계

∨

돈을 둘러싸고 벌어지는 갈등은 예로부터 인간관계를 깨뜨리는 일등 공신이었다. 특히 돈을 언급하는 일 자체가 금기시되는 경우 문제는 더 심각해진다. 그래서 결국 '위험한 침묵'을 택하고 만다. 독일의 일간지 〈쥐트도이체 차이퉁Süddeutsche Zeitung〉은 돈에 대해 다음과 같이 시적인 표현을 사용했다.

"돈 얘기를 두려워하는 이유는 그것에 인간관계를 깨뜨리는 힘이 있다고 생각하기 때문이다."[26]

어쩌다 돈에 대해 터놓고 대화를 시작하는 사람들도 핵심 주제에는 다다르지 못한 채 서로 비난하다가 대화를 끝내버린다. 대화 주제로 일부러 돈을 택하는 경우는 드물지만 자연스럽게 대화의 흐름이 어느새 돈으로 향할 때가 있다. 다음 상황을 예로 들어보자.

키르스텐과 미샤엘은 다음 여름에 노르망디로 떠날 예정이다. 그들의 친구가 노르망디 바닷가에 아름다운 집을 사서 살고 있기 때문이다. 둘은 여름휴가에 관한 대화를 나누기 시작한다.

"프랑스에 간 게 언제였는지 기억도 안 나. 너무 그립다."

"글쎄, 너는 휴가 얘기를 꺼내기 전에 승진을 먼저 해야 할 것 같은데."

"네가 우리(사실상 '내') 돈을 쓸데없이 낭비만 하지 않으면 아무 문제도 없을걸."

"그럼 돈만 펑펑 써대는 휴가는 아예 갈 필요도 없지."

"네가 먼저 시비 걸기 시작했잖아."

"내가? 지금 한번 해보자는 거야?"

이쯤 되면 앞으로의 대화가 건설적인 방향으로 진행될 가능성은 거의 없다고 봐도 무방하다. 이것은 개인적 경험에 따른 추측만은 아니다. 돈에 대해 이런 식으로 이야기하면 자기도 모르는 새 고압

전선을 맨손으로 붙잡는 것만큼 위험하다.

특히 돈과 인간관계를 주제로 말하는 지금, 오직 돈이 중요하다는 가정은 잘못되었다. 재정 전문가 칼 리처드Carl Richards의 말에 따르면 돈은 곧 감정이다.[27] 인간관계에서 돈의 역할은 일종의 상징, 파트너십에서의 권력 분배, 미래 가치와 비전 같은 다양한 요소가 반영되어 있다.[28] 따라서 관계가 중요하다면 몇 가지 기본 구조를 인지하고 대화의 규칙을 합의하는 것이 매우 중요하다.

돈에 대해 대화를 할 때 성공 가능성을 높이려면 다음 네 가지 기본 전제를 세우면 좋다.

첫째, 내 배우자에게도 재정적인 성공이 보장된 미래가 가장 중요하다. 배우자도 분명히 성공할 기회를 일부러 망치고 싶지는 않을 것이다.

둘째, 내가 대화로 맺는 관계는 돈보다 더 중요하다.

셋째, 나와 배우자가 돈과 재산에 대해 동일한 가치관을 가지고 성장했을 가능성은 매우 낮다. 아마 이 간극은 오랫동안 좁혀지지 않을 것이다.

넷째, 우리는 모두 돈에 관한 대화를 하는 데 익숙하지 않다. 그래서 대화하는 방법을 천천히 배워나가야 한다.

이에 따라 나와 배우자가 어떻게든 처리해야 할 갈등도 있을 것이다. 이런 문제가 발생하는 빈도를 줄여나가려면 서로 명확한 대화 규칙을 합의하면 된다. 첫 번째와 두 번째 전제는 궁극적으로 서로에 대한 믿음에 관한 것이다. 믿음을 반드시 공유할 필요는 없지만, 전혀 공유하지 않으면 비극이 닥칠 것이다. 그리고 세 번째와 네 번째 전제는 앞선 두 개의 전제가 해결되면 순조롭게 진행될 수 있다.

돈에 대한 개념은 어린 시절에 생긴다

당신이 돈을 생각하는 관점은 분명 어린 시절에 무의식적으로 체득한 것에 크게 의존하고 있을 것이다.

돈을 '탐욕' 또는 '절약'의 대상으로 바라보았는가? 꼭 필요하지 않은 일에 돈을 썼다면 그것은 '낭비', '선행', '대범한 소비' 중 무엇에 속했는가?

소비를 반성한 적이 있는가? 아니면 그냥 순간적으로 필요한 것, 또는 필요하다고 생각하는 데에 돈을 썼다고 여기는가? 지출 명세를 추적하거나 예산을 책정했는가?

최근에 번 돈을 금방 써버렸는가? 만약 돈이 남았더라면 당신의 가족이 휴가를 더 자주 떠나거나 멋진 차를 구입하고 예금액을 늘릴 수 있었을까? 돈이 모자란다는 느낌을 받은 적이 있나?

어린 시절, 돈이 부족할 수 있다는 사실을 알고 있었는가? 아니면 "집에서 돈 얘기는 하지 마", "집에 돈이 없는 게 아니야" 같은 말을 들어왔는가? 가족 중에서 누가 대규모 지출이나 투자를 주로 결정했는가?

스스로 벌어야만 돈이 가치가 있다고 생각하는가? 자기 소유의 부동산을 마련하는 일이 인생에서 중요하지 않았거나 달성이 전혀 불가능한 것이었는가, 아니면 불필요한 것으로 간주하였나? 가족의 자산을 다음 세대에 물려주는 것을 공식 문서로 남겼는가?

경제적으로 성공한 사람을 바라볼 때 쉽게 수긍하고 인정했는가, 아니면 그들의 도덕적 진실성을 의심했는가? 친척이 새 차를 사거나 호화로운 휴가를 보내는 것이 가족 사이에서 얼마나 화제가 되었는가?

어느 정도의 자산을 모으는 것이 가능하다고 여겼는가? 아니면 부자가 되는 것을 다른 세상의 일로 치부하거나, 심지어 비난받을 일이라고 생각했는가?

우리는 돈에 대해 유의미한 대화를 나누는 법을 배우지 못했으므로 돈을 주제로 말할 때면 어디선가 들은 말을 그대로 읊거나 일부러 대화 주제에서 거리를 두려 한다. 이런 패턴은 빈곤층이든 부유층이든 상관없이 나타난다.

부모님이 돈을 다룬 방식이나 자산에 대해 어떻게 이야기했는지, 친구와 이웃의 여유로운 생활을 보며 가족끼리 그들의 자산 규모를 추측하는 것은 인간관계에서 위험 요인은 아니다. 배우자의 경험에 대해 논평하지만 않으면 갈등은 발생하지 않을 것이다. 평가하기보다 이 모든 과정을 면밀하게 관찰한다면, 배우자와 나의 차이점을 인식하고 새로운 것을 배울 수도 있다. 돈을 대하는 사고방식이 사람마다 얼마나 다른지 알게 된다면 놀랄 것이다.

사고방식의 차이를 무시하면 배우자 한쪽이 삶의 질에 직접적인 영향을 미치는 결정을 독단적으로 내릴 수도 있다. 이것은 매우 불쾌한 결과를 초래한다.

2008년, 나는 눈앞에서 크나이프 부부가 서로의 머리채를 붙잡고 싸우는 광경을 목격했다. 크나이프 씨는 교장으로 은퇴하고 겉으로 보이는 실적만 번지르르한 스위스의 한 민간 은행에, 아내와 상의 없이 가족의 전 재산을 맡겼다. 그런데 바로 그 돈이 전설적인 헤지펀드 투기꾼 버나드 메이도프Bernard Madoff의 사기 행각에 휘말리고 만 것이다. 메이도프는 제대로 된 자격도 없는 가짜 전문가였다. 크나이프 부인이 생각하는 위험성은 무엇이었는지, 어째서 이 지경이 되도록 부인이 상황을 몰랐는지는 알 수 없다. 부인은 투자의 위험성을 경계하던 자기 의견을 무시해버린 남편을 아주 확실하고 강렬한 방식으로 응징했다. 그 현장에서 내가 살아남은 건 기적 같은 일이었다. 당시 나와 함께 있던 동료는 지금까지도 트라우마에 시달리는 중이다. 그만큼 크나이프 부부 사례는 비상식적이었다. 그러나 이런 갈등은 신중하게 함께 결정하지 않는 한 모든 인간관계 속에서 일어날 위험이 있다.

산드라와 아힘 부부의 경우 재산 상태는 판이하게 달랐지만 둘은 상당히 현명한 방법으로 상황을 해결했다. 아힘은 크게 성공한 사업가였다. 그는 평범한 중산층에 속했고 기업을 경영하다 나중에 회사의 공동주주가 되었다. 적은 액수였지만 오랫동안 저축도 꾸준히 했다. 집에 빚도 없었고 넉넉한 급여를 받았다. 아힘의 가족은 돈 문제로 고민한 적이 없었다. 그의 부모님은 공무원이었고, 중산층의 삶을 유지하기에 부족함이 없었다. 갑자기 수입이 늘어난 것은 아힘에게 새로운 경험이었지만 위협이 되진 않았다. 그는 돈을 감정적으로 다루지 않았고, 돈에 대해 명확하며 합리적인 태도를 취했다. 더불어 자본시장에서 투자의 위험성을 잘 알고 있었기 때문에 아힘은 동요하지 않았다.

그에 비해 산드라의 상황은 아주 달랐다. 산드라가 8살 때 어머니가 암으로 돌아가셨고 이후 아버지는 오랫동안 시간제 근로자로 일했다. 산드라와 그의 여동생은 아버지의 빠듯한 수입으로 생활해야 했다. 집에는 돈이 늘 부족했다. 자동차가 고장 나면 비상이 걸렸고 학교에 수학여행비를 낼 때마다 스트레스를 받았다. 휴가는 몇 년에 한 번 가는 데 그쳤다. 이런 경험 때문에 산드라는 투자 안정성을 최우선시했다. 비록 그것이 자신의 현재 상황에 맞지 않을 때조차 그랬다. 산드라는 자기 아이들과 아버지에게 경제적으로 도움을 주지 못할까봐 항상 우려했다. 객관적으로 보면 얼토당토않은 생각이었다. 그녀의 아버지는 이미 산드라의 집과 가까운 곳에 본인 명의의 집을 소유하고 있었다. 산드라의 아이들도 가난에 쪼들릴 걱정이 없었다. 무엇보다 공동재산을 일구는 사람이 바로 아힘이었기 때문이다. 그러나 아힘은 처음부터 분명히 했다. 부인이 내리는 재정 결정에 절대 이의를 제기하지 않겠다고.

나는 이들 부부의 이야기가 어떻게 끝날지는 모르겠다. 그러나 나는 그들을 상담하면서 보람을 느꼈다. 아힘은 투자의 원칙을 착실

히 지켜나갔다. 그는 관계를 돈보다 중요시하고 과거에 금전 문제를
겪은 배우자의 상처를 건드리지 않았다. 아힘은 재정적으로 여유가
있다면 1년에 몇 만 유로 정도 손해 보는 것쯤은 감수할 각오가 되
어 있었다.

돈 얘기를 제대로 하는 법

배우자나 자녀와 돈 얘기를 할 때 감정을 다스리고 건설적인 결
과를 얻으려면 몇 가지 명확한 규칙을 합의하는 것이 좋다. 이런 규
칙이 바로 건설적인 대화와 성공적인 피드백 문화를 만드는 첫걸음
이다. 자주 들어왔고 이해하기도 쉽지만, 막상 실행하기는 어려운
일이다. 칼 리처드는 '돈에 관해 대화 나누기Talking About Money' 워크숍
에서, 시간을 정해놓고 매일 꾸준히 돈에 관한 대화를 나누길 권했
다. 이때 어떤 심적인 압박도 있어서는 안 된다. 바쁜 일과 끝에 끼
니도 챙기지 못한 상태로 돈 얘기를 꺼내면 십중팔구 좋지 않은 방
향으로 흘러갈 것이다.

건설적인 결과를 도출하려면 가능한 구체적인 주제를 정하는 것
도 중요하다. 돈 자체만 놓고 보면 너무 추상적인 개념이기 때문이
다. 그래서 되도록 돈과 관련된 구체적인 대화를 나누는 게 낫다. 우
리가 투자하려는 종목의 위험률은 감당할 만한 수준인가? 만약 손
실을 감수해야 한다면 그것이 우리에게 시사하는 바는 무엇인가?
우리의 돈은 실제로 어디에 있는가? 그런 다음 지난달 지출 금액(의
류, 음식, 여행, 문화생활 등)을 살펴보자. 그러면 꼭 필요한 곳에 지출

했는지, 지출을 줄여야 할 항목은 무엇인지 알 수 있다.

가장 중요한 것은 인내심을 갖고 모든 문제점을 이해할 때까지 대화 상대의 말을 경청해야 한다는 점이다. 그리고 가능한 심도 있는 논의를 해야 한다. 대화가 건설적이지 않다고 판단되면 잠시 쉬었다가 언제든 다른 방식으로 이어나가야 한다. 발전하고 배우려면 실수를 인정하고 자기 비판적인 태도를 지녀야 한다. 그러나 상대의 특정 행동을 비판하는 발언은 삼가라. "어쩌면 내 생각에서 한 치도 벗어나질 않니", "다 너 잘되라고 하는 말이야" 같은 말은 좋지 않다. 칼 리처드는 이런 실수를 하지 않으려면 야구 모자에 굵은 글씨로 "부끄러운 것도 없고 욕먹을 이유도 없다No Shame, No Blame"라는 글귀를 쓰라고 했다. 그리고 돈 얘기를 할 때마다 그 모자를 쓰라고 조언한다. 좀 우습게 들리겠지만 여러분은 내 말의 요지를 이해했으리라 믿는다. 물론 이런 방법으로 모든 분쟁을 피할 수는 없다. 앞서 말했듯 우리는 모두 돈에 관한 대화에서는 초보자나 다름없다. 그러나 천천히 연습을 거듭하면 나아질 수 있다.[29]

대화의 결론이 나오기 전까지 앞서 말한 과정은 모두 대화의 기술일 뿐이다. 이 기술은 돈에 관해 성공적으로 대화를 나누는 열쇠로, 돈을 다루는 고차원적인 세계로 향하는 문을 열어준다. 이제 중요한 질문을 하겠다. 당신에게 돈이 왜 중요한가?

금융 나침반 찾기

∨

지금까지 다룬 내용은 생각할 거리를 제공함으로써 무의식적으로 유해한 결정을 내리는 대신 의식적인 결정을 내리는 데 도움이 된다. 자유롭고 자기 결정에 따르는 길을 개척하는 것은 당신에게 달려 있다. 자신에게 돈이 무엇이며 왜 중요한지 자기만의 언어로 말할 수 있어야 한다.

그렇다면 당신의 삶에서 돈이 어떤 역할을 하기를 바라는가? 당신에게 돈이 왜 중요한가? 중요하지 않다면 그 이유는 무엇인가?

인생에서 돈의 역할을 찾아가는 과정은 매우 긍정적인 활동이다. 돈에 대해 분명한 입장을 취할 수 있다면 많은 문제가 해결된다. 저절로 해결되지는 않지만 비교적 쉽게 해결된다. 명확한 가치 체계가 잡혀 있으면 돈을 훨씬 쉽게 대할 수 있다. 이것은 거의 모든 분야에 적용된다. 비생산적인 행동을 더 쉽게 파악하고, 잘만 하면 그런 행동을 중단할 수도 있다. 비생산적인 행동이란 의미 없는 투자, 소비 결정, 타인과의 부적절한 비교 같은 행위다.

돈의 역할을 배우자와 함께 찾아가는 것의 목적은 상대방과 돈에 관해 대화를 나누며 더 나은 결정을 내리려는 데 있다. 물론 두 사람의 생각이 다를 수도 있다. 그래도 서로에 대해 아무것도 모른 채 계속 눈을 감고 지뢰밭을 거닐기보다는 함께 행동하며 알게 된 차이를 인식하고 견디는 편이 훨씬 낫다. 가치에 대해 명확한 태도를 견지하면 근본적인 결정을 내리기 쉽다. 절약할 가치가 있는 것과 그렇지 않은 것은 무엇인가? 이 질문에 대한 답은 올바른 투자 전략을 선택할 때 도움이 된다. 또한 무엇을 위해 이 모든 일을 하고 있는지를 인지하면 까다로운 자본시장에서 버틸 수 있는 힘을 얻을 것이다.

돈이 자신에게 왜 중요한지 알고 있으면 이점이 많다. 더불어 돈을 모으는 데만 급급하지 말고 적시에 소비하여 삶의 질을 향상하는 것도 잊지 마라. 재정적 결정을 잘 내리는 사람은 자신의 목표와 가치에 가까워지는 셈이다.

돈이 왜 중요합니까?

내가 사람들에게 돈이 왜 중요하느냐고 물으면 그들은 종종 혼란스러운 표정을 짓는다. 내 질문을 나쁘게 받아들여서가 아니라, 이 질문이 사람들을 곰곰이 생각하게 만들기 때문이다. 그들은 대부분은 돈이 중요한 이유를 몇 가지 단어로 뭉뚱그려 대답한다. 안정, 자유, 삶의 질, 독립, 현실 가능성 등. 그리고 드물게 부유함, 사치, '돈은 성공을 대변한다'는 대답을 듣기도 한다. 문제는 이런 개념이 너무 광범위하다는 점이다. 사람들이 내뱉은 단어들은 돈이 가진 다양한 면모 중에 자기 생각과 가까운 관념을 끄집어낸 것에 지나지 않는다.

돈이 중요한 이유는 사람마다 매우 다양하다. 그러므로 돈이 왜 중요한지 고민할 때는 너무 단순하게 접근하지 말고 계속 질문을 던져야 한다. 최고의 질문은 당연하게도 '왜?'라는 것이다. 나에게 재정적 안정이 중요한 이유는 무엇인가? 여러 대답이 가능하지만 세 가지만 생각하면 된다. 첫째, 타인의 부유함과 나를 따로 떼어놓고 생각할 수 있다. 둘째, 필요할 때 최적의 의료 서비스를 받을 수 있다. 셋째, 내 아이들에 대한 책임을 다할 수 있다.

첫 번째 대답을 따라가보자. 왜 타인의 부유함과 나를 따로 떼어놓고 생각하는 것이 중요한가? 이 질문에는 여러 가지 답이 있다. 예를 들어, 내 직업이 불만족스럽다면 언제든 이직할 수 있다. 그러나 타인과 나를 비교한다면 이직으로 남보다 소득이 줄어들 경우, 현 직장에 불만을 느껴도 참고 다니는 상황이 발생한다. 또는 아내로서 지금은 남편을 사랑하지만, 나중에 사랑이 식었을 때 남편이 돈을 번다는 이유만으로 애정 없는 결혼 생활을 지속하지 않아도 된다.

자녀에 대한 책임을 말할 때는 다양한 상황과 요구 조건이 있을 수 있다. 종잣돈을 누군가의 인생에 쏟아부을 준비가 되었는가? 장애아를 오래 보살필 수 있는가? 가능한 다양한 경험을 함께하며 휴가를 보낼 재정적 여유가 있는가? 교육비를 조달할 여유가 있는가? 아이들의 학비를 모두 감당하겠다는 열망이 재정적으로는 다른 결과를 초래할 수도 있다. 뮌헨, 암스테르담, 보스턴에 학교를 보내면서도 학비를 감당할 수 있겠는가? 아니면 필요에 따라 아이가 스스로 일정 부분의 학비를 해결해야 한다는 점도 고려할 것인가?

돈을 깊게 생각해볼 수 있는 세 가지 질문

돈이 나의 삶에 중요한 이유를 알기 위한 간접적인 방법과 몇 가지 질문이 있다. 조지 킨더는 불교의 영향을 많이 받은 작가이자 금융 컨설턴트를 교육하는 사람이다. 그는 다양한 거래가 이뤄지는 미국 금융 시장에서조차 특이한 인물로 꼽힌다. 조지 킨더는 삶의 목표와 재정 목표를 가능한 잘 조화시킬 방법을 연구한다. 그는 금융 컨설턴트가 '왜 돈이 중요한가'라는 주제의 핵심을 파악하려면 자기 고객에게 다음과 같은 세 가지 질문을 하도록 권고한다. 첫 번째 질문은 좀 전형적이긴 하지만 '왜'라는 질문만 계속해서 던지는 일을 막을 수 있다.

"당신이 재정적으로 안전하고 현재와 미래에 필요한 것을 충족시킬 만한 돈이 있다고 상상해보십시오. 이제 당신의 삶을 어떻게 살 것인지가 문제입니다. 돈으로 무엇을 하고 싶습니까? 무엇을 바꾸고 싶은가요? 마음껏 상상해보십시오. 당신의 꿈을 억누르지 마십시오. 완전한 자신만의 삶을 묘사해보십시오."

이에 대한 추가 질문은 다음과 같다.

"당신에게 더 많은 돈이나 여유 시간이 있다면 무엇을 하겠습니까? 예를 들어 5000유로, 2만 5000유로 또는 25만 유로가 있다고 상상해봅시다. 그리고 이 돈을 쓸 일주일, 한 달 또는 일 년의 휴가가 주어진다고 생각해보십시오."

두 번째 질문은 만족스러운 삶은 무엇이며, 이때 돈의 역할은 무엇인지에 대한 극단적인 질문이다.

"의사가 당신에게 남은 수명이 5년에서 10년 정도라는 사실을 통보했습니다. 여기서 좋은 점은 당신이 고통을 겪지 않는다는 것입니다. 나쁜 점은 언제 죽을지 모르는 채 살다가 어느 날 갑자기 죽게 되리란 것입니다. 남은 시간 동안 당신은 무엇을 하겠습니까? 달라진 삶을 살기로 했다면 어떤 방법으로 그렇게 하겠습니까?"

나는 이런 질문이, 평생 아끼며 살다가 은퇴한 뒤에야 삶을 즐기겠다는 생각에 대한 훌륭한 반론이라고 생각한다. 왜냐하면 은퇴 후의 삶이란 어쩌면 존재하지 않을 수도 있기 때문이다. 그렇다고 미리 걱정하라거나 전 재산을 탕진해버리라는 의미는 아니다. 불확실한 미래만큼 나이가 들었는데 재산이 없다는 것 또한 당신을 불행하게 만들 것이기 때문이다. 어쨌든 이 질문은 당신의 생각을 바로잡는 좋은 계기가 된다.

조지 킨더의 세 가지 질문 중 마지막은 두 번째 질문과 이어지면서 더 격한 감정을 불러일으킨다.

"이번에는 의사가 당신에게 남은 시간이 단 하루뿐이라는 소식으로 충격을 줍니다. 당신이 죽음에 직면할 때 드는 감정에 주목하십시오. 다음과 같이 자문해보십시오. 내가 이루지 못한 꿈은 무엇인가? 내가 끝내고 싶었던 일은 무엇이었으며 나는 어떤 사람이 되고 싶었는가? 나는 원래 무슨 일을 하고 싶었나? 내가 놓쳐버린 기회는 또 무엇인가?"[30]

휴, 너무 질문이 많다. 이런 구체적인 질문들에 대답하고 나면 돈이 당신에게 왜 중요한지에 대한 궁극적인 질문을 상당 부분 해결할 수 있을 것이다. 인생의 마지막에 돈을 좀 더 모으지 못했거나 충분히 일하지 못해서 후회하는 사람은 거의 없다. 반면에 수많은 사람이 가족과 더 많은 시간을 보내지 못하고, 더 큰 꿈을 이루지 못하고 또 인생의 적절한 순간에 변화를 가져올 용기를 내지 못한 것을 후회한다. 돈이 있다면 이런 문제를 모두 해결할 수 있었다.

한눈에 보이는 재무 계획

당신에게 필요한 돈의 가치를 정의하고 난 다음 단계는 대부분의 사람과 거의 모든 금융 컨설턴트가 하는 일을 해야 한다. 너무 오래 생각하지 말고 일단 구체적인 목표와 행동을 설정하라. 특정 목표가 없으면 올바른 위치에 도달할 가능성은 매우 낮다. 그렇기 때문에 이 단계는 매우 중요하다. 구체적 목표란 노후 자금 조달, 자녀 교육비 확보, 융자 상환 대비금, 자기 사업을 위한 투자금과 비상시 여유 자금 또는 이직할 때 필요한 비용 등이다. 처음에는 구체적 수치를 제시하는 것보다 자기 가치관을 반영하여 서면으로 문서를 작성하는 것만으로 충분하다.

지금까지 우리가 다룬 것은 당신만의 가치를 설정하고 그에 따른 구체적 조치를 행하는 일이었다. 이를 가리켜 칼 리처드는 '한눈에 들어오는 재무 계획one page financial plan'이라고 불렀다. 이런 재무 계획은 반드시 문서로 작성해야 한다. 금융 분야의 많은 일과 마찬가지로 단순성과 명확성이 복잡성보다 더 중요하기 때문이다. 이 재무 계획이 가진 기능은 미지의 영역에서 나침반이 되는 것이지 정확한 지도 노릇을 하는 게 아니다. 그리고 정확한 지도가 될 수도 없다. 자본시장과 당신의 삶에는 예측하기 힘든 수많은 매개변수가 있다. 이런 변수를 모두 제외하고 나면 마지막에는 결국 종이 한 장을 채울 만한 몇 문장만이 남을 것이다. 다른 사람에게는 아무것도 아닌 듯 보일지라도 당신에게만은 의미 있는 문장들이다.[31] 나의 한 장짜리 재무 계획은 다음과 같다.

● 가치

1. 나와 내 가족이 긍정적인(주로 공통된) 경험이 풍부한 삶을 살 수 있어야 한다.

2. 직업은 스스로 결정해야 한다. 업무 내용, 근무 시간과 회사의 지리적 위치를 잘 파악해야 한다. 내가 좋아하는 사람들과 시간을 보내자.

● 목표

1. 내가 추구하는 기업상에 따라 내 회사를 설립하겠다.

2. 아이들이 해외 유학을 떠날 것까지 예상하여 충분한 예비비를 마련한다.

3. 아이들, 친구들과 함께 1년에 최소 두세 번 휴가를 갈 수 있는 충분한 자금과 시간을 확보한다.

4. 변화와 위기 속에서도 유연하게 대처할 수 있는 여유를 확보하고 내가 즐기는 만큼 일할 수 있도록 한다.

5. 아내와 내가 일찍 사망하거나 생사의 갈림길에 서 있을 때를 대비해 확실한 비상 계획을 수립한다.

한눈에 들어오는 재무 계획은 이자를 계산하거나 미래에 일어날 일을 예측하고 상세한 재무 계획을 세우는 일과는 완전히 다르다.

대개 재무 계획의 추상적인 목표와 측정치를 구체적인 수치와 함께 한 장에 계산하는 것이 합리적이며, 때에 따라 누군가에게는 시급히 필요한 일이기도 하다. 그리고 그런 다음에도 목표와 측정치를 잊어버릴 수 있으므로 2~3년마다 다시 검토하고 구체적인 수치를 다시 조정해야 한다. 이때 당신의 가치와 목표는 완전히 내면화된 상태여야만 한다. 그렇게 내면화된 생각은 당신의 나침반이며 일상에서 내리는 결정과 행동이 올바른 방향으로 나아가도록 지속해서 도와준다.

돈으로 행복을 사는 첫 번째 방법

다음 장으로 넘어가기 전에 '한눈에 들어오는 재무 계획'을 작성해보자. 질문은 많을수록 좋다. '왜?'라는 질문을 계속해서 던져라. 그리고 이때 좋은 대화 상대를 찾아야 한다. 그러지 않으면 재무계획표를 작성하는 일에 진척이 없을 것이다.

Über Geld nachdenken

2
장

나에게 돈은 무엇인가

투자자에게 가장 큰 문제는, 최악의 적이 자신이라는 점이다.[1]

- 벤저민 그레이엄

돈을 효율적으로 다루기 전에 먼저 성공적인 결정을 내리는 데 방해가 되는 요인을 정확하게 알아야 한다. 무엇보다 정말 큰 실수를 피하는 방법을 숙지해야 한다. 그런 다음에도 여전히 여러 가지 기본적인 결정을 내려야 한다. 어떤 조치가 당신의 가치관과 목표와 일치하는지 파악하고, 돈이 당신 인생에서 긍정적인 역할을 하는지 확인하라.

당신의 적을 파악하라

한 은행의 뮌헨 지점은 독일 전역에 있는 20개 지점 가운데 증권 판매율 20위를 기록한 꼴찌였다. 요하네스 노팅에 대한 압력은 엄청났다. 4년 전, 이사회는 그를 뮌헨에 파견하여 지점을 이끌게 했지만 결과는 실망스러웠다. 이러한 실망감은 이사회 멤버인 마르쿠스 제그눙에게서도 명확하게 나타났다. 제그눙은 노팅을 불러 단둘이 대화하며 책임에 관해 이야기했다. 제그눙은 노팅에게 말 그대로 10분 내내 고함을 쳤다.

뮌헨 지점의 실적이 계속 바닥을 치면 노팅이 지점장으로 일할 날도 얼마 남지 않을 것이다. 업무용 차량과 사무실을 반납해야 함은 물론, 무엇보다 그의 경력이 나락으로 떨어질 판이었다. 사회적 지위와 연봉 10만 유로도 포기해야 했다. 노팅의 얼굴에서 식은땀이 줄줄 흐르고 경동맥이 부풀어 올라 건강을 위협할 정도로 혈압이 높아졌다. 이런 상태에서 노팅은 지역 지사장인 폰 그라펜탈을 만나야 했다. 폰 그라펜탈은 2주간 열리는 지점장 회의에 참석 중이었다. 그는 노팅의 해고에 반대한 두 명의 지사장 가운데 한 명이었다. 그리고 지금은 노팅을 해고하지 않은 것을 후회하고 있다.

노팅이 회의장에 들어서자 그곳에 있던 지점장들이 모두 갑자기 정신이 번쩍 든 듯했다. 3시간 반 동안 실적을 자화자찬하던 분위기는 사라지고 그라펜탈의 눈에 패닉이 스쳐갔다. 지난 몇 달 동안 그라펜탈은 노팅을 주시했다. 노팅의 실적에는 변화가 없었고, 그는 이제 54세였다. 젊은 구성원들의 에너지로 돌아가는 회사에서 일하기에는 많은 나이었다. 55세 이상 직원 명단이 돌아다닌다는 소문도 있었다. 은행 경영진은 55세 이후에는 업무수행 능력이 떨어진다고 판단했을 것이다.

경영진은 노팅에게 에둘러 말하지 않았다.

"음, 나는 당신에게 무슨 문제가 있는지 도대체 이해할 수가 없군요.[2] 일을 할 능력이 없는 건가요? 아니면 일을 하고 싶지 않은 건가요? 아니면 둘 다입니까?"

그라펜탈이 5분 동안 대놓고 호통을 쳤다. 노팅은 "아…" 내지는 "그건…" 같은 소리를 냈다. 그건 제대로 된 대답이 아니었다. 그라펜탈 다음으로 노팅이 회의장에 있는 모든 지점장에게 직접 질문을 던지기 시작했다.

"요즘 은행 상황은 어떻습니까?"

"무슨 계획이 있으신가요?"

"그걸 할 수 있겠어요?"

젊은 지점장 볼프부터 노련한 지사장 그루버까지, 그곳에 모인 지점장들은 동네 축구팀이 2주 내에 독일 축구 챔피언이 될 확률이, 노팅이 맡은 지점의 실적이 개선될 확률보다 높다고 생각했다. 그러나 그런 속내를 숨긴 채 모두가 자신 있게 대답했다.

"노팅은 실적 개선을 해낼 겁니다!"

지점장들은 고객들을 계속 설득하면서 영업직원의 실적 목표치를 매일 확인하자는 제안까지 덧붙였다. 슈바르츠 지점장이 그러기엔 2주는 너무 짧다는 점을 조심스럽게 지적했다. 어쩌면 10주 정도면 현실적으로 실패를 만회할 기회가 있다고도 했다. 슈바르츠는 매우 직설적이고 설득력 있는 노팅의 의사소통 능력을 알고 있었다. 지금 이의를 제기할 수 있는 건 노팅의 폭주하는 혈압을 우려하는 심장내과 주치의밖에 없었다. 물론 그 의사는 지금 자기 환자의 상태를 알 수 없다. 한 시간 후 슈바르츠가 회의장을 나왔을 때 그는 동료 그룬트마이어가 자기 뒤에서 한숨을 내쉬는 것을 들었다. 그룬트마이어는 이렇게 중얼거렸다.

"이제 다시 A('나이 든'을 뜻하는 alt의 머리글자)와 D('멍청한'을 뜻하는 doof의 머리글자) 고객들을 상대해야 하는군."

그룬트마이어가 말하는 고객은 나이 많고, 금융 지식이 부족한 고객이었다. 그리고 그 말은 바로 현실이 되었다.

당신의 생각은 어떤가? 회의가 끝난 오후, 그라펜탈이 담당하는

지부의 은행 풍경은 어땠을까? 젊은 지점장 볼프가 나이 든 직원인 베버와 이야기를 나누는 모습을 상상할 수 있겠는가? 베버는 오랫동안 증권 사업 분야 쪽에 큰 두각을 나타내지 못한 직원이었다. 나는 볼프와 베버의 대화를 짧게 상상해보았다.

"베버 씨, 어째서 당신은 당신의 저조한 실적을 메우기 위해 고생하는 동료들을 이렇게 내버려두고만 있습니까? 나는 인간적으로 실망했습니다."

"문제의 원인은 무엇이라고 생각합니까? 오늘 밤까지 어떤 고객을 만나 상담하기로 했습니까? 내일 정오까지 일을 얼마나 처리할 수 있겠습니까?"

상사의 비유가 스포츠에서 군대로 바뀌어 갈 때쯤, 베버도 이것이 심각한 문제임을 인지했다. 이후 볼프 지점장이 그 하루 동안 베버의 책상을 두세 번씩 왔다 가며 중간 결과물을 확인했으리란 건 충분히 미루어 짐작해볼 수 있다.

이제 당신이 실적 압박에 시달리는 나이 든 은행원 베버 씨를 만났다고 가정해보자. 당신은 25만 유로를 상속받았고 이 돈을 2년 내 부동산 대출 상환금에 보탤 예정이다. 베버는 그런 당신에게 이렇게 말한다.

"그 돈으로 아무것도 하지 마세요. 2년 동안 돈을 투자하는 것은 무의미한 일입니다."

베버는 당신의 이익과 은행의 이익 사이에서 줄다리기를 하고 있다. 사실 베버는 아무래도 상관이 없었다. 그는 그저 며칠간의 휴식을 원했다. 이 시점에서 당신은 구체적으로 얻는 것이 있다. 그리고 그것은 24개월 후 대출 상환에 필요한 금액을 충당하려는 당신의 목표에 부합하는 위험성과 수수료 높은 금융상품과는 거리가 멀다.

마침 당신이 만난 사람이 은행에서 가장 풀 죽은 직원이어서 운이 나쁘다고 생각하는가? 그렇다면 당신은 큰 실수를 하고 있다. 베버를 만난 건 오히려 행운일 거다. 그는 오랫동안 자기 자리를 지켜온 사람이다. 베버는 은행이 설정한 목표를 채우는 데 분명 (도덕적으로) 어려움을 겪고 있다. 은행이 상담 직원을 주기적으로 바꾸는 이유 중 하나는 이런 직원이 영업장에 존재하기 때문이다. 상담 직원이 고객에게 인간적으로 너무 친밀감을 느끼면 은행의 사업에는 좋지 않다. 결국 은행에 근무하는 상품 판매사원의 유형은 극과 극으로 나뉜다.

금융회사는 당신의 수익에 관심이 없다

베버 같은 직원은 고객을 성의껏 응대하고, 은행에는 손실을 끼친다. 이들은 상대적으로 나이 들고 경험이 많으며 교육 수준이 높다. 반면에 다른 직원은 자신을 철저히 판매업자라고 생각한다. 이들은 상사의 지시대로만 업무를 처리한다. 은행 상품은 별다른 설명도 없이 왼쪽에서 오른쪽으로, 오른쪽에서 왼쪽으로 계속 '회전'하면서 고객에게 선보여진다. 회전이란 단어는 금융업계 내부에서 실제로 쓰는 용어다. 나는 이런 모습을 가리켜 '불판'이라고 불렀던 업게 관계자가 떠올랐다. 불판이란 '마지막 살점을 뼈에서 발라먹을 때까지 고객의 계좌를 털겠다'라는 의미다. 만약 당신이 불판을 기대하는 판매직원을 만난다면 베버 씨를 만날 때보다 결과는 더 좋지 않을 것이다.

나는 수수료 장사를 그만둔 뒤 다른 길을 찾아나선 은행가들과 수십 번이나 만나 허심탄회하게 대화를 나누었다. 그들은 자신이 몸담았던 은행이 그리 나쁘지 않았다고 생각했다. 그 생각은 현재도 모든 은행원이 가지고 있다. 월별, 주별 때로는 매일 이뤄지는 판매 전화도 일상처럼 여전하다. 어느 은행에 언제 가든지, 당신이 만나는 사람 중 99%는 심각한 문제가 있다. 그 중에는 베버 씨처럼 실적 압박을 받는 직원도 있을 것이다. 실적 압박에 시달리는 직원은 고객에게 어떤 상품이든 반드시 팔아야 한다고 생각한다.

이런 부담감은 고객의 계좌에 분명한 흔적을 남긴다. 지난 12년 동안 나는 수백 가지의 사례를 목격했다. 대형 은행부터 저축은행, 신용금고, VIP 고객을 위한 소규모 은행까지 종류는 다양했다. 이해 충돌, 숨겨진 수수료, 알 수 없는 위험은 어디에나 있다. 한번 주의 깊게 살펴보면 이런 문제점은 아주 명확하게 드러난다. 내가 아는 한 지점장은, 고위험성 금융상품을 고객에게 판매한 뒤 자괴감에 시달리는 동료를 위로하려고 이렇게 말했다.

"이봐, 그리 나쁘게만 생각할 필요는 없어. 우리가 성사시키는 거래 중에 많아봐야 10%만이 범죄니까 말이야."

금융업계의 냉혹한 현실

이렇게 범죄나 다름없는 금융 거래들 가운데는 언제나 극단적인 사건이 발생한다. 나는 지금도 은행의 수수료 장사가 얼마나 정신 나간 짓인지 생생하게 와닿았던 사건을 기억한다.

상품을 판매하려는 의욕만 앞선 판매직원 바스테 부인은 80세의 고객 일제에게 엄청난 사업상 위험이 수반되는 부동산 투자를 권했다. 추천 종목은 절대적으로 안전하며 상속세 혜택까지 주어진다고 말해줬다. 그러나 일제는 애초에 가진 재산이 너무 적어서 상속세가 거의 나오지 않는 수준이었다. 투자 기간은 30년으로, 초반 손해만 18만 유로에 달했다. 일제가 비상시 병원 진료를 받게 될 때를 대비해 비축한 여윳돈까지 진즉에 바닥났다. 노부인에게 더 이상의 재산은 없었다. 시간이 갈수록 빈곤해진 일제가 자신이 투자한 상품에 관해 얼마나 이해했는지는 알 수 없다. 투자를 시작한 지 4개월 후, 일제는 요양원에 입소했고 1년 뒤 사망했다. 일제의 상속인에게는 상당한 손실을 감수하고 상품 투자 계약을 해지하는 선택지 외에는 남지 않았다.

바스테 부인은 고객에게 잘못된 투자 상품을 권유하고 어떤 처벌을 받았을까? 바스테가 직장을 잃었을까? 최소한 은행으로부터 경고라도 받았을까? 아니다. 그는 계속해서 승진했고 판매 수수료의 일부는 개인 급여 계좌에 입금되었다. 얼마 전 바스테는 능력을 인정받아 차세대 리더 모임까지 들어갔다. 이제 바스테는 여러 지점을 옮겨다니며 '겉으로만 지분 구조가 복잡해 보이는 상품'을 팔아치우는 방법을 가르친다. 상업 부동산에 투자하는 것은 더 나은 이율을 보장하는 장기 국채에 투자하는 것과 같다. 그러니 금융 컨설턴트가 물건을 싣고 다니는 컨테이너선을 일종의 부동산으로 보며 '떠다니는 수표책'이라고 말하는 것도 놀라운 일은 아니다.

가장 유명한 사례는 미국의 투자은행 리먼 브라더스에 투자한 한 할머니 이야기다. 오로지 더 높은 금리를 주는 저축 상품에만 관심이 있던 그 할머니는 리먼 브라더스에 전 재산을 투자했다. 그러다 결국 리먼 브라더스가 파산하면서 예금을 전부 잃었다.

나는 몇 년 전에 리먼 브라더스에 투자한 어느 여성을 직접 만난 적이 있다. 2008년 여름, 레나테는 어머니에게 물려받은 유산 25만 4000유로를 전부 리먼 브라더스에 투자했다. 당시 지역 신용조합에서 추천한 상품이었다. 그 투자는 이미 신용조합이 개입했다는 사실 자체로 투명하지도 않고, 터무니없는 것이었다. 자본시장 상황이 악화하지 않고, 은행이 처리 불가능한 손실 한계점을 넘지만 않는다면 레나테는 원금의 6%에 달하는 수익을 얻을 예정이었다. 딱히 잘못될 것은 없어 보였다. 그러나 레나테는 수익률 외에 너무 많은 것을 모르고 있었다.

어느 날 저녁, 뮌헨시 외곽의 한 은행에서 문제가 터졌다. 몇 주 후 레나테의 돈은 완전히 사라졌다. 레나테는 원금은커녕 아무것도 건지지 못하고 완벽하게 손실을 보았다. 레나테가 투자한 금융상품 발행인, 즉 보증을 선 쪽은 악명 높은 리먼 브라더스였다. 법적으로 따지면 레나테가 리먼 브라더스에서 25만 4000유로를 빌린 다음 보증서를 받은 형국이었다. 그리고 리먼 브라더스가 파산했기 때문에 아무도 지킬 수 없는 약속이 되었다. 레나테는 재산을 전부 날린 후에야 '위험 보증인' 같은 복잡한 개념을 깨달았다. 사실은 충분히 쉽게 이해할 수도 있었다. 돈을 빌려준 다음 채무자가 파산하면, 돈이 사라진다는 원리 말이다.

이 사건이 레나테의 삶에 끼친 영향은 막대했다. 자신의 마지막 사회생활 7년을 시간제 아르바이트나 하면서 유유자적 보내고 싶다던 소망은 사라졌다. 레나테의 남편이 은퇴한 후 폭스바겐 불리 차량을 사서 부부가 함께 1년 동안 유럽 여행을 떠나려던 꿈도 물거품이 되었다. 그러나 레나테를 가장 많이 힘들게 한 것은 자기 어머니가 평생 일군 재산을 하루아침에 날려버렸다는 자책감이었다. 레나테의 어머니는 자신을 위해서 거의 돈을 쓰지 않았다. 밤새도록 삯바느질을 해서 한 푼 두 푼 모아온 돈이 바로 레나테가 상속받은 유산이었다. 레나테는 어쩌면 그리도 어리석고 순진했을까? 나는 그후로 레나테를 보지 못했지만 지금도 괴로운 심정을 떨치지 못하고 있으리라 생각한다.

이와 비슷한 이야기는 수십 개도 더 된다. 그러나 80세의 일제, 리먼 브라더스에 속은 레나테의 극단적 사례는 매우 심각한 불이익을 동반한다. 이런 사례는 화젯거리가 되고 타인의 주의를 환기할 수 있는 좋은 예시가 된다. 혹시 '저런 일을 당한 게 내가 아니라 다행이야'라고 생각하는가? 그것은 근본적으로 틀린 말이다. 당신을 포함해 누구나 베버 같은 직원이 있는 은행과 거래해본 적이 있을 것이다. 당신은 그걸 알아채지 못했거나 알고 싶지 않을 뿐이다. 전체 독일인 중 17%만이 은행 직원을 신뢰하고, 60%는 주거래 은행이나 금융 전문가를 신뢰한다.[3]

많은 사람이 이해하지 못하는 사실은 은행 직원이 잘못된 재정 조언을 하는 이유가 직원에게 도덕성이 없어서가 아니라는 점이다. 잘못된 재정 조언을 하는 이유는 제도에 허점이 있기 때문이다. 은행과 기타 금융기관이 수수료를 포기하지 않는 한 언제 어디서나 예외 없이 이해관계의 충돌이 발생한다. 당신을 상담하는 직원은 당신이 아니라 금융업계에서 돈을 받는다. 따라서 그는 고객의 관심사가 아니라 상품 설계자의 입장을 대변한다. 금융업계는 직원이 고객에게 무엇을 팔았는지 확인한다. 이것이 자본주의의 기본 특성이다. 돈을 내는 사람이 곧 지시하는 사람이다. 당신의 금융 컨설턴트는 판매업자에 불과하다. 현실은 이렇게 단순하다.

문제는 상품에 따라 판매자에게 떨어지는 수수료가 달라진다는 점이다. 80세의 일제는 부동산 주식의 10%, 리먼 브라더스에 투자한 레나테는 취득한 상품의 대략 5%, 주식 펀드도 5%, ETF나 국채는 1% 또는 0.5%의 수수료를 안내받았다. 더 나쁜 점은 일제와 레나테가 지불하는 수수료의 절반이 일반 고객의 눈에는 보이지 않는 영역에 있다는 사실이다. 이런 돈을 '내부 수수료', '구조화 이득'이라고 부른다. 주식형 펀드에서도 이런 수수료는 고객의 관점에서 빙산의 일각만이 보일 뿐이다. 그러니 은행은 소위 발행 판매 수수료를 한 번만 받는 게 아니다. 게다가 주식 펀드 운용사는 매년 은행으로부터 펀드 평가액의 약 1%, 즉 고객 투자금의 약 1%를 리베이트로 챙긴다. 그러니 판매 직원이 당신에게 추천하는 상품의 실체는 무엇이겠는가? 이렇게 수수료 높은 상품을 팔려는 데 혈안이 된 직원과 투자를 상담하는 것은 무의미하고 위험하다. 직원의 태도야 언제나 친절하겠지만, 고객 이익에는 반하는 시스템으로 운용되기 때문이다.

당신의 돈을 은행에 맡길 수 있을까?

이 책을 읽는 당신은 현실이 그리 나쁘지만은 않다고 생각할 수 있다. 2008년 금융 위기 이후 은행도 교훈을 얻었기 때문이다. 더 강력한 투명성 정책과 엄격한 규칙을 만들어 고객에게 부적합한 상품을 추천하지 않는 분위기가 형성되었다. 대체로 희망적 관측이긴 하다. 고객 자산 관리를 하는 부서에서는 고객이 직접 투자 결정에 관여하지 않고 은행에 자금을 맡기는 경우, 부과되는 수수료를 숨길 수 없게 되었다. 이제 은행이 고객의 돈을 몰래 빼내려면 훨씬 더 많은 에너지를 쏟아야 한다. 앞서 말한 은행의 내부 수수료, 즉 구조화 이득도 상품 정보 안내문에 기재되어 있다. 그러나 상세한 내용은 안내문을 일부러 찾아서 꼼꼼하게 읽어야만 정확하게 파악할 수 있다. 내 경험상 이렇게까지 하는 고객은 아직 없었다.

그리고 소위 '선취 수수료'와 '후취 수수료'의 개념을 알아두는 게 나중에 투자할 때 도움이 될 것이다. 관리 운용 비용, 상품 비용, 거래 비용과 같은 추가 비용이 붙는다는 사실을 나중에 알게 되면 곧

란한 상황이 발생한다. 한 상품에 여러 종류의 부대 비용이 포함되어 있다는 점을 인지하는 고객이 많아지면 상품 투자 분야에서 큰 깨달음을 얻을 것이다. 은행에서 상품 정보 안내문을 받으면 자세히 살펴보자. 판매 직원에게 문서를 요청하거나 파일 형태로 이메일로 전송받아라. 현재로서는 자산 관리자 대다수가 여전히 수동적으로 일하고 있기 때문에 고객이 직접 필요한 정보를 요청하지 않으면 그 내용을 알 수가 없다.

이 밖에도 아직 많은 것들이 과거에 머물러 있다. 오늘날 내가 보는 증권 판매 패턴은 10년 전과 다를 바가 없다. 2019년에 나는 시험 삼아 비밀리에 투자 상품을 구매한 적이 있다. 투자 결과는 아주 끔찍했다. 특히 저축은행과 민간은행은 불투명한 증권 판매가 잠재적으로 심각한 자산 피해를 줄 수 있음을 알면서도 아무렇지 않게 팔아치우고 있었다.[4]

상품 판매 영업이 끝난 뒤 고객에게 주어지는 일명 상담 기록지는 최종 패배의 결과물이다. 내 경험으로, 고객은 그것을 읽지도 않을뿐더러 만약 읽는다고 해도 문서 안에 담긴 법적 의미를 이해하지 못할 것이다. 은행과 분쟁이 발생했을 때 고객에게 상품을 판매한 직원이 형식상 오류만 범하지 않았다면, 고객은 어떤 보상도 받지 못한다. 합리적인 재정적 조언을 받지 못하면 특히 지급 능력이 떨어지는 고객의 경우, 경제적 이득을 보는 것이 불가능해진다.

이런 문제를 해결하는 방법은 아주 간단하다. 소비자 보호단체와 시민단체의 '재정 전환' 운동의 일환으로 금융상품 수수료의 전면 폐지가 필요하다. 영국, 네덜란드, 호주에서도 수수료가 폐지되었다. 독일은 이런 면에서 여전히 후진적 금융 정책을 채택하고 있으며 정책 결정권자에 대한 은행권의 로비도 상당하다. 아무리 노력해도 희망이 보이지 않는다. 세무사는 재무부에서 급여를 받지 않는다. 그들은 이익에 따라 움직인다. 변호사는 상대편에게서 뇌물을 받으면 자격을 상실한다. 뇌물 수수 행위가 자기 의뢰인을 배신하는 일이기 때문이다. 나는 삶의 질, 연령에 따른 생활 수준, 자녀 교육과 관련된 가장 중요한 삶의 영역에서 왜 의뢰인을 배반하는 행위를 합법으로 인정하는지 이해할 수 없다.

이쯤에서 은행원 노팅, 그라펜탈, 슈바르츠의 이야기가 어떻게 되었는지 궁금하지 않은가? 그라펜탈은 몇 주 뒤 해고당했다. 그는 변호사의 도움으로 연금수령 개시일까지 변상금을 받는 데 성공했다. 변상금으로 살려면 그라펜탈의 생활 수준은 다소 낮아질 것이다. 그리고 같은 직종에는 더 이상 종사할 수 없었다. 나는 그라펜탈을 1년 전에 마지막으로 만났다. 그라펜탈은 30년간 금융업에 종사해왔다는 자부심이 있었다. 그러나 마지막에 노팅의 실적 문제 때문에 은행이 자신을 어떻게 취급했는지를 떠올리며 깊은 회의를 느끼고 있었다. 노팅은 그라펜탈보다 8개월을 은행에서 더 버텼다. 이사회는 노팅보다 젊고 행동력 넘치는 임원을 채용했다. 슈바르츠는 수수료 사업에 혈안이 된 은행업계에 완전히 지쳐버렸다. 이 모든 광경을 지켜본 뒤 나는 두 달 후 내가 근무하던 은행에 사표를 제출했다.

다단계 판매업자, 보험 종사자, '무소속' 컨설턴트

만약 은행으로부터 중립적인 조언을 기대할 수 없다면 소위 무소속 컨설턴트는 어떨까? 딱히 더 좋지만도 않다. '무소속'은 곧 보호 장치가 없다는 의미이기 때문이다. 이런 컨설턴트는 대개 '비전문적이고 직업 윤리가 없는 사람'을 지칭한다.

속칭 '스트루키Strukki'라고 불리는 다단계 업체는 이런 무소속 컨설팅 서비스를 대규모로 운영한다. AWD의 카르스텐 마슈마이어Carsten Maschmeyer와 독일 자산 컨설팅 그룹의 라인프라이드 폴Reinfried Pohl 같은 대형 업체 설립자들은 억만장자가 되었다. 마슈마이어의 정치적 연줄은 아주 견고했다. 자기 이름을 따 연금 개혁을 이끈 베르트 뤼루프와도 긴밀한 유대관계가 있었다. 나중에 마슈마이어는 뤼루프와 합작 회사를 설립하기도 했다. 마슈마이어의 문화적 헌신, 특히 문학에 대한 공헌도 주목할 만하다. 마슈마이어는 게르하르트 슈뢰더의 회고록에 대한 저작권을 놀랍게도 200만 유로에 샀다. 그때가 바로 우연히도 붉은녹색당이 연금 소득 개혁법안을 통과시킨 직후였다. AWD에게 있어 진정한 노다지와 같은 법안 개정이었다.[5]

MLP, 테시스Tecis, 메이플라워Mayflower도 다단계 마케팅 원칙에 따라 운영되는 업체들이다. 수많은 보험사가 이런 방식으로 일한다. 대부분의 젊은 직원은 초반에는 피라미드 형태 조직에서 가장 낮은 계층에 진입한다. 노련한 다단계 업자는 길거리에서 "인상이 참 선하십니다. 혹시 관심 있으시면…" 같은 식으로 말을 걸면서 자신의 동료를 물색한다.

다단계 업자의 동료가 되면 바로 속성 교육이 이루어진다. 이때는 전문 지식보다는 영업 기술을 더 중점적으로 다룬다. 영업 기술이란 '말만 번지르르하게 하면서' (겉으로 긍정적인 보디랭기지를 사용하고) 상대와 공감대를 형성하는 것이다. 또한 고객에게 문제 해결 방안을 제시하면서 고객에게 권한을 부여하고, (상체를 앞으로 구부리고 고개를 끄덕이며) 이를 확인시켜주는 과정을 거친다. 고객 눈앞에서 소시지 대가리(상품을 뜻함)를 흔들어대다 잠시 멈춰서("가만 생각해보니 이 상품은 고객님과 맞지 않는 것 같습니다") 안달이 나게 만든다. 고객이 이의를 제기할 기회를 완전히 박탈해버리는 것이다. 그리고 상품 판매 시한이 얼마 남지 않았음을 강조하며 은연중에 자신만이 독점적으로 상품을 판매하는 듯한 암시를 준다. 이런 수법으로 고객을 유혹하여 높은 계약금을 받아낸다.

이것이 예로부터 이어진 오래된 수법이다. 이 수법에 넘어가 버린 고객은 이렇게 말한다. "투자금을 더 높여도 될까요?" 다단계 업체의 교육이 빛을 발하는 순간이다. 이제 다단계 회사는 축배를 들 일만 남았다.

다단계 업체에서 신입 직원의 업무는 가족, 친구, 지인들에게 다단계 회사의 값비싸고 불필요한 제품을 팔아치우는 것이다. 보통은 지인에게 겁을 주는 일부터 시작한다. 신입 직원은 나이가 들어 수입 공백을 우려하는 자신의 지인을 '구워삶아(이것도 업계 내부 용어다)' 생명보험 상품에 가입하게 만든다. 만약 겁을 주는 걸로 부족하면 인간의 탐욕을 자극해야 한다. 이런 방식으로 판매되는 금융상품의 정부 지원이나 세제 혜택은 적다. 그리고 판매가 성공하면 일부 수수료는 판매 직원의 몫이 된다. 나머지 수수료는 다단계 업체의 피라미드 구조에 따라 상위 직급부터 분배된다.

처음 다단계 사업에 뛰어든 사람의 관점에서 초반에는 대개 이런 방식이 아주 잘 먹히기 때문에 희망에 부풀어 아주 비싼 차를 리스하기도 한다. 그러나 대부분의 다단계 업체 직원은 하위 직급을 벗어나지 못한다. '계약서를 쓰는 자만이 남을 것이다'라는 말이 다단계 업체의 기업 모토다. 그러다 결국 많은 직원은 다시 예전의 길거리 영업직 생활로 돌아간다. 이들은 차량 리스비, 보험 해약금[6]을 갚느라 법정 이자율을 훨씬 넘어서는 사채를 쓸 것이다. 교우 관계는 좁아지고, 유일한 낙은 승진뿐이다. 그러려면 양심의 가책 없이 상품을 팔아치우고 되도록 많은 후임자를 끌어모아야 한다.

다단계 모집책 활동에 인기 있는 장소는 대학교다. 여기서 다니엘 코르트Daniel Korth와 알베르트 바르네케Albert Warnecke의 말을 인용하겠다. MLP, AWD, DVAG 같은 금융 서비스 제공 업체에서 일하는 사회 초년생들은 "하이에나와 독수리의 먹잇감인 죽은 누(영양의 한 종류-옮긴이)와 같다."[7] 이들은 반드시 붙잡아야 할 전리품이다. 다단계 업계에도 이런 뜻을 가진 '금붕어'라는 단어가 있다. 많이들 낚으 시기를.

다단계 업자들의 대학과의 연계성은 놀라울 정도다. 업자들은 대학 캠퍼스에서 학생들의 신상 정보를 수집할 목적으로 경품 행사를 벌이고, 최소 비용을 들여 재학생 주소록을 확보한다. 다단계 회사에 다니는 직원들이 수사학 세미나를 진행하고 직업 훈련을 제공하기도 한다. 강의가 폐강될 때는 객원 강사로도 활동한다.[8] 대학의 기반 시설과 연구 프로젝트를 후원하는 것도 드문 일이 아니다. 독일의 만하임대학교에는 40만 유로의 기부금이 들어간 MLP 라운지가 있다. MLP의 공동 창립자인 만프레드 라우텐슐라거Manfred Lautenschläger의 이름을 딴 강의실도 있다.[9] 만약 대학 소속 교수가 이런 행태에 반기를 드는 즉시 대학 총장과의 면담이 진행됨은 물론, 분노의 화살을 맞게 될 것이다.

그렇다면 당신에게 이런 상황이 의미하는 바는 구체적으로 무엇인가? 만약 당신이 어느 지인으로부터 금융상품과 보험 상품 가입을 적극적으로 권유받는다면 경계해야 한다. 다단계 업체에서 이용하는 속임수 중 하나가 신뢰를 미끼로 당신의 돈을 뜯어내는 것이다. 그러나 그것이 상품의 품질을 보증하진 않는다. 만약 당신이 대학생이라면 어떤 형태의 금융상품에도 가입해서는 안 된다. 당신의 신상과 재정적인 미래를 다단계 업체에서 진행하는 상품 추첨 게임에 제공한 다음, 볼펜이나 스마트폰 따위로 바꾸지 마라. 수사학도 다른 곳에서 배울 수 있다. 당신의 형제자매, 친구, 동료, 그리고 나이가 들면 당신의 아이들에게도 경고하라.

은행의 나쁜 재정적 조언뿐만 아니라 '무소속' 금융업자와의 거래도 국민 경제에 큰 피해를 입힌다. 사람은 나이가 들어 사회 보장 제도에 의존하게 되므로 당신도 국민으로서 국가 경제 시스템을 지켜야 할 책임이 있다. 나는 다단계 업자의 '컨설팅 후유증'을 반복적으로 목격하고 있다. 최악의 경우, 후유증의 결과는 재정적으로 실패한 인생 설계로 나타난다. 당신이 사랑하는 사람에게는 절대 그런 일이 일어나지 않도록 도와주라.[10]

금융 포르노가 판치는 세상

∨

금융업계가 제공하는 자문의 품질이 대체로 좋지 않은 상황에서 직접 정보를 얻으려는 투자자가 많은 것은 놀랄 일이 아니다. 문제는 많은 정보의 질이 디지털이든, 잡지나 서적이든, 금융업계가 제공하는 자문과 크게 다르지 않다는 점이다. 때로는 더 질이 떨어질 때도 있다.

금융 잡지나 유튜브 채널에서 말하는 투자 원칙은 비교적 간단하다. 기본적으로 '800% 전략'[11], '우량 주식으로 부자 되기'[12] 또는 '3유로 미만짜리 화제의 주식'[13]과 같이 사람을 현혹하는 제목을 달고 있다. 이런 콘텐츠의 기본 패턴은 탐욕과 공포를 번갈아 자극한다. 그래서 매년 폭락장을 경고하는 영상을 최소 두세 개쯤 올리는 것이 기본이다. 그래야 나중에 정말로 투자 시장이 폭락해도 자신들은 사전에 예측했다고 우길 수 있기 때문이다. 나름 지성 매체로 손꼽히는 신문 기사도 이 같은 면에서는 일종의 금융 포르노다.

언론에서 다루는 금융 관련 주제가 반복되는 것은 불가피하지만 어느 시점에 이르면 다룰 주제가 부족하다는 사실은 문제가 아니다.[14] 실제 금융 잡지로 정보를 얻는 것이 불가능한 이유는 비교적 분명하다. 금융 언론이 제공하는 기사의 메커니즘은 당신을 성공적인 투자자로 만드는 메커니즘과 같지 않다.

2010년에 나는 위에 언급한 기사를 낸 한 언론사 기자와 장시간 대화를 나눴다. 그는 자신의 개인 투자 포트폴리오를 ETF 기반으로 변경했다. 투자 예측은 불가능했고, 그의 투자처는 전 세계에 분산되어 있었다. 기자는 금융 전문가 게르트 코머Gerd Kommer와 마틴 베버Martin Weber의 책을 잘 알고 있었으며, 자신의 투자 방식에 대한 확신에 차 있었다. 그래서 나는 그에게 어째서 합리적인 투자를 주제로 기사를 쓰지 않는지, 다소 순진한 질문을 했다. 그 기자는 냉정하게 대답했다.

"그 기사를 쓰고 나면 다음 주에는 제가 쓸 게 없지 않습니까."

이 딜레마는 또한 〈한델스블라트Handelsblatt〉, 〈쥐트도이체 차이퉁〉, 〈프랑크푸르터 알게마이네 차이퉁Frankfurter Allgemeine Zeitung, FAZ〉 같은 언론에서도 나타난다. 이들 언론의 논조는 부드럽고, 고품질 정보를 지향하는 모습을 보이며, 금융 시장에 막강한 영향력을 행사한다. 독자는 뉴스와 정보와 구체적인 조언을 얻길 원한다. 금융 언론사는 재무에 관련된 고급 정보를 제공하며 독자에게 선택권을 주는 듯하지만, 결국 투자는 많은 부분에서 언론이 의도한 대로 이뤄진다. 언론이 올바른 상품 선택이나 적절한 투자 시기를 알려주는 마법 구슬이 된 것만 같다.

금융 언론에서 워낙 많은 주제를 다루기 때문에 어느 시점이 되면 자신에게 맞는 시나리오에 따라 투자 결정을 내리는 일이 매우 중요해진다. 이때 개인 투자자의 결정에 언론사의 광고도 큰 영향력을 발휘한다. 주식 관련 정보를 많이 다루는 경제일간지 〈에펙텐슈피겔Effectenspiegel〉 같은 언론은 이런 방법을 사용하는 데 있어 고수다. 그들은 종종 철저히 정보만 제공하는 헤드라인을 뽑아낸다. "루프트한자 콜옵션 … 370% 매각"[15]이라는 헤드라인은 몇 번씩 반복하여 기사화되었다. 이 와중에도 전손된 옵션 증권에 대해서는 거의 언급하지 않는다.

투자자에게 편향된 정보만 제공하는 금융 언론에 오염된 사람은 약 4주간 일명 '금융 포르노에서 벗어나는 해독 프로그램'을 진행할 필요가 있다. 그러려면 우선 금융 잡지를 한두 개 정해 그 잡지의 5년, 10년, 20년 전 간행물을 구해야 한다.[16] 과거 기사를 살펴보면 당신은 이렇게 자조하게 될 것이다.

"이런 세상에, 내가 탁월한 안목으로 투자했다고 생각한 것들이 전부 부질없는 짓이었군."

자본시장에 투자한 경험이 거의 없는 사람이라면 가장 좋은 방법은 간단한 테스트를 거치는 것이다. 〈뵈르제 온라인Börse Online〉,

〈악티오네아Aktionär〉, 〈오이로 암 존탁Euro am Sonntag〉, 〈포커스 머니 Focus Money〉 같은 경제지를 번갈아가며 꼼꼼하게 읽어보자.[17] 이 중에서 관심 있는 키워드를 20개 정도 찾을 때까지 이 과정을 반복한다. 그런 다음 그 키워드와 관련된 금융 정보가 현재 시점에 어떻게 변했는지 인터넷에서 검색해보자. 투자자를 파멸로 이끄는 증권의 마수에서 벗어나야 한다. 그러나 투자자에게 자신만의 전략이 없으면 모건스탠리캐피털인터내셔널MSCI 월드 지수를 이길 확률은 0에 가깝다.

위에 언급한 경제지에서 찾아낸 키워드가 20개가 아니라 200개로 늘어나면 투자에서 승리할 확률도 높아진다. 찾은 정보 중 어떤 항목은 분명 상한가를 쳤을 것이다. 그럼에도 여전히 적지 않은 사람들이 자기 고집대로 투자를 진행한다. 결국 자본시장 전체로 보면 모두가 수익을 얻기 위해 투자를 하는 것이지 손실을 보려는 것이 아니다. 그러나 돌이켜보면 투자 아이디어의 상당수가 어리석어 보일 때가 많다. 과거 타인의 사례라고 생각하며 읽으면 재미있는 이야기지만, 투자하는 사람 입장에서는 손실이란 재앙이나 마찬가지다.

오락거리를 찾고 있다면 운동 경기장, 동물원, 영화관이나 오페라 극장에 가라. 최신 금융 잡지를 읽는 것은 이런 문화 활동보다 훨씬 더 지루하고 시간만 낭비하는 일이다. 금융 언론의 말에 귀 기울이다 보면 투자 비용도 많이 들고, 자신의 자산과 미래의 삶을 위태롭게 할 수도 있다. 최신 금융 잡지를 읽지 말고 인터넷 검색도 하지 말고 뉴스레터를 구독하지도 말라. 잘해야 혼란만 부추길 뿐이다.
반면에 금융 포르노 언론의 과거 간행물을 찾아보는 일은 좋은 투자
를 하는 데 참고가 된다.

당신 자신을 알라

자본시장 수익률과 개인 투자자의 수익률 사이에는 엄청난 격차가 있다는 것을 보여주는 수많은 연구 자료가 있다. 그 중에서도 미국의 연구 데이터가 매우 투명한 방식으로 작성되어 활용하기 좋다. 가장 잘 알려진 것은 1994년부터 정기적으로 발행되는 '달바 보고서Dalbar Report'다. 이 보고서의 결과는 충격적이다. 1년, 3년, 5년, 10년, 20년, 30년에 걸친 수익률 관련 수치 모두가 재앙에 가까웠다. 특히 1986~2016년 사이 평균 수익률을 보면 확실히 알 수 있다. 이 기간에 미국 주식 투자자의 연간 평균 수익률은 3.98%였다. 반면에 미국 500대 기업의 주가 지수를 나타내는 스탠더드앤드푸어S&P 500 지수는 연평균 10.16%씩 성장했다.[18] 이런 세상에!

이게 무슨 말일까? 당신이 10만 달러를 상속받은 미국인이라고 상상해보자. 자본시장에서 독일인 투자자는 기본적으로 인색한 면

이 있다. 반면에 미국인은 과감하게 도전하는 편이다.

1986년 주식 펀드에 10만 달러를 투자했다면 2016년에는 자산이 약 32만 2000달러로 증가했을 것이다. 놀랐는가? 놀랄 얘기가 더 있다. 현실에서는 32만 2000달러 중 절반 이상이 인플레이션의 영향으로 사라지고,[19] 14만 8600달러만 남았을 것이다. 이것도 세전 금액이다. 30년간 롤러코스터처럼 요동치는 주가를 지켜보는 투자자의 심신도 피폐해졌을 것이다.

또 다른 미국 투자자는 주식 펀드와 동일한 위험이 있음을 인지하고 우려 속에 인덱스 펀드에 직접 투자했다. 인덱스 펀드의 영업 비용과 운용 비용은 투자금의 약 0.2%였다. 결과는 대조적이었다. 수익금액 약 172만 6000달러, 인플레이션을 고려해도 여전히 세전 수익 83만 달러를 달성했다.[20]

이것은 그저 숫자가 아니다. 늘어난 수익은 곧 삶의 질을 향상하고, 주체적으로 살도록 해준다. 투자에 실패한 사람이 집 안에만 머무를 때 그의 이웃은 어디로 휴가를 떠나는가? 자기 집에서 노후를 여유롭게 보내는 사람은 누구이며 마을에서 가장 싸구려 요양원에 들어가는 사람은 누구인가? 주식 펀드와 인덱스 펀드에 투자한 투자자들이 늙었을 때 자기 손자와 자녀들을 재정적으로 부양할 수 있는 사람은 어느 쪽인가? 독일의 사정도 크게 다르지 않다. 금융상품의 판매가는 올라가고 투명성은 낮아지며, 투자자는 갈수록 불안에 시달리고 있다.

인덱스 펀드와 주식 펀드에 각각 투자했을 때 수익 격차가 생기는 이유는 무엇인가? 인덱스 펀드는 개인 투자자가 직접 매수하는 것이 불가능하다. 그래서 생기는 수수료는 불가피하지만, 이보다 불필요하게 낭비되는 비용이 더 크다. 투자자의 자산을 관리하면서도 부가가치를 창출하지 않는 펀드 매니저에게 들어가는 수수료, 투자 상품 관리 비용, 거래 비용, 성과 수수료가 이에 속한다. 그러나 당신의 적은 금융 산업과 고가 투자 상품만이 아니다. 매일 아침 양치질을 하면서 거울 속에서 마주치는 사람, 바로 당신 자신이 투자의 성공을 방해하는 가장 큰 걸림돌이다. 이 부분은 만성적으로 과소평가되는 측면이 있다. 인간의 비합리적인 투자 행위는 금융 기업보다도 더 많은 부를 쌓을 기회를 파괴한다. 달성 가능한 수익과 달성한 수익 사이에 차이가 나는 이유는 본질적으로 투자 행동의 격차 때문이다.[21]

감정은 당신을 어떻게 파괴하는가

∨

오일 쇼크, 기술 거품 붕괴, 금융 위기, 그리고 최근의 코로나 같은 심각한 위기는 비교적 드물게 발생한다. 그러나 거의 매해 발생하는 '가짜 위기'는 투자자를 혼란에 빠뜨린다. 2015년 11월 말 이후 독일 닥스DAX 지수가 20% 이상 하락했는데, 2016년 초에 평상시 아주 합리적인 투자 기준을 가지고 있던 내 고객 중 한 명이 당시 언론 기사를 보고 말했다.

"주식에서 7% 정도 손해 본 건 큰일이 아닙니다. 그런데 뉴스만 보면 상황이 아주 심각하게 보이는군요."

아하, 바로 이게 문제였다. 주가 하락과 부정적인 뉴스는 우리가 빈번하게 접하는 소식들이다. 이런 기사를 접하면 대중의 인식은 어떻게 변할까? 〈포커스 머니〉가 2016년 1월 27일 다음과 같은 제목의 기사를 내보내자 시장이 큰 불안에 빠졌다.

'내가 보유한 모든 주식을 전부 팔아야 할까?'

이것은 현재 우리 세대가 가장 갈등하는 문제이기도 하다. 대형 은행은 주식이 75%까지 하락할 것이라고 경고한다.[22] 특히 유로화에 대한 음울한 전망을 한 한스베르너 진Hans-Werner Sinn 전 뮌헨대학교 교수의 주장은 부정적인 생각에 날개를 달아주었다. 그 결과 베르너 교수는 1년간 다섯 번이나 언론의 주목을 받으며 언론 기사에 등장했다.

당신은 2016년에 무슨 일이 일어났는지 기억하는가? 나는 별로 기억나는 게 없다. 사람들은 난민 사태가 유로화 위기를 불러오고 세계 자본주의를 무너뜨릴 거라고 정말 믿었을까? 2016년 세계 주식시장을 돌이켜보면 브렉시트와 도널드 트럼프의 미국 대통령 당선이라는 떠들썩한 사건이 둘이나 있었다. 그러나 이렇게 큰 사건의 효과도 6개월 만에 거의 사라지고 세계는 다시 안정을 찾았다.

주식시장 문제가 정말 심각해지면 투자자는 심리적 부담을 견디기 힘들어진다. 당신은 2008년을 기억하는가? 새해가 되기 직전 독일 투자자들은 닥스 지수가 8000선을 무난하게 유지할 거라고 예측했다. 그러나 한 달이 되기도 전에 지수가 20% 하락했다. 이건 시작에 불과했다. 리먼 브라더스가 파산한 후 10월 초, 독일 시장은 4000선이 약간 넘는 수준까지 떨어졌다. 자본의 거의 절반이 순식간에 사라져버렸다. 만약 당신이 그때 투자자였다면 생생하게 기억할 것이다. 당시 상황은 아주 좋지 않았지만, 그걸로 끝이 아니었다. 2019년 3월 초에는 닥스가 3666으로 역대 최저점을 찍었다. 유럽, 미국, 아시아, 신흥국가 시장 상황도 암울하기는 마찬가지였다.

금융업계는 이러한 실제적 또는 잠재적 주가 손실을 부드러운 단어를 선택해 포장한다. 변동성, 최대 낙폭Maximum Draw Down, MDD, 최대 예상 손실액Value at Risk, VaR 같은 표현을 사용한다. 그러나 어떤 말로 포장을 하든 투자자는 위기 상황에서 오롯이 스트레스만을 느낄 뿐이다. 전 세계 주가가 반토막 나고 투자자는 종목별 위험성과 잘못된 투자 결정으로 인해 30~40%, 또는 그 이상 손해를 보기도 한다. 이 시기를 일단 잘 넘겨야 한다. 위험에 처한 것은 투자자의 증권 계좌가 아니라 삶의 질이다. 두렵고 걱정되는 건 당연하지 않은가? 그렇다면 지금이 바로 예전에 내린 투자 결정을 되돌아보고 점검하기에 적당한 시기이지 않겠는가?

필연적으로 머릿속엔 당신이 세운 미래 인생 계획이 몇 달, 몇 주, 며칠에 걸쳐 허망하게 사라지는 장면이 떠오를 것이다. 덩달아 시끄러운 언론의 공세도 거세진다. 여기서 언론이란 금융 포르노 채널, 즉 앞서 언급한 〈악티오네어〉, 〈오이로 암 존탁〉, 〈포커스 머니〉, 〈뵈르제 온라인〉 같은 곳이다. 주식시장 침체를 예언하고 떠들어대던 자들은 이런 상황을 미리 알기라도 한 듯 의기양양하다. 그들은 한때 오지도 않는 위기를 떠벌린다며 대중에게 조롱의 대상이 되기도 했지만, 이제 승리의 기쁨을 맛보고 있다. 그러자 어느 순간 〈슈피겔Spiegel〉, 〈빌트Bild〉, 독일 공영방송 뉴스 프로그램인 〈타게스샤우Tagesschau〉까지 합세해 주식시장을 다루는 기사를 쏟아내기 시작했다. 대형 화면에 정치 감각이 뛰어난 증권 거래인과 현장을 취재하는 기자의 얼굴이 등장했다. 그들의 얼굴에 떠오른 두려움과 우려 섞인 감정은 뇌에 있는 거울 뉴런을 통해 대중에게 직접 전달된다.

이런 인간의 심리를 가장 잘 활용한 사람이 바로 유명 증권 거래인 디르크 뮐러Dirk Müller다. 그는 2008년 프랑크푸르트의 닥스 지수 현황판 앞에서 근심에 차 있는 자신의 모습을 훌륭한 사진으로 남겼다. 그는 이런 이미지를 바탕으로 '미스터 닥스Mr. DAX'라는 매우 성공적인 사업 모델을 만들어냈다. 뮐러는 음모론자, 멸망의 예언자이자 펀드 매니저였다. 그는 자기 분야에서 성공한 사업가였지만 뮐러의 투자 조언을 따르던 추종자와 투자자들의 사정은 달랐다.

〈프랑크푸르터 알게마이네 차이퉁〉, 〈쥐트도이체 차이퉁〉, 〈디 차이트Die Zeit〉 같은 고품질 기사를 양산하는 주류 언론이 세계 금융 시스템의 잠재적 붕괴 가능성을 언급한다고 생각해보자. 그러면 당연히 투자자의 우려를 더욱 부추기지 않겠는가? 주류 언론까지 합세해 위기를 경고한 결과, 투자자들은 너나 할 것 없이 주식을 모두 팔아치우기에 바빴다! 그들은 모든 주식을 팔고 수업료를 톡톡히 치렀지만 마음의 평화를 얻었다.

그러나 투자자가 수업료를 대가로 실제 배운 것은 무엇인가? '이제 더 이상 주식 투자는 안 할 거야!'라는 결심 내지는 '시장 상황이 나아지면 다시 주식 매수를 시작해야지' 같은 다짐일 것이다. 지금 당장은 마음의 안도감이 크기 때문에 주식 매수를 중단하든, 언젠가 다시 시작하든 두 경우 모두 무의미하다는 사실은 투자자 입장에서는 별로 중요하지 않아 보인다. 그러나 큰 대가를 치르고 나서 얻은 깨달음이 자산 형성에 오랫동안 미치는 영향력은 매우 막강하다. 자산 축적 과정에서 일어난 심각한 문제로 실질적인 자산 손실을 보고 나면 당신의 삶의 질에도 잠재적인 변화가 생긴다.

투자 실패를 경험한 이후 가장 생산적이고 관리하기 쉬운 투자 방식을 포기한다면 자산을 축적하는 데 심각한 문제가 따를 것이다. 한번 저지른 일은 되돌릴 수 없다. 시장 상황이 나아지면 다시 투자를 시작하기가 말처럼 쉽지는 않다. 시장이 계속 하락하는 동안에는 투자를 미루자는 판단이 옳다고 느낄 것이다. 그러나 다시 주식 매매를 시작할 마음의 준비가 되었을 때는 지수가 다시 상승했을 가능성이 높다. 그러면 당신이 매도했던 금액보다 높은 금액을 줘야 주식을 매수할 수 있을 것이다. 싸게 팔았는데 비싸게 사는 건 말이 안 되지 않는가?

개인 투자자가 저점에서 공황 상태에 빠져 주식을 팔아치우는 현상은 수많은 언론 기사와 강연 사례를 통해 널리 알려진 모습이다. 대다수의 투자자가 이런 현상을 이론적으로는 알고 있지만, 이러한 현상이 가진 진정한 의미는 모른다. 당신은 비합리적인 투자자인가? 중요한 결정을 패닉 상태에서 내리는가? 당연히 아닐 것이다. 그래서 투자자들은 대개 시장이 별문제 없이 돌아가는 한 속으로 이렇게 생각한다.

'물론 지수가 폭락하면 더 떨어지기 전에 재빨리 팔아치우는 사람들도 있다더군. 하지만 나는 그런 사람이 아니야.'

주가 지수가 붕괴 수준으로 하락한 뒤에도 자신이 공황 상태에 빠졌다는 것을 의식하고 매도하는 사람은 거의 없다. 위험에 대한 회피 본능으로 미친 듯이 주식을 팔아치우는 투자자도 말로는 자신이 아주 합리적인 결정에 따라 행동한다고 생각한다. 이런 행동의 심리적 배경은 자신을 합리화시키는 현상 때문이다. 찰나의 감정에 따라 내린 결정을 논리적인 주장을 내세워 정당화한다. 그런 다음에는 보통 먼저 생각하고 결정을 내렸다는 자기기만에 빠지게 된다. 그러나 스스로 심사숙고했다고 여기고 있을 뿐이다. 이것은 실질적으로 다음과 같은 생각으로 이어진다.

'이제 과거의 투자 방식은 통하지 않는다. 나는 아직 손해를 만회할 수 있다. 나는 내 배우자와 아이들을 책임질 의무가 있다. 세계적으로 유명한 전문가들도 이렇게 생각한다.'

이것은 심리적으로 유의미한 자기 보호 기제일 수 있다. 이러한 보호 기제를 통해 당신은 일관된 자아상을 유지할 수 있다. 더불어 인지적 부조화와 인지 장애에 시달린다.[23] 비합리적인 데다 자신의 객관적 이익에 반하는 행동을 누가 좋아하겠는가? 그런 행동은 재정적으로는 본인의 자산, 더 정확히 말하자면 삶의 질을 파괴한다.

'손실 회피loss aversion' 편향은 심리학에서 심도 있게 연구하는 현상이다. 이 현상은 1979년 심리학자 대니얼 카너먼Daniel Kahneman과 아모스 트버스키Amos Tversky가 확립하여 노벨상을 받은 '전망 이론prospect theory'의 일부다. '인간은 효율적으로 계산하는 합리적 존재'라는 호모 이코노미쿠스 이론의 주장과 달리, 위험에 처한 사람은 실제로 합리적으로 행동하지 않는다. 위험에 처한 자들은 여러 가지 인지적 왜곡에 지배당한다. 본인을 과대평가하고 극심한 소유욕을 보이며, 투자 매몰 비용을 따지다가 잘못된 결론에 다다르기도 한다. 또한 앵커 효과anchor effect(불확실한 상태에서 판단할 경우 초기 정보를 바탕으로 답을 구하려는 현상-옮긴이), 부적절한 후회와 현재 상황 자체를 왜곡시켜 받아들이는 등 모든 범위에서 인지 왜곡의 영향을 받는다. 만약 당신이 이런 심리 이론에 관심이 있다면 대니얼 카너먼의 책《생각에 관한 생각Thinking, Fast and Slow》을 읽어보길 권한다. 이 책은 당신의 세계관은 물론, 자신을 바라보는 시각을 변화시키는 잠재력이 있다. 카너먼과 나는 이익과 손실이 똑같이 중요하다고 생각한다. 그러나 이익과 손실은 서로 완전히 다른 강력한 감정을 유발한다. 손실은 이익이 긍정적으로 인식되는 정도보다 약 두 배가량 더 강력하게 부정적으로 인식된다.[24] 손실에 대한 부정적인 감정은 투자자가 위기 상황에서 자산을 전부 매각해버리는 행위 같이 구체적 행동을 조장하는 메커니즘이다.

이런 행동은 영장류와 깊이 연관되어 있으며[25] 진화론적으로 매우 합리적인 행위다. 우리 조상들은 사냥꾼이든 채집자든 농부든 상관없이 일반적으로 얻는 것보다는 잃는 것이 더 많았다. 토끼 두 마리를 사냥하려 했지만 한 마리도 잡지 못한 사냥꾼은 유전자 풀에서 사라졌고 농부도 마찬가지였다. 농부는 기록적인 수확량을 기대했지만 위험한 겨울을 넘길 만큼 충분한 곡식을 확보하지 못했다. 그래서 이런 농부도 도태되어 사라져갔다. 과거의 겨울 저장고란 현대의 돈이나 마찬가지다. 왜냐하면 멈춰버린 시간, 즉 더 이상 추수할 것 없는 겨울에 생존하는 삶이 중요해지기 때문이다.

우리는 일정 수준에서 삶의 질을 유지하려고 물품을 비축하며 살아남은 인류의 후손이다. 과거 저장고에 비축분을 마련하지 않은 사람은 지나치게 낙관적인 사냥꾼이거나 실험 정신이 강한 농부였을 것이다. 자본시장에서 손실이 생겼을 때 엄청난 중압감을 느끼는 이유는 인간의 DNA와 문화적 기억, 깊숙이 연결된 조상의 유전적 구조 때문이다. 눈앞에서 겨울 저장고가 불타고 생쥐가 곡물 창고를 들락거리며 감자가 수확 직전에 썩어나가는 모습을 보는 농부의 심정과 현대 투자자가 손실되는 자산을 바라보는 심정은 비슷하다. 목숨이 경각에 달렸기 때문이다!

그러므로 위기 상황에서 '겨울 저장고에 닥친 위험'에 대한 반응

패턴이 인간이 아직 먹이사슬의 최상위 포식자가 아니었을 때, 즉 먹이사슬의 일부였던 시절부터 이어진 것도 놀랄 일은 아니다. 과거의 인간에게는 도망치거나 공격하는 두 가지 선택밖에 없었다. 이쯤에서 눈치챘겠지만 현재의 인간은 포식자의 위협에 직면한 상황에서 길게 생각하거나 심도 있게 논의하던 인간의 후손이 아니다. 진화론적 관점에서 현대 인간은 먹잇감이자 도망치기 바쁜 동물이다. 그래서 현대 사회의 자본시장에서 당장 꺼져버리라는 뜻이 담겨있다. 진화의 역사 속에서 인간 생존을 보장해주었던 도망치는 행동 패턴은 이제 오히려 복잡해진 현대 사회에서 역효과를 낳고 있다. 그래서 우리의 존재나 생활 수준을 위험에 빠뜨리곤 한다. 금융시장의 위기는 결코 종이호랑이가 아니다. 서비스 사회나 지식 사회 속의 삶은 과거 사냥꾼이나 채집자의 비법으로는 모두 깨달을 수 없다. 그러니 당신의 감정이 행동할 기회를 가로채기 전에 먼저 이 감정을 파악하는 기술을 알아야 한다. 내 개인적인 경험에 따르면 투자자가 합리적일수록 투자자 스스로 자기감정과 그 근원을 인식하고, 위기에 대처할 수 있다.

투자가 막힐 때 필요한 응급처치법

∨

당장 위기가 닥쳤을 때는 자신이 무엇을 할지 생각하지 않는 것이 중요하다. 화재와 비상경보가 울리는 상황을 일상에서 반복적으로 머릿속에 재현해보고, 자동으로 반응하게 만들어야 한다. 그러지 않으면 막상 위기가 닥쳤을 때 두려움과 스트레스가 정상적인 사고를 방해하게 된다.

관련 예시로 '해상 조난 신호기'를 들 수 있다. 갑판 위의 승무원들이 '해상 조난자'가 있다는 메시지를 전달받으면 명확한 절차에 따라 행동한다. 한 승무원이 무선으로 구조본부에 조난자의 위치를 전달한다. 다른 승무원은 조난자에게 구명 튜브를 던져주고 조난자의 위치를 지속해서 관찰한다. 가능한 경우 조난자 위치를 부표로 표시한다. 그러면 조타수가 적절한 시점에 감속하여 조난자 근처에 구조 보트를 댈 수 있다. 이와 같은 절차를 주기적으로 시행하지 않으면 막상 조난자가 발생했을 때 승무원들이 감정의 동요를 일으키고 혼란에 휩싸여 서로를 비난할 것이다. 그러면 전체적으로 상황을 파악하지 못하고 결국 조난자 구조에도 실패할 것이다.

자본시장에서 '해상 조난 신호기'는 어떤 개념으로 이해할 수 있는가? 첫째, 위기 상황이 닥치고 난 뒤에야 비로소 합리적인 논리를 통해 문제를 해결하는 것은 소용이 없다. 공포와 스트레스는 정신적, 생리적인 사고까지 차단해버린다. 그러므로 부정적인 감정을 무시하거나 억누르려고만 해서는 안 된다. 대신에 요가를 수행할 때처럼 고통을 받아들이고 관찰해야 한다. 위험을 인지하고, 그것을 관찰하며 심각하게 받아들이면 그 위험을 처리할 수도 있기 때문이다. 인생에서 많은 부분을 억누르며 살아가는 것은 좋은 생각이 아니다.

돈 얘기를 할 상대를 찾는다

지금 당신에게 도움이 되는 존재는 함께 대화를 나눌 사람이다. 전 세계적으로 다각화된 투자 포트폴리오가 가진 매력이나 파마-프렌치 3팩터Fama-French 3 Factor(사이즈 팩터, 가치 팩터, 마켓 팩터를 기반으로 수익률을 예측하는 모델-옮긴이) 모델로 보완된 포트폴리오의 품질에 관해 이야기하라는 뜻이 아니다. 당신의 두려움, 인생 계획, 당신 인생에서 돈이 중요한 이유, 당신이 책임지고 있는 사람들에 대해 누군가와 의견을 나눠야 한다. 당신에게는 재무 전문가나 수학 교수가 아니라 가까이에서 이끌어줄 사람이 필요하다. 적절한 대화 상대를 찾아라. 올바른 정보를 제공하는 금융 블로그에서 고품질의 콘텐츠를 통해 어느 정도 도움을 받을 수 있다.

인터넷은 당신이 느끼는 불안감의 가장 위험한 원천이기도 하다. 비전문가는 알찬 정보를 제공하는 금융 블로그와 금융 포르노 언론이 쏟아내는 정보만 넘치는 홈페이지를 분별하기 힘들다. 온라인이든 오프라인이든 금융 포르노 채널을 구독하고 있다면 즉시 취소하라. 논조가 강하든 부드럽든 상관없이 이런 채널은 반드시 차단해야 한다. 유해한 금융 언론에서 정보를 얻으려는 행위는 부질없는 짓이다.

수수료가 주된 수입원이거나 재정적 조언을 예측에 의존하는 컨설턴트는 은행의 금융상품 판매원이나 다름없다. 이런 컨설턴트도 대화 상태로는 적절하지 않다. 심한 불안감을 느끼는 고객은 자산을 안전한 투자처에 예치해줄 사람을 만난다면 기뻐할 것이다. 나는

2009년 3월, 당시 최저점을 기록하던 모든 주식을 오픈 부동산 펀드로 바꿔버린 반더러 부부를 똑똑히 기억한다. 부부의 무능력한 컨설턴트는 수수료로 1만 5000유로를 챙겼고, 부부가 주식을 현금화하면서 입은 손실 액수만 총 20만 유로에 달했다. 그리고 나머지 투자금 30만 유로는 얼마 지나지 않아 큰 손해를 입게 되었다. 그나마 남은 몇몇 투자 상품도 강제로 상장 폐지되고 대량으로 평가 절하되어 수년간 거래가 정지되었다.

돈에 관한 대화를 하기에 가장 부적절한 상대는 보통 자신의 배우자다. 그는 당신과 같은 감정을 느끼며 고통받기 때문에 대화를 나눌수록 오히려 상황을 신속하게 타개하려는 욕구만 강해진다. 투자를 결정할 때 배우자를 의도적으로 배제하거나 배우자의 권리를 위임받아 독단적 판단을 내린 경우, 투자금 손실 외에 또 다른 심각한 문제가 발생한다. 바로 배우자와의 관계에서 오는 심각한 스트레스다. 부부가 만드는 공동 겨울 저장고의 비축분에 문제가 생기면 공동생활의 본질에 의문을 던지게 된다. 이러면 함께 해결 방법을 찾아볼 생각은 하지 않고 도망치거나 서로를 공격할 가능성이 있다. 이런 행동을 하는 이유는 스트레스 상황에서 심리적으로 잘못을 저지른 자를 탓하기가 쉽기 때문이다. 다만 잘못을 저지른 사람이 당신일 경우에만 입장이 불편해질 뿐이다.

이때가 바로 금융 컨설턴트가 고유의 부가가치를 제공할 수 있는 최적의 상황이다. 컨설턴트는 중립적이고 전문적인 입장에서 상황을 바라볼 수 있다. 이럴 때는 상품 판매 이익과 무관하고, 신뢰할 수 있으며, 수년간 함께 일하면서 고객이 마주한 상황과 고객이 가치를 어디에 두고 있는지 아는 컨설턴트를 찾는 것이 최선이다. 더불어 예측에 의존하지 않고 일하는 컨설턴트를 찾는다면 자본시장의 위기를 노련하게 극복할 좋은 기회가 된다.[26]

일단 아무것도 하지 않는다

만약 당신이 상황을 직접 처리해야 하고 당신이 세운 전략을 뒤집어엎어야겠다는 생각이 들면, 일단 48시간 동안 아무 일도 하지 말고 시간을 보내라. 그러면 충동적인 선택을 하지 않을 수 있다. 가능한 주식시장, 주가, 증권 계좌에 대해 생각하지 마라. 홀거 그레테Holger Grethe는 이렇게 말한다.

"주식은 잊고 명상을 하라."[27]

자기감정을 관찰하고 반성하며 다시 감정을 통제할 수 있어야 비로소 돈에 대해 합리적으로 생각할 수 있다. 물론 이것은 자본을 투자하기 전에 올바른 사고를 했던 사람만이 가능한 일이다. 가장 중요한 것은 배우자와 함께 고민하고 결정하며, 돈이 중요한 이유를 깨달아야 한다는 점이다. 이제는 한눈에 들어오는 재무계획표 한 장을 손에 쥐고 투자 방향을 정해야 할 때다. 세부적인 재무 계획을 세웠다면 내가 예측하는 시나리오대로 가고 있는지 점검하라. 그러면 순간의 상황이 위태로워 보여도 실제로는 위협이 되지 않는다고 깨닫게 될 것이다.

이와 더불어 자본 투자의 위험 비율을 현재 자신의 상황에 맞게 조정해야 한다. 투자 포트폴리오의 세부 항목이 명료하게 정리되어 있다면 어떤 위기도 무사히 헤쳐나갈 수 있다. 이때 가장 중요한 부분은 한눈에 들어오는 재무 계획을 자기만의 공식으로 만들어야 한다는 것이다.

'자유시장 경제는 사라지지 않는다. 오랜 기간에 걸쳐 자본시장은 하락장 뒤에 회복을 거듭해왔다. 시장은 예측 불가하다. 자본시장 위기는 공포 시나리오가 아니라 그저 사람의 느낌에 따라 그렇게 여겨질 뿐이다….'

당신이 다시 명료하게 생각하기 시작하면 좋은 결정을 내릴 수 있다. 때로는 가장 힘든 결정도 할 수 있다. 바로 아무것도 하지 않는 것이다. 더 좋은 점은 주식을 거래할 때 저렴한 매수 포인트를 잡을 수 있다는 사실이다.

자본시장에서 일어나는 스트레스와 관련해서 내가 자주 목격하는 증상은 일종의 미루기다. 스트레스의 진짜 원인은 자본시장의 변동이 아니라 너무 과도한 소비다. 자본시장의 본질은 소비하는 것인데 소비가 심해지면 스트레스로 변해버린다. 이런 딜레마를 직시하지 않으면 자본시장에서 얻을 수 있는 수익에 대해 비현실적인 기대를 하게 된다. 그 기대치는 단시간에 충족되지 않는다. 계좌에 손실이 생기면 투자자의 고통은 두 배로 강해진다. 그 결과, 공황 매도와 공황 구매가 일어나고 재정적 피해를 봄은 물론, 건강까지 해칠 수 있다.

투자 포트폴리오를 재점검한다

당신의 투자 행위가 한계에 부딪혔다면, 심호흡하며 기다리기만 하는 건 도움이 되지 않는다. 투자 포트폴리오를 합리적인 구조로 만들어야 한다. 가치관과 목표, 위험 비율을 파악하는 데 실패한 사람이 시시각각 변동하는 주가를 보면서 밤잠을 설치는 것도 당연하다. 공황 매도와 공황 구매의 경우 모두 객관적인 금융 컨설턴트의 도움이 필요하다. 투자자 혼자서는 더 앞으로 나아가지 못한다.

마지막으로 좋은 소식은, 시간이 지날수록 더 쉬워진다는 사실이다. 크고 작은 어려움을 자주 겪으며 그것에 관해 대화를 나눌수록 힘든 상황을 더 잘 견딜 수 있다. 베티나가 그 대표적인 예다.

나는 2003년부터 베티나와 함께 일하기 시작했다 당시에는 내가 아직 권력의 어두운 편, 즉 대형 은행의 소속이던 시기였다. 베티나는 항상 자신의 소득을 아슬아슬하게 넘어서는 지출을 하고 있었다. 그의 수입은 항상 일정했기 때문에 베티나의 소비 습관은 점점 자기 자산을 갉아먹는 결과를 가져왔다. 내가 앞서 언급한 자본시장에서 과도한 소비 때문에 생기는 스트레스 증상인 미루기 현상 때문에 자본시장에서 베티나의 긴장감이 극도로 높아질 만한 최적의 조건이 마련되었다. 베티나는 참 좋은 사람이었다. 그러나 그는 내 고객 중 시장 상황에 가장 예민하게 반응했고, 고객들 가운데 맨 마지막까지 달래며 진정시켜야 할 사람이었다. 2014년 여름, 우크라이나 혁명이 절정에 다다랐을 때 베티나의 마음은 다시 불안해지기 시작했다. 나는 그의 성향을 잘 알고 있었기 때문에 컨설팅 상담 시간을 과감하게 늘렸다. 나는 이렇게 말했다.

"지금까지 당신에게 수백 번도 더 설명했지만 지금 이 자리에서 다시 한 번 말하겠습니다. 그래도 내 말을 이해하지 못한다면 나는 이제 당신을 내 사무실에서 내보낼 겁니다. 이제 나는 당신이 내리는 투자 결정에 대해서 더 책임을 지지 않을 겁니다."

고객에 대한 애정은 때때로 이렇게 거친 방식으로 표현될 수 있다. 나는 베티나에게 일종의 충격 치료 요법을 사용했다.

약 1년 후인 2015년 8월, 닥스 지수는 전년 동기 대비 20% 하락했다. 내가 느끼기에 이번에는 상황이 우크라이나 혁명 시기보다 훨씬 심각했다. 독일뿐만 아니라 전 세계 주식시장이 영향을 받았고, 고작 14일 만에 주가가 심하게 폭락했기 때문이다. 이런 상황은 우리 부모님 시절에나 있던 일이다. 당시 나는 내 친구들 그리고 가족들과 함께 해변에서 시간을 보내며 베티나를 생각했다. 그래서 내 동료 슈테판에 연락을 취해 베티나와 이야기를 해보라고 부탁했다. 당시 베티나도 바닷가에서 휴가를 즐기던 중이었다. 슈테판과 베티나의 통화는 2분도 채 걸리지 않았다. 베티나는 슈테판에게 이렇게 대답했다.

"그건 이미 니키(이 책의 저자를 말함-옮긴이)가 제게 여러 번 설명했던 일이에요. 저는 괜찮아요."

베티나가 평온한 반응을 보였다고 해서 우리 둘이 그 이후로 동일한 주제에 관해서 다시는 대화를 나누지 않았다는 뜻은 아니다. 베티나와 나는 매번 비슷한 패턴의 대화를 이어나갔다.

"당신이 무슨 말 하려는지 알아요."

"온 김에 내 말 좀 들어보세요."

여기서 우리는 무엇을 배울 수 있는가? 연습과 경험만이 노련한 투자자를 만든다는 사실이다.[28]

마지막으로, 좋은 소식이 하나 있다. 다른 모든 노력이 실패한다고 해도 탈출이나 공격이라는 대안도 있다는 점이다. 이것은 진화론적으로 인류의 오래된 행동 양식이자, 다소 비이성적이긴 해도 상대적으로 당신의 자산에는 별다른 해를 끼치지 않는다. 죽은 척하고 있어라. 모든 것을 무시하고 은행 우편물을 열지 보지도 말고, 인터넷 뱅킹에서 계좌 잔액을 확인하지도 마라. 〈빌트〉에 금융 관련 소식 대신에 테니스 선수 보리스 베커Boris Becher나 축구 선수 로타어 마테우스Lothar Matthaus에 관한 기사가 다시 실릴 때까지 기다려라.

폭락 예언자들을 조심하라!

∨

디르크 뮐러, 막스 오테Max Otte, 마르첼 프리드리히Marcel Friedrich, 마르쿠스 크랄Markus Krall처럼 폭락 예언자들은 단순한 사업 모델을 가지고 있다. 명백한 하락장을 예측하고 자기를 추종하는 사람은 손해를 보지 않도록 만들어준다고 떠벌린다. 홍수와 방주, 연옥의 불길과 구원처럼 허무맹랑한 이야기와 다름없는 소위 예언자의 발언이란 지성인의 시각에서는 하나같이 전부 충격적이다.

폭락 예언자들은 본인이 미래를 완벽하게 예측할 수 있다는 경악스러운 오만과 자만심으로 똘똘 뭉쳐 있다. 나는 지성 있는 역사학자로서 그런 행태를 견딜 수가 없다. 특히 디르크 뮐러는 '국제 금융에 정통한 전문가'를 자처하며 말도 안 되는 음모론을 퍼뜨리고 있다.[29] 마르쿠스 크랄도 최근 책에서 금융 컨설턴트가 갖춰야 할 기본 자세마저 잃어버렸다.[30] 이들의 예언이 항상 맞아 떨어지지는 않는다고 해도 그들의 자신감에는 아무런 영향이 없다. 자본시장에는 언제나 하락과 상승이 반복되기 때문에 폭락 예언가들이 하는 말조차 언젠가는 맞는 순간이 있게 마련이다. 이 예언자들은 극적인 순간을 기다렸다가 마치 폭등이나 폭락장을 자신이 예상이라도 한 것마냥 주장한다. 고장 난 시계도 하루에 두 번은 맞지 않는가. 이제 그들은 코로나 사태가 터진 뒤에는 이런 위기가 닥칠 걸 진작 알았다고 떠들어댄다. 참으로 뻔뻔하고 바보 같고, 우스운 자들이다.

정리하자면, 폭락 예언자와 그들의 파산 시나리오는 추종자를 들뜨게 하고 자산의 상당 부분을 쏟아붓게 만든다. 2008년 가을, 디르크 뮐러는 다음과 같이 경고했다.

"상황이 근본적으로 해결되기 전에 일단 주식을 멀리하십시오."[31]

돌이켜보면 그때만큼 좋았던 투자 시점이 없었다. 그러나 뮐러는 2008년 이후 매년 이런 식으로 주식이 폭락한다는 예언을 하며 사람들을 불안에 떨게 만든다. 이것은 더더욱 정직하지 못한 행동이다. 뮐러와 그의 동료들은 강사, 작가이자 펀드 매니저로 활동하며 자신들이 만들어낸 사업 모델에서 수익을 내고 있기 때문이다.

이런 폭락 예언자들 때문에 생기는 재산 피해 사례는 수십 가지나 된다.[32] 이와 관련하여 현재까지 독일인의 집단 기억에 깊게 뿌리내린 초인플레이션에 대한 공포에 관해 설명하겠다.[33]

1923년 내 증조부는 빵을 사기 위해 돈을 가득 실은 수레를 몰고 가게를 돌아다녔다. 그는 단시간 내에 자신의 예금이 휴지 조각이 되어버린 암울했던 기억이 있다. 특히 제2차 세계대전 이후 25년 동안 독일은 두 번에 걸쳐 총 화폐 가치가 하락했다.

금융 저널리스트 슈테판 리스Stefan Risse는 독일인의 공포심을 잘 알고 있었다. 그래서 2012년 그 공포 심리를 이용해 '인플레이션 기회 펀드Inflation Opportunities Fund'라는 금융상품을 만들었다. 영어로 번역하니 어쩐지 인플레이션보다 긍정적인 의미로 들렸다. 리스는 이 상품이 유럽중앙은행EZB의 '무분별한 화폐 발행'으로 발생하는 자산 피해를 막아주고, 위험한 시기에도 투자 기회를 잡을 수 있게 해준다고 주장했다. 리스는 달변가였고 호감형 외모의 소유자였다. 전반적으로 그럴듯한 이야기였지만 이 글을 읽는 당신도 잘 알다시피 딱히 좋은 투자는 아니었다. 리스의 말을 믿고 투자한 투자자들은 불과 4년 만에 거의 절반에 가까운 돈을 잃었으며, 리스의 펀드는 청산되었다.[34] MSCI 월드 측정치에 따르면, 리스의 펀드가 손실이 나던 시기는 글로벌 주식시장이 약 60% 상승했던 기간이었다. 당신은 그럴듯한 투자 이야기가 들릴수록 더욱 단호한 태도를 취해야만 한다. 이 점을 반드시 명심하라.

좌절, 위기, 부정적 사건은 장기적으로 긍정적인 발전보다 훨씬 많은 관심을 받을 수밖에 없다. 2016년 12월 베를린의 크리스마스 시장에서 일어난 트럭 테러 공격은 주요 뉴스의 헤드라인을 장식했다. 그러나 방글라데시의 영유아 사망률이 그 전달 0.01% 하락했다는 소식은 비교적 큰 반향을 불러일으키지 못했다. 방글라데시에서 1년 동안 살아남은 생명이 베를린 테러 사건보다 많다고 해도 언론 보도는 테러 사건에 집중된다. 과거에는 언제나 지금보다 상황이 더 나빴음을 명심해야 한다. 이것은 자본시장에만 국한된 생각이 아니다. 그렇게 생각하지 않는다면? 갭마인더재단Gapminder Foundation 홈페이지에서 상식 테스트를 해보길 권한다.[35] 질병, 아동 사망률, 절대 빈곤, 교육, 출생률, 민주화 등 세계는 지난 100년, 50년, 20년간 모든 분야에 걸쳐 엄청난 발전을 이루었다.[36] 번영과 성장이 자본시장에 오랫동안 긍정적인 영향을 미친 결과였다. 더불어 당신 가족사를 한 번 돌이켜 생각해보자. 나처럼 말이다.

1914년, 알리체 증조할머니가 학교에 입학할 때 교문 입구에 커다란 현수막이 걸려 있었다. 그곳에는 이렇게 적혀 있었다.

'신이 영국을 벌하기를!'

그때부터 할머니는 알리체 아넬리제[Anneliese라는 이름은 Anne(은혜)과 Elisabeth(신은 풍성하시다)가 합쳐진 것이다-옮긴이]로 불렸다. 할머니가 살던 시대의 평균 기대수명은 49세에 불과했다. 제1차 세계대전, 혁명, 초인플레이션, 여러 번의 정부 위기, 시가전, 정치인 암살, 세계 경제 위기, 대량 실업이 발생하던 시기였다. 당신이라면 자신의 어린 시절을 알리체의 시간과 바꾸겠는가?

1943년, 내 아버지 오스발트가 학교에 입학했을 때, 그의 어머니 이르마는 소아마비에 걸렸다. 2년 후 이르마는 내 아버지와 아버지의 남동생 셋을 목재로 만든 건초마차에 싣고 붉은 군대를 피해 피난길에 올랐다. 이르마의 다리는 심하게 절뚝거렸지만 그의 의지만은 굳세었다. 도시는 폭격을 맞아 파괴되었고, 음식은 항상 부족했으며 한 나라의 국민으로서 법적 권리를 보장받지도 못하는 상태였다. 그리고 이르마의 남편이자 오스발트의 아버지는 6년간의 전쟁 포로 생활에서 풀려난 뒤 완전히 다른 사람이 되어 귀환했다. 아이가 겪기에는 참으로 견디기 힘든 시절이었다.

1976년, 내가 학교에 입학할 당시, 독일은 20년에 걸쳐 눈부신 경제 성장을 이룬 뒤였다. 독일은 성장하는 유럽의 일부이자 안정적인 민주주의 국가가 되었다. 예방접종 덕분에 소아마비를 두려워할 필요가 없어졌고, 사람들은 여름이면 지중해로 휴가를 떠났다. 경제적으로 성장하기에 참 좋은 시절이었다. 그러나 여전히 좌익 테러리즘, 자유조국바스크ETA, 아일랜드공화국군IRA, 라인 강 오염, 석유 파동, 높은 인플레이션 비율, 세계 핵전쟁이 임박했다는 막연한 불안감, 그리고 독일이 다시 전쟁터가 되리란 두려움이 있었다. 또한 세계는 분열의 시기를 겪었다. 세계 인구의 절반은 절대 빈곤에 시달리고, 인도 같은 국가의 평균 기대수명은 52세에 불과했다. 오늘날 중앙아프리카공화국의 기대 수명은 여전히 52세에 머무르고 있다.

2014년, 내 딸이 학교에 다닐 때는 독일인의 평균 수명이 100년 전 알리체 증조할머니 시절의 거의 두 배가 되었다. 내 딸은 자기 할아버지가 학교에 입학하고 75년이 지난 뒤 평화가 찾아온 나라에서 성장했고 내가 학생이었을 때는 아시아의 거의 모든 국가가 절대 빈곤에서 벗어났다. 당신은 '과거 좋았던 시절'에 자라는 게 더 나았을 것이라고 생각하는가?

자유시장 경제, 사회적 책임 등 인간이 가진 창작 재능은 전에 없던 번영을 이끌었다. 반면에 기후 변화, 핵무기의 위협과 같은 도전도 맞닥뜨렸다. 현재 코로나처럼 지금 당장 겪는 현실이 확대경처럼 크게 다가오는 것은 지극히 정상이다. 그러나 역사를 돌이켜보면 이 세상의 모든 일은 외적인 원인에 의해 정해져 있다는 사실을 깨달을 것이다. 이른바 회고적 결정론이다.[37] 지금보다 상황이 더 나빠질 것이고 지금보다 더 어려웠던 적이 없다고 주장하는 것은 아주 멍청하고, 매우 무례한 발언이다. 2020년 4월, 락다운이 절정에 이르렀을 때 나의 81세 되신 어머니는 이렇게 말씀하셨다.

"우리는 햇볕을 쬘 수 있고, 먹을 것이 충분하며 밤마다 방공호를 향해 내달릴 필요도 없단다."

향수는 본래 나쁜 기억에서 비롯된다. 자신의 인생 계획과 재무 계획을 음모론이나 파산 시나리오에 따라 설계하면 즐거움도 없다. 그뿐만 아니라 대개는 높은 비용으로 그 대가를 치르게 된다.

05

아주 심각한 실수 피하기

투자와 관련해서 중요한 결정을 내리기 전에 심각한 실수를 피하는 방법을 알려주겠다. 완벽한 투자 전략을 찾는 것보다 실수를 저지르지 않는 것이 훨씬 중요하기 때문이다. 때로는 긍정적인 사례보다 부정적인 사례에서 많은 것을 배울 수 있다. 게다가 부정적인 사례가 더 흥미롭다. 내가 20년 동안 재미없는 금융업계에서 일하며 속속들이 알게 된 것이 있다면 바로 끔찍한 투자 사례들이다.

욕망: 오만, 단일 투자, 좋은 조언

작년 가을, 나는 친구들과 바닷가로 여행을 갔다. 당시 나는 제대로 쉬어 보기로 단단히 마음먹었다. 그래서 업무 메일도 거의 읽지 않았다. 그러나 결국 최악의 형태로 업무 이야기를 하게 되었다.

나와 내 일행은 어쩌다가 한 음식점에 들어가 그곳에서 일하는 종업원과 이야기를 나누었다. 그 직원은 자신이 하루에 12시간 이상 식당에서 일하는 것 외에 다른 일도 한다고 말했다. 그는 퇴근 후 3~4시간가량을 비트코인 같은 금융상품 투자에 쓴다고 했다. 덧붙여 우리가 관심이 있다면 나중에 자신의 투자에 관해 짧게라도 설명해주겠다고 했다. 말이 끝나자 직원은 금방 사라져버렸다. 나쁘지 않은 기술이었다. 눈앞에서 먹음직스러운 소시지를 흔들어대며 호기심을 불러일으키다가 싹 감춰버리는 수법이었다. 앞서 말했던 다단계 회사 직원들이 입사 첫 주에 배우는 기술이다.

15분 후 그 종업원은 우리 자리로 와서 자기 휴대폰을 내보이며 놀라운 블록체인 기술 세계에 대한 통찰력을 자랑했다. 그러고는 자신의 온라인 지갑 안에 있는 암호화폐를 보여주었다. 그가 투자한 암호화폐는 비트코인, 비트코인 캐시, 라이트코인, 리플, 이오스, 테더, 이더리움 등 다양했다. 이미 예상했겠지만, 내가 맥주 한 잔을 미처 주문하기도 전에 그는 다시 휙 사라져버렸다. 그 맥주가 직원의 말도 안 되는 소리를 견딜 수 있는 수단이었는데…. 우리의 대화는 다시 시작되었다. 암호화폐가 항상 오르지만은 않는다는 의견을 말하자 그는 자신이 주장하는 암호화폐의 진정한 비밀을 드러내기 시작했다.

그의 말에 따르면 암호화폐의 상승과 하락은 인공지능 알고리즘에 의해 제어된다. 그래서 투자자는 상승장뿐만 아니라 하락장에서도 수익을 낼 수 있다. 이런 식으로 몇 주 안에 자본을 두 배로 불릴 수 있으며 위험은 대체로 통제할 수 있는 수준이라고 한다. 매달 기본 6~12%의 수입이 보장된다. 더 좋은 점은 기존 암호화폐 투자자가 친구나 지인을 초대하면 그들이 얻는 수익의 일부가 자신의 것이 된다.

내 친구들은 똑똑하고 깨어 있는 사람들이었다. 식당 안에 둘러앉은 우리는 네안데르탈인도 아니고 그 중에는 의사, 엔지니어, 변호사도 있었다. 우리의 관심은 대개 자기가 종사하는 분야에 한정되어 있었지만 종업원의 얘기를 아예 이해하지 못할 정도로 문외한도 아니었다. 암호화폐 얘기가 오가는 동안, 내 친구들은 큰 관심을 보이지 않았다. 그래서 나는 그들을 위해 간단한 비유를 들어 보았다.

"만약에 저 종업원이 1000유로를 투자해서 12년간 한 달에 12%의 수익을 얻는다면 어떨까? 초기 자본금 1000유로 외에 추가금이 단 한 푼도 들지 않는다면 총 수익금은 얼마일까?"

여러분도 한번 계산해보라. 내 친구들은 전부 다른 대답을 내놓았다. 그들은 25만에서 200만 유로 사이의 숫자를 말했다. 200만 유로라고 예상한 친구는 상당히 의심스럽다는 어조로 말했다.

"아니, 이렇게 많은 수익은 나올 수가 없는데."

말했다시피 내 친구들은 똑똑한 사람들이었으므로 상당한 이익이 발생하는 것까지는 예상을 했다. 250배, 800배, 2000배까지도 말이다! 실제 계산 결과는 어떨까? 122억 2912만 630유로다.[38] 120억 유로가 넘는다! 이게 끝이 아니라 금액은 계속 늘어난다.

아인슈타인이 세계 여덟 번째 불가사의로 불렀다는 복리의 효과는 인간의 상상을 뛰어넘는다. 우리 뇌는 기하급수적으로 늘어나는 지수 함수를 계산할 수 없다. 한 번 시험해보겠는가? 식당 종업원이 암호화폐 투자금을 6년 하고도 1개월간 묶어둔다면 47조 8972억 8751만 1086유로의 수익을 올릴 수 있다. 나조차도 제대로 썼는지 다시 확인해야 할 정도로 어마어마한 수치다. 이 돈이면 2019년 기준 유로존, 미국, 일본의 국채를 한 번에 상환하고 전 세계 말라리아를 퇴치하기 위해 싸우는 세계보건기구WHO를 지원할 수 있다. 거기다 화성에 유인 탐사선을 몇 번이나 보낼 수도 있다. 정말 대단하지 않은가? 이런 일을 다 하고 나서도 3조 유로가 넘게 남았으니 집도 사고, 휴가도 갈 수 있다. 그런데 어째서 종업원은 이런 수익원이 있으면서 텔아비브의 랄라 해변에서 저녁마다 음식을 나르느라 정신이 없는 것인가? 무슨 박애주의적 야망이라도 있어서 식당에 오는 손님들에게 자신처럼 돈버는 방법을 알려주고 싶은 걸까? 나는 이런 생각을 하면서 종업원에게 술 한 잔을 주문하고 팁까지 챙겨주었다.

오만함의 덫

터무니없이 과장된 수익을 약속하고 새로운 희생자를 끌어모으는 투자자에게 주는 보상이 무엇이었는지 떠올려보자. 이것은 피라미드 조직이 사용하는 전형적인 수법이다. 이런 조직은 대개 허위로 조작된 이익을 분배해 추가 수익을 제공한다. 그리고 이득을 본 자가 특별한 존재가 되었다고 느끼게 만들어 그럴싸하게 조직 사업을 포장한다. 물론 이렇게 명백하게 드러나는 사례는 드물고, 모든 다단계 조직의 투자 유도 수법을 이렇게 쉽게 파악할 수는 없다. 나는 월 수익률 6%를 희망하는 사람들을 심심치 않게 만나본다. 잘못된 재무 결정으로 인해 수익률 6%를 달성하는 것이 불가능하다는 사실을 깨달은 다음에도 여전히 희망을 놓지 못하는 투자자가 많다.

인터넷에서 간단한 계산 도구만 사용해도 이렇게 바보 같은 투자자는 나오지 않을 것이다. 그러나 옛말에 '탐욕이 뇌를 좀 먹는다'라고 했다. 저금리 환경에서 연 수익률이 6~8%에 달한다는 것은 두뇌의 신피질을 자극하기에 충분하다. 나는 투자자들이 자기가 믿고 싶은 것만 믿고, 사실 여부를 따지거나 신뢰성을 시험하는 과정을 무시해버리는 모습을 너무 자주 보았다. 이렇게 편협한 생각을 가진 투자자의 전형적인 행동은 일단 경기가 좋을 때 한 가지 분야에 투자해 더 높은 수익을 기대한다. 결국 점점 더 많은 자산을 수익률 높은 투자처 한곳에 몰아넣는 꼴이다.

탐욕이 당신의 자산을 갉아먹지 않도록 하는 데는 어떤 위법적 행동도 필요하지 않다. 그리고 당신은 탐욕스러워질 필요도 없다. 당신은 탐욕스러운 사람인가? 탐욕스러워지고 싶은 사람이 누가 있겠는가? 탐욕은 종종 자신을 과대평가하는 형태로 나타난다. 행동 경제학, 즉 투자자들의 행동에 대한 연구는 과잉 확신overconfidence 편향을 다룬다.

유행을 좇아 투자하는 상품의 수익률은 처참할 정도로 낮다. 그럼에도 수많은 투자자의 자금이 흘러들어간 투자처를 살펴보면 아주 기발해 보이는 투자 조언을 따라간 흔적이 보인다. 그러나 그 안에 유의미한 투자 구조는 없다. 어느 술주정뱅이가 건축 자재상에서 특가 상품을 싹쓸이했다 치자. 다음 날 술이 깨고 나면 자기가 구매한 재료로는 책상 하나도 만들 수 없다는 현실에 경악할 것이다. 유행 투자에서 한 가지 중요한 것은 투자 과열에 따른 후유증이다.

유행 투자의 가장 흔한 형태는 메가트렌드다. 이는 특히 은행업계에서 세련된 감각으로 특별히 고안해낸 명칭이다. 최소한 당신은 인플레이션을 연상시키는 단어를 듣는 즉시 무시할 수 있어야 한다. 인터넷, 신재생 에너지, 수자원, 디지털화와 같은 단어가 세상을 바꿀 것이며, 우리가 그 변화의 한 부분을 차지할 거라고 생각하게 만든다. 그러나 '디지털화'라는 말을 누구나 한 번쯤은 들어보았을 것이다. 이런 정보는 시장에서 아무런 가치가 없다. 메가트렌드에 따라 투자를 하는 것은 이미 경기 상황에 맞춰 투자를 시작한 무리에 뒤늦게 끼어드는 행위나 마찬가지다. 후발 주자는 자신의 비합리적인 판단 때문에 위험에 노출될뿐더러 불필요한 운영 비용까지 감수해야 한다.

1998~2000년대를 기억하는가? 당시 메가트렌드 중 하나는 인터넷이 세상을 바꿀 것이라는 이야기였다. 그 말은 맞았다. 그러나 합리적인 투자에는 전혀 쓸모가 없었고, 매우 위험하기까지 했다. 분명 인터넷은 세상을 변화시켰지만 당시 창업한 100개 기업 중 어느 곳이 살아남을지는 전혀 알 수 없었다. 기업 투자 예측도 이와 크게

다르지 않아서, 인터넷상의 예측치가 크게 빗나가는 바람에 2003
년 6월 독일 증권시장은 이미지상의 이유로 신흥시장 전체를 폐쇄
시켰다. 신흥시장의 상위 기업 50개의 지수를 나타내는 Nemax 50
은 고점에서 96% 이상 하락했다. 2000년 3월 10일에서 2002년 10월
9일 사이에 신흥시장 주식에 투자한 사람들은 평균 96%의 손해를
보았다.

메가트렌드와 반대의 의미를 가진 금융상품은 바로 틈새시장 상
품(소수의 수요자들을 위해 만들어진 상품-옮긴이)이다. 틈새시장 상품
의 수많은 사례 중 특히 멋진 분야는 희토류 관련 투자 상품이다.
2011년은 경제 투자 전문가라면 절대 놓칠 수 없는 시기였다. 〈프
랑크푸르터 알게마이네 차이퉁〉 같은 주류 언론에서조차 과장 광
고를 서슴지 않았으며, 국제 컨설팅 회사 롤란트베르거Roland Berger
의 분석을 적극 수용하기도 했다.[39]

그 이유는 무엇일까? 희토류 원자재를 채굴하는 데는 온갖 종류
의 기술 장비가 필요하다. 중국은 주요 원자재 수출국이었다. 그리
고 국가 차원에서 물량 통제가 가능하다. 희토류라는 이름에서 알
수 있듯이 원자재는 희귀한 자원이었고 대부분의 투자자와 은행가
들이 확보한 것은 대략적인 정보뿐이었다. 어쩐지 우스운 일이다.
투자자와 은행가들도 사실 아무것도 모른다는 얘기가 금융 언론 전
반에서 불거졌지만, 그들은 소수 내부자에게만 공유되는 정보를 아
는 것처럼 행동했다. 이것이 바로 과잉 확신이다.

2011년 희토류 가격이 최고치를 찍었다. 원자재에 따라 1년 안

에 가격이 두 배가 되었다. 그러나 현실에서는 시장에 대한 제대로 된 분석이 이뤄지지 않았다. 모두가 롤란트베르거의 장밋빛 전망이나 금융 언론의 말을 앵무새처럼 따라 하기만 했다. 2019년 10월에는 2011년 초에 비해 희토류 원자재 중 네오디뮴은 58%, 테르븀은 65%, 유로퓸은 각각 98%의 손해를 봤다.[40] 이것들은 단지 원자재 가격에 대한 손실일 뿐이다. 희토류를 어떻게 보관하는지 알고 있는가? 지하실이나 사물함에 불안정한 방사성 물질을 넣을 수 없듯이 고가의 보관비와 관련 인증 비용이 추가로 들었다. 그래서 이런 부대 비용을 제외한 나머지가 투자자들에게 수익으로 돌아갔다. 그리고 〈프랑크푸르터 알게마이네 차이퉁〉이 추천한 희토류 가공 회사에 투자한 사람들의 실적도 똑같이 절망적이었다. 희토류 가공 기업을 나타내는 스톡스 글로벌 희토류 확장 지수Stoxx Global Rare Earth Extended Index는 2011년 여름부터 2019년 말까지 최고 하락치를 기록하며 94% 이상 떨어졌다.[41]

자신만의 노하우로 고부가가치를 창출할 수 있다는 착각은 특히 위험하다. 이와 관련해 생명공학 분야의 한 벤처연구소장을 예로 들어보겠다. 그의 투자금 80%는 투기성 바이오테크 분야에 집중되어 있었다. 연구소장은 위험 분산 투자 같은 건 염두에 두지도 않았으며 그런 투자를 할 필요도 느끼지 못했다. 동료들이 하는 일을 잘 판단할 수 있는 위치에 있었기 때문이다. 불행히도 그가 판단할 수 없었던 것은 자기가 투자한 기업들의 경제 전망이었다. 그리고 받아든 결과는 실망스러웠다. 결국 투자금은 바닥이 나버렸다.

탐욕, 남들보다 똑똑하다고 생각하는 자만, 한 종목에 모든 자산을 몰아넣는 행위, 유행을 좇아 내부자의 조언만 듣고 투자해 위험을 높이는 행위는 모두 손해로 이어진다. 이러한 모든 행위는 자산을 날려버리고, 삶의 질을 떨어뜨리는 결과를 가져온다. 투자자가 무의미한 곳에 생각 없이 투자했기 때문이다.

공포: 방어적 투자와 대안책

˅

탐욕스러운 투자자들이 자산을 분산시켜 투자하려는 행동은 그런대로 논리적으로 보인다. 우리가 정규 교육 과정에서 배운 바에 따르면 탐욕과 오만에는 신성한 처벌이 뒤따른다. 신은 모든 것을 다시 정상 궤도로 되돌리려 한다. 그러나 나는 그 반대 경우도 자주 보았다. 공포 시나리오에 대항해 재산을 어떻게든 지키려는 절박한 투자자들이 오히려 손해 보는 결과를 맞이하기도 한다. 이것은 비논리적일뿐더러 아주 부당해 보인다. 그러나 이런 일은 내가 앞서 언급한 슈테판 리스의 인플레이션 기회 펀드 사례처럼 예전부터 어김없이 있었다. 위기 상황에서 투자금을 포기하고 빠져나오는 일은 수많은 잘못된 재정적 결단 가운데서도 특히 고통스러운 일이다. 결국 모든 투자자는 두려움, 즉 상실에 대한 공포에 휩싸였다는 한 가지 공통점이 있다.

잘못된 결정을 내릴 때, 좋았던 옛 시절을 갈망하는 부적절한 욕구가 있다. '언제쯤이면 예전보다 더 좋은 시절이 올까?' 같은 과거 지향적인 생각은 당연하게도 너무나 어리석다. 자본시장에서 이런 생각을 갖고 투자를 하면 매우 비싼 값을 치르게 된다. 이런 생각을 가진 투자자의 구체적인 투자 패턴은, 옛날에 대한 향수를 바탕으로 희망적 관측을 도출해내고 잘못된 투자 경로를 택하는 과정을 거친다. 과거에 대한 향수에 사로잡힌 사람은 이렇게 말한다.

"옛날에는 투자하기가 참 쉬웠는데…. 그때는 원금을 넣어두기만 하면 8%의 고정 금리를 받을 수가 있었어."

그러고는 희망적 관측이 이어진다.

"나는 고정 이자 3%만 받아도 더 바랄 게 없어. 그걸로 충분히 만족할 거야."

그리고 잘못된 투자 경로를 택하면 '이런 일을 할 수 있는 전문가가 분명히 있을 텐데…'라는 생각을 하게 된다. 이것은 자본시장의 메커니즘에 대한 엄청난 무지에서 비롯된 생각이다. 진실을 희망으로 덮어버리는 사고는 재정적인 미래에 대한 책임을 지기에 좋은 토대가 될 수 없다.

무턱대고 고금리 시대를 그리워하는 것은 현재 상황에 비춰보면 상당한 무리가 있다. 투자에 위험이 동반되지 않으면 투자자도 위험 프리미엄을 받을 수 없다. 인플레이션 비용과 세금을 반영한 구매력 손실, 즉 마이너스 실질 금리는 위험이 없는 투자처에서 반년에 한 번씩 관찰하며 오랫동안 데이터를 축적해두어야 한다. 1975년 저축의 평균 이자율은 4.4%, 인플레이션율은 5.9%였다. 그리고 당시 최고 세율은 56%였다. 그러면 다음과 같은 공식이 도출된다.

$$(4.4\% \times 0.44) - 5.9\% = -3.964\%$$

투자자는 거의 세후 4.0%의 구매력 손실을 겪었다. 1959~2016년을 살펴보면 아주 적당한 20%의 세율과 0.3% 이하의 비용을 가정해야 한다. 오직 이런 방식을 통해서만 투자자는 독일 통화시장에 대한 투자로 연간 평균 최소 1.0% 이익을 달성할 수 있다.[42] 이를 악의적으로 표현하자면 훌륭한 이자 수익은 오직 세금 회피가 동반되어야만 가능하다. 좋았던 옛 시절엔 사정이 달랐다.

투자 대체재를 찾으려는 시도는 비용만 낭비하는 잘못된 길이다. 최근에 본 극단적인 예는 선박 컨테이너 P&R의 사례다. 이 컨테이너 투자 상품은 3%의 변동 없는 세후 수익률을 보장했다. 이것은 과거 고금리 시대를 그리워하는 투자자의 소망과 정확히 일치했다. 결국 이 '안전 보장형' 다단계 투자 시스템은 투자자들에게서 35억 유로를 뜯어갔다.[43]

금융업계가 투자자들의 고정 수익률을 보장하고, 이를 위한 전문가가 언제나 존재한다는 것은 일종의 환상이다. 그래서 금융사들은 투자자의 기준을 맞추려고 다양한 투자 전략을 제공하여 인기를 끈다. 헤지펀드가 여러모로 위험하게 들린다면 이 펀드에는 더 나은 다른 이름을 붙이게 된다. '대안(참 듣기 좋은 표현이다)'이라든가 '시장 중립적', '노하우', '지식' 같은 단어의 뒤에 숨어 불투명하게 운영되는 상품의 위험성은 알아차리기 힘들다. 금융업계의 주장에 따르면 판매 상품의 투자 방식을 모두 공개하면 투자 기법이 노출될 우려가 있다고 한다. 그래서 투자자는 진실 대신에 그럴듯하게 포장된 이야기를 전해 듣는다. 부동산 시장에서의 투자 기회, 차익 거래 같은 말이다. 재난 채권에 프리미엄이 생기면 허리케인 시즌이 그렇게 나쁘게만 보이지도 않는다. 그러나 허리케인 같은 자연현상을 어떻게 예측하여 투자할 수 있겠는가?

자욱한 연기 속에서 비틀거리지 않으려면

금융업계에서 흘러나오는 다양한 상품 설명을 듣다 보면 앞으로 일어날 일에 대한 상상력에 제한이 없어진다. 고도로 불투명한 위험을 알려주는 컨설턴트는 거의 없다. 기업의 소유 구조, 부채 자본 비율, 통화 위험성, 부족한 유동성, 소송의 가능성이나 판매 운용사가 가진 위험을 얼마나 많은 사람이 알고 있겠는가? 어떻게 현란한 금융계의 언변으로 짜낸 복잡한 직조물을 이용해 '그럴듯한' 옷을 만들어낼 것인가? 이 옷을 파는 것이 바로 업계의 영업 수단이다. 금융업계의 한 내부자는 이렇게 말했다.

"투자는 마치 자욱한 연기 속에서 동전을 줍는 일과 같습니다. 오랫동안 잘 되다가도 한 번 넘어지는 날엔⋯."

결국 투자자와 금융 컨설턴트는 자신이 무엇에 투자하고 있는지, 투자하는 종목의 위험성은 실제로 얼마나 높은지도 모르면서 투자 상품의 엄청난 운영 비용을 부담하고 있는 것이다. 투자 비용이 높은 순서대로 나열하는 것만으로 커진 위험을 낮출 수 있다. 예를 들어 2와 20의 법칙(고정 수수료 2.0%, 배당 이익 20%)을 따라 자신의 투자 포트폴리오를 점검해볼 수 있다. 지금도 여전히 은행에서 판매하는 상품이나 상품 운용사는 이 수치의 절반 정도만을 제공한다. 이런 수치의 이면에는 위험한 이해관계의 상충이 있다. 기업의 영향력 있는 주주나 투자 은행의 우량고객은 이 점을 꿰뚫고 있다. 겉으로는 다른 명칭으로 팔리지만 결국 투자 내용상 은행에서 판매하는 상품의 진짜 알맹이는 헤지펀드다. 이런 헤지펀드 전략에 따라 생성된 독성 폐기물과 같은 금융상품은 은행에게만 이득이 된다.

애초에 풀 수 없는 문제를 이해하려는 것은 어리석은 일이다. 고도로 복잡하게 설계된 은행의 금융상품이 바로 이런 난해한 문제에 속한다. 자신을 특별히 똑똑하다고 생각하는 투자자에게는 이익이 발생하지 않는다. 오히려 확실한 위험을 감수할 준비가 되어 있는 투자자에게 따르는 것이 바로 이익이다. 앞서 다단계 투자회사가 채택했던 안전 보장형 투자 전략은 현실 투자시장과는 동떨어진 전략이다. 이 전략을 고수하는 투자자는 예측 불가한 위험이 동반된 단일종목 투자만 고집하는 탐욕스러운 투자자와 같은 길을 걷는다. 결국 자욱한 연기 속을 비틀거리다 재산을 잃고 말 것이다. 탐욕을 버리지 못한 투자자는 자신의 오만에 대해 복수의 여신, 즉 네메시스(그리스 신화에 나오는 복수의 여신. 선악의 구분 없이 분수를 넘어서는 모든 종류의 과도함을 응징함-옮긴이)의 처벌을 받는다.

잘못된 매수점과 관련 범위

∨

인지적 왜곡이 연속으로 일어나면 잘못된 결정을 내릴 가능성이 폭발적으로 증가한다. 투자와 관련 없는 시간 기준, 잘못된 비교 척도와 같은 사고 오류는 공포, 탐욕, 자만으로 이어진다.

생각하는 것은 힘들고 고통스럽다. 그래서 우리 뇌는 많은 결정 내릴 때 자동화 기법을 사용한다. 경험 규칙, 소위 '휴리스틱'이라고 불리는 신뢰성 검사 등은 우리가 많은 노력을 기울이지 않고도 일상생활을 하는 데 도움을 준다. 이와 관련해 대니얼 카너먼은 '빠른 사고'에 대해 말했다. 우리의 전두엽 신피질은 논리적인 사고의 본거지다. 우리는 다시 한번 생각하고, 그 과정을 인지해야 한다. 왜냐하면 삶의 질을 오래 유지하려면 천천히 생각해야 하기 때문이다.[44] 결국 빠른 사고가 가능하려면 그전에 논리적인 사고 과정을 충분히 거쳐야만 한다.

투자 기간이 너무 짧으면 실패한다

내가 거의 모든 투자자에게 발견한 사실은 투자 기간이 너무 짧다는 점이다. 일반적으로 투자자들은 매년 1월 1일부터 12월 31일까지 투자를 했다. 금융 기업은 언제나 상품을 설명하면서 1년간의 성과를 바탕으로 판매한다. 부유한 투자 고객은 일반적으로 분기별로 자신의 투자 상품을 평가한다. 어느 상품에 투자하느냐에 따라, 예를 들어 투자 기간이 6월 4일부터 그다음 해 10월 28일까지인 것이 왜 중요한지를 정확하게 이해하고 있어야 한다. 농업 사회의 발전을 평가할 때는 상대적으로 유용했던 범위 설정이 자본 투자 맥락에서는 비생산적으로 보인다. 그래서 현대에는 투자 평가 범위를 너무 짧게 잡기 때문에 그것에 대한 평가는 다시 근시안적인 결정으로 이어진다.

이와 관련해 나는 2015년 나를 찾아와 투자 결과에 대해 깊이 실망하던 보르헤르트 씨와의 대화를 떠올린다. 보르헤르트 씨는 자기 재산 중 절반을 잃었다고 했다. 그의 말을 그대로 옮겨보겠다.

"처음에는 수익률이 14%였는데 이제는 7%밖에 안 됩니다."

보르헤르트 씨의 말이 농담이 아니라는 것을 이해할 때까지는 어느 정도 시간이 필요했다. 그는 정말 진지했다. 지난 3년간 보르헤르트 씨가 선택한 투자 상품의 수익률은 아주 좋았다. 그러나 그 수익률이 앞으로도 보장된다는 의미는 아니었다. 그래서 나는 최대한 비관적으로, 투자 전략이 실패했을 때 30%까지 손해가 날 수도 있다고 조언했다. 그러나 보르헤르트 씨는 크게 동요하지 않았다. 그는 이렇게 말했다.

"저는 손해 보는 것을 좋아하지 않습니다."

어떻게 사람이 긍정적인 현실 앞에서도 이렇게까지 부정적인 생각만 할 수 있을까?

투자에 대한 관점을 제외하면, 보르헤르트 씨는 영리하고 감수성이 풍부한 사람이었다. 그는 학자이자 미술과 클래식 음악에 대한 열정을 가진 매우 성공한 사업가였다. 그는 정기적으로 투자 수익의 일부를 문화의 부흥과 사회 환원의 목적으로 기부했다. 몇 달 후 나는 보르헤르트 씨에게 투자 조언을 하길 포기했다.

내가 왜 컨설턴트로서 실패한 사례를 말하고 있느냐고? 보르헤르트 씨와 같은 행동이 당신의 재산에 미치는 영향력은 심각할 수 있기 때문이다. 내가 알기로, 보르헤르트 씨는 자기 기준에 따른 손실을 감당하지 못하고 결국 투자금을 전부 현금화했다. 그리고 이후 수년간 돈을 일반 은행 계좌에 방치했다. 게다가 투자 기간 범위를 잘못 설정하는 바람에 손해를 봤다. 반토막이 난 이익에도 만족하지 못하던 탐욕은 결국 손실에 대한 공포로 완전히 바뀌었다. 그의 행동은 삶의 기쁨을 앗아갔을 뿐만 아니라 장기적으로 재정적 여유를 가질 기회마저 빼앗아갔다.

당신이 투자하는 목적은 장기적으로 당신의 생활 수준을 확보하고 만족스럽고 행복한 삶을 오래오래 사는 데 있다. 그러나 부동산과 달리, 예를 들어 주식 투자에서 개인 투자자는 종종 장기 투자 전략을 세워 접근해야 할 때 헛다리를 짚곤 한다. 나의 동료가 비난하는 것처럼 말이다.

"고객이 장기 투자라고 말하는 것은 다음번 가격 조정까지만 기다리겠다는 뜻입니다."

따라서 투자의 가장 큰 장점인 가격 투명성과 항시 가용성이 역설적이게도 가장 큰 문제가 될 수 있다. 당신이 얼마나 사고 훈련을 거듭했는지에 따라 소비 목적으로 만든 항아리에 얼마나 쉽게 손을 뻗는지 알 수 있다. 당신은 감정에 휘둘리거나 겉으로만 그럴듯해 보이는 투자 아이디어에 쉽게 넘어갈 수도 있다. 이런 행동은 경험 법칙이 아니다. 어떻게 생각하고 행동할지는 궁극적으로 본인의 자유다. 그러나 결코 쉽지는 않다. 자본 투자를 할 때 부동산 투자의 원칙을 참고해야 한다. 부동산은 투자 기간이 길다고 가용성이 높은 것은 아니며, 오히려 반대의 경우가 더 많다. 합리적인 투자 기간 범위를 설정하여 투자를 시작하고 평가하는 한 당신의 자산은 안전하다.

투자 시점이 잘못되었다

투자자들이 저지르는 실수는 투자 기간을 잘못 설정하는 것만이 아니다. 잘못 설정된 투자 기준점은 투자 시점을 결정할 때도 문제가 된다. 이것은 종종 투자 포트폴리오 전체를 보는 대신에 각 투자를 개별적으로 나눠서 보는 사고 오류와 연관이 있다. 그리고 투자 자체가 좋은지 나쁜지는 투자하는 상품의 자산 구조가 합리적인지 여부가 아니라 투자자가 진입한 가격이 높거나 낮음에 따라서 결정된다. 시간이 지나면서 이러한 무의미한 관점은 또 다른 상품의 잘못된 매수점을 찾는 데 헛되이 사용된다. 나는 비트코인이나 하이테크 주식처럼 투기성이 아주 높은 상품에 투자한 투자자들이 자신이 진입한 가격보다 상품가가 떨어졌을 때 투자를 중단하기 힘들다는 사실을 잘 알고 있다.[45] 심지어 수익이 나더라도 손을 떼기 힘들다. 투기 상품에서 한 번 손실이 나면 자산에 막대한 영향을 끼친다는 점을 잘 알고 있지만, 많은 투자자가 여전히 미련을 버리지 못한다. 이런 행동이 자신의 인생 계획에 직접적인 영향을 미치더라도 눈앞의 수익을 포기하기는 힘들다.

투자 보증 금액만 생각하고 투자 상품마다 개별적으로 안정성을 따지는 것은 완전히 엉뚱한 투자 결정을 내리게 만든다. 예를 들어 여기 금에 투자한 투자자 두 명이 있다.

2012년 마이어 씨는 자산의 3%에 해당하는 비용을 들여 금을 매입해 금고에 보관했다. 마이어 씨는 온스당 1300유로 이상을 지불했다. 2009년 바이스 씨는 온스당 700유로, 자산의 45%에 해당하는 금 투자 보증서를 구입했다. 사실 진입 가격은 전혀 중요하지 않다. 마이어 씨는 수년간 자신이 투자한 것에 극도로 신경을 썼고, 금 시세가 떨어졌다가 자신이 산 가격을 회복하자마자 되팔기까지 했다.

반면에 바이스 씨는 마치 투자의 신처럼 정석대로 행동했다. 그는 아무 행동도 하지 않았다. 수익은 거의 두 배가 되었고, 2012년 중반에는 투자 대비 수익률이 최고점을 찍었다. 2020년 봄에 그 기록은 다시 깨졌다. 바이스 씨는 투자 종목에 대한 이해보다 운이 더 따른 경우였다. 그래서 금 가격 인상으로 인해 총 자산의 80%를 단일 종목에 투자하고 있다는 위험한 사실은 미처 깨닫지 못했다.

바이스 씨는 2009년 이후로 금을 전혀 매입하지 않았지만 은행이 파산을 해야 비로소 관련 서류를 보고 현실을 알지 않을까 싶을 정도로 무관심하다. 이렇게 되면 대체 통화로 여기는 금에 투자한 바이스 씨의 시나리오는 완전히 실패한 것이 된다. 리먼 브라더스가 파산에 이른 것처럼 우량 은행으로 보이는 금융기업도 대규모 경제 위기를 겪고 있다. 배가 가라앉고 나서야 바이스 씨는 자기 손에 구명조끼가 아니라 구명조끼를 교환할 쿠폰을 들고 있다는 것을 깨달을 것이다.

수많은 투자자처럼 그는 나중에 따를 결과를 미리 충분히 인지하고 있지 않다. 술에 취해 파티장을 빠져나와 직접 차를 운전해 집으로 돌아가는 사람은 무책임한 범죄자나 다름없다. 그가 경찰에 잡히거나 사고를 내지 않았어도, 그리고 택시비를 절약했다고 해도 바이스 씨에게 최종적인 책임이 있음은 피할 수 없는 사실이다.

마찬가지로 잘못된 비교 척도를 사용해 투자 종목을 고르는 것은 치명적인 실수다. 독일 투자자의 거의 99%, 독일 은행의 95%가 독일 자본시장 지수인 닥스를 자신의 투자처와 비교하는 기준으로 삼고 있다. 정말 말도 안 되는 생각이다. 전 세계적으로 닥스는 매우 위험도가 높은 지수다. 독일 주식시장 규모는 세계 주식시장에서 3% 미만을 차지하며, 닥스는 독일 프랑크푸르트 증권거래소에 상장된 주식 중 40개 기업을 대상으로 구성된 주가 지수일 뿐이다.[46] 투자자 입장에서 보는 비율도 다르지 않다. 독일인은 기본적으로 근로, 부동산, 보험에 가치를 두고 있다. 주식은 가치 고려의 대상이 아니다. 그래서 독일인의 주식 투자 포트폴리오를 살펴보면 과대평가된 독일 주식 외에도 국제 주식 채권, 혼합 펀드, 기타 증권 등으로 포트폴리오를 구성한다. 이때 감수할 위험은 닥스 지수가 가진 위험도보다는 훨씬 낮다. 그러나 자본시장이 별 문제없이 돌아가는 상황에서는 독일인의 투자 포트폴리오는 상당히 부정적으로 보일 수밖에 없다.

증권 손실이 발생한다면 어떻게 할 것인가? 그 위험하다는 닥스는 더 이상 고려 대상이 되지 않는다. 손해를 본 상당수의 투자자는 정기 예금으로 투자 종목을 바꾼다. 정기 예금의 이율은 불과 0.01%다. 이렇게 자기 손으로 영원히 만족하지 못하는 투자를 한다. 그 중 대표적인 예가 바로 7%의 수익과 50%의 손해를 구분하지 못하는 보르헤르트 씨다. 이렇게 만족을 모르는 투자자는 잘못된 결정을 내리기 쉽다.

최고 수익률만 뒤쫓는다

잘못된 결정의 또 다른 변형은 성과를 맹목적으로 쫓아가는 것이다. 성과만 중요시하는 투자자들은 포트폴리오를 전체적으로 바라보지 않고, 매수한 펀드 종목을 금융 잡지에 소개된 종목들과 비교해본다. 이때 참고하는 매체가 〈피난츠테스트Finanztest〉 같은 주류 언론인지, 금융 포르노 언론인지 여부는 상관없다. 어느 언론을 참고하든 결과는 모두 비슷하다. 투자 가능한 주식보다는 투자 가능한 펀드가 더 많기 때문에 당신이 진입하는 순간의 펀드 단가는 그리 높지 않을 것이다. 5년 전에 매수했어야 할 펀드를 이제야 사는 것이기 때문이다. 그것은 마치 룰렛에서 방금 나온 숫자에 다시 베팅하는 행위나 다름없다. '과거 실적은 미래 결과의 지표가 아니다'라는 말은 금융업계가 가장 외면하고 싶은 표현일 것이다. 지속해서 투자 상품을 갈아치우는 것은 아주 좋은 투자 방식이다. 당신이 아니라 은행을 위해서 말이다. 그러므로 컨설턴트나 금융상품 판매원이 터무늬없는 말로 상품을 추천하고 '현존하는 최고의 금융상품'이라는 표현을 쓰더라도 현혹되지 마라. 그들은 이런 식으로, 당신이 파산할 때까지 투자 포트폴리오를 최적의 관점에서 환상적으로 펼쳐보일 수 있다.

이 과정이 너무 지루하다면 지금 당장 최고의 수익률을 내는 펀드를 매수하지 말고, 시대별로 성공적인 전략으로 꼽혔던 과거의 사례를 되돌아보자. 1999년의 신흥시장 투자, 2003년의 비상 브레이크 시기라면 더 이상 주식 투자를 하지 않을 것이다. 2007년에는 금융주가 강세였고, 2009년에는 주식과 배당을 현금 지급하지 않고 재투자하는 토털리턴total return 전략이 무용지물이 되었다. 2019년에는 혼합 펀드가 최고의 수익을 냈다. 2020년에는 또다시 주식보다 단기 투자가 인기를 끌었다. 2009년 3월 안전한 부동산 펀드에 투자하겠다며 보유 주식을 전부 매각한 반더러 부부를 기억하는가?

최고의 투자처를 찾는 일이나 대박 나는 투자처를 탐색하는 것은 무의미하다. 최고의 투자처나 일확천금이라는 개념은 존재하지 않기 때문이다. 반면에 인생의 즐거움과 시간을 되찾는 데는 많은 비용이 든다. 당신에게 필요한 것은 오래 유지할 수 있고, 인생 계획을 뒷받침하는 적절한 투자 전략을 세우는 일이다. 자산을 신기루 같은 포트폴리오에 따라 투자해선 안 된다.

국가에 세금을 베푸는 것이 아니다

∨

나는 기본적으로 세금 내는 것을 좋아한다. 내가 밤에 걱정 없이 잠들 수 있는 나라에서 사는 것이 멋지다고 생각한다. 아이들에게 여전히 교육비가 들어가고는 있지만, 우리 가족은 사회보장 수준이 비교적 높고 기본적으로 모두 좋은 교육과 의료 시스템에 접근할 수 있는 나라에서 살고 있다. 그게 바로 세금으로 하는 일이다. 비록 세금이 부분적으로 낭비되고 있으며 많은 것이 내 생각과 맞지 않을지라도 세금을 대가로 나는 문명 세계에서 살고 있다. 내 아들 필립은 19세에 요하네스버그에서 8인조 강도를 당했다. 필립이 만약 뮌헨에서 그런 일을 당했다면 지역 신문의 첫 페이지를 장식하고도 남았을 것이다. 그러나 남아프리카에서는 경찰서에 가는 것조차 별 소용이 없다. 당신은 그런 사회에서 살고 싶은가? 울타리가 높게 쳐진 주거지에서 무장 경호원을 두고 살고 싶은가? 사회적 불평등과 폭력이 삶의 질을 떨어뜨리면 부자가 된들 무슨 소용이 있는가? 내가 세금을 내는 데는 또 다른 이유가 있다. 세금을 낸다는 건 돈을 벌었다는 뜻이다. 자본 투자의 경우 이익의 상당 부분이 이미 회사 수준에서 과세되며 최소한 25%의 원천 징수 혜택이 있다. 이 정도면 괜찮지 않은가?

특히 자본 투자를 하는 대부분의 투자자에게 세금은 회피해야 하는 것으로 간주된다. 그래서 금융업계는 투자를 불리는 것보다 조세를 회피하고자 하는 본능이 더 강한 사람들의 특성을 이용한다. 노련한 상품 판매원은 이 기회를 살려 화려한 언변으로 설득하기 시작한다. 판매원은 대개 크리스마스 직전에 연락을 해서 내년에는 상황이 더 나빠질 것이고, 특히 현재 판매하는 금융상품이 거의 매진되기 직전이라 바로 지금 투자를 결정해야 한다고 부추긴다. 그럴 때 자본 투자의 본질은 완전히 무시되곤 한다. 돈이 내게 중요한 이유는 무엇인가? 투자를 통해 나의 목표에 더 가까워질 수 있는가? 세금을 내지 않고 수익을 올리는 것이 경제적으로 타당한가? 지금 투자가 전체 자산 구조에 적합한가?

조세 회피를 미끼로 유혹하면 많은 투자자가 눈앞의 이익에 넘어가버린다. 고가 금융상품을 생각 없이 매수하거나 수수료가 많이 붙는 상품에 줄줄이 투자하기도 한다. 동독지역 부동산 투자, 영화 펀드는 '멍청한 독일인들의 돈stupid German money'이 흘러가는 대표적 투자 종목이다. 컨테이너선, 6b 부동산 펀드(재투자를 통해 최대 4년간 세금 유예 혜택을 받을 수 있는 부동산 펀드-옮긴이), 세금에 최적화된 마켓 펀드 투자와 생명보험도 이런 경우에 속한다. 변호사, 회계사, 마케팅 대행사는 물론 금융상품 영업팀까지 이 조세 회피 비즈니스에 달라붙어 이득을 본다. 딱 한 사람, 당신만 제외하고 말이다. 이렇게 세금을 회피하려는 목적으로 일어나는 투자의 90% 이상이 비극으로 끝나버린다. 운이 좋으면 세금을 회피할 수 있겠지만 그것은 아주 극소수에 불과하다. 원칙적으로는 상품에 들어가는 비용이 세금을 절약하는 것보다 훨씬 높아진다. 만약 당신이 세금 혜택을 당장은 누린다 해도 나중에는 더 큰 비용을 지불할 수밖에 없다.

그러면 지금 투자금을 적게 지불하거나, 나중에 세금을 내는 변형된 투자 방식을 선택해야 한다. 납세를 가능한 한 나중으로 미루는 것은 모두가 간과하는 사실이지만 절세를 할 수 있는 매우 간단하고도 효과적인 방법이다. 증권 투자 상품을 계속 갈아타지 않고 오랜 기간 동안 유의미한 투자를 하면 저절로 절세가 가능하다.

06

우선순위를
나의 목표에 맞추기

자산 소비를 실행에 옮기기 전 당신은 자산을 어디에 사용할지 미리
결정을 내려야 한다. 나의 자산 중 얼마 정도가 당장 필요한가? 어느
정도의 수익률을 예상하거나 필요로 하는가? 현실 수익 기대치는
어느 정도인가? 객관적으로 얼마나 많은 위험을 감수할 수 있는가?
어떤 위험을 피할 수 있고 어떤 위험은 그렇지 않은가? 그리고 가장
중요한 것, 나의 인생 계획에서 위험을 감수한다는 것은 어떤 의미
인가?

이 문제를 해결해야 당신이 채택한 투자 경로가 본인의 가치관과
인생 계획에 부합하는지 확인할 수 있다. 여기서 지름길을 찾는 사
람은 실패할 가능성이 높다. 빠르고 쉬운 길을 찾는 사람은 심각한
병에 걸렸을 때 의사의 제대로 된 진료를 받아보지도 않고, 인터넷
약국에서 약을 주문하는 사람과 다름없다. 한 가지 다른 점은, 의학

분야에서는 처방전 없이 위험한 약품을 구할 수 없지만 금융 분야에서는 가능하다는 것이다.

그래서 계획을 실행에 옮기기 전에 조치가 필요하다. 투자자의 수에 비해 합리적인 재정 전문가가 부족하기 때문에 지금부터 자가 진단을 할 때 가장 중요한 문제를 살펴보겠다.

예산 편성하기

∨

내가 대형 은행의 영업사원으로 일하던 시절에는 금융상품을 상담할 때 정해진 상황이 있었다. 금액 X가 만기되면 새로운 투자 상품이 준비되어 있었기 때문이다. 내가 고객에게 "언제 다시 돈이 필요하세요?"라고 물으면 대부분의 고객은 "아마 3~5년 안에는 필요 없을 거예요"라고 답한다. 모두가 만족하는 거래였다. 고객은 길게 생각할 필요가 없었고, 나는 은행원으로서 상품을 팔았다. 물론 그것은 참으로 의미 없는 일이었다.

구체적인 상품 설명 없이 임의로 투자처를 정해버리는 것은 아무런 소용이 없다. 투자 결정을 내릴 때는 항상 전체 맥락을 파악해야 한다. 앞선 고객의 대답을 살펴보자. '3~5년 안'이라는 말은 '지금 당장은 돈이 필요하지 않아요'라거나 '어디에 돈을 쓸지 아직 정하지 못했어요'라는 뜻이다. 고객의 대답은 수년간 금융상품 상담을 받으면서 사회적으로 정형화된 대답일 가능성이 높다. 그러면 3~5년이

지나고 난 다음에는 어떻게 될 것인가? 그다음 3~5년이 지나면? 그다음, 또 그다음에는 무슨 대답을 들려줄 것인가?

네 개의 항아리

상황은 더 나아질 수 있다. 당신이 첫 번째로 할 일은 다양한 유형의 자본 소비에 대비하여 여러 개의 항아리를 만들고 그것을 차례로 채우는 일이다. 단기적 수요가 필요한 항아리를 먼저 채우고, 그것이 충족되면 중기적 목표를 위해 절약을 한 다음, 다시 장기 목표를 위해 투자를 하는 것이다.

로마에 있는 트레비 분수를 떠올려보면 쉽다. 높은 곳에서 물이 쏟아져 나와 작은 웅덩이를 채운다. 그 웅덩이가 넘치면 조금 더 큰 웅덩이로 물이 흘러들어간다. 이런 과정을 거쳐 마침내 거대한 분수가 가득 찬다. 트레비 분수는 다른 크기의 웅덩이가 모여 있어 자산의 구조화를 잘 보여준다. 수많은 관광객이 던지는 동전으로 물이 더 빨리 차오르기 때문에 자본 투자에 있어 좋은 참고가 된다.

만약 당신이 어떤 형태로든 소비 부채, 즉 자동차 할부금 내지는 신용에 문제가 되는 대출금이 있다면 항상 최악의 것을 먼저 해결해야 한다. 그러나 원칙적으로는 절대 부채가 있어서는 안 된다. 대출을 받는 것은 부동산을 매입하거나 기업의 자금을 조달할 때만 의미가 있기 때문이다.

소비자 대출은 실제로 비용이 많이 들고, 오랜 기간 동안 많은 여

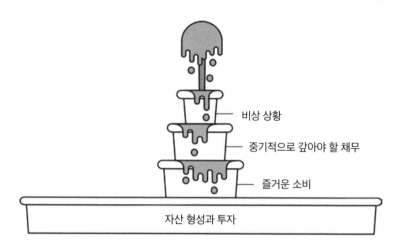

그림 3: 유의미한 소비 유형을 보여주는 분수 모델

비상 상황

중기적으로 갚아야 할 채무

즐거운 소비

자산 형성과 투자

출처: 올리버 슈미트Oliver Schmitt, 마인츠

유 자금이 필요하다. 대출 상환은 고위험 투자 종목에 투자를 해서 얻은 이익이 있어야만 가능하다. 아니면 절대 상환이 불가능하다.

먼저 예상치 못한 비상 상황에 대비할 유동 자산이 필요하다. 유동 자산이 담긴 항아리로는 절대 위험 종목에 투자하는 모험을 해선 안 된다. 왜냐하면 비상 상황이 발생하는 즉시 그 항아리를 사용해야 하기 때문이다. 필요한 경우, 당신은 마이너스 금리 시기에도 유동 자산만은 지켜야 한다. 무위험 이자율이 0이거나 마이너스일 때조차 수익을 약속하는 금융상품이 있다면 그것은 거짓이다.

유동 자산의 규모에서 많이 인용되는 경험 법칙은 자기 소득을 기준으로 최소한 3개월 치 여유분이 있어야 한다는 것이다. 이때는 자동차 수리나 세탁기 수리 같은 예상치 못한 현실 문제까지 염두에 둔다. 내가 생각하는 진정한 위험은 고장난 자동차가 아니라 소득의 손실이다. 따라서 근로 소득 없이도 오랫동안 버틸 수 있는 여유 자금이 반드시 있어야 한다. 이때 필요한 3개월 치 수입 금액의 기준은 생활 방식뿐만 아니라 직업에 따라서도 달라질 수 있다. 당신이 공무원이라면 별 문제가 없겠지만, 자영업자라면 일반 직장인이 실업 수당으로 생계를 유지하는 것보다 더 많은 유동 자산이 필요할 것이다.

당신이 직장을 잃고 나서 바로 이직할 가능성은 얼마나 되는가? 당신은 자기 직업을 얼마나 전망 있게 평가하는가? 어쩌면 자영업이 회사원보다 훨씬 더 안정적일 수도 있다. 각자 처한 상황에 따라서 수개월 치 급여를 전부 저축할 필요는 없다. 다만 그 기간 동안 일어나는 소비를 충당할 수는 있어야 한다. 소득에 따라서도 금액 규모가 크게 달라질 수 있다. 만약 계좌에 예상치를 훨씬 웃도는 금액이 쌓인다면 다른 항아리를 만들어야 한다.

그다음으로 예측 불가하고, 불가피하며, 현재 수입으로 충당할 수 없는 비용이 드는 경우를 대비해 두 번째 항아리 계좌를 확보해 두어야 한다. 여기에는 자산 유지비, 부동산 대출금 또는 특별 상환을 대비한 여유 자금이 포함된다. 이때는 소득의 정도와 자동차 유지비의 중요도에 따라서 비용이 달라진다. 두 번째 항아리도 절대 위험 투자 종목에 쓰여서는 안 된다. 상황에 따라 매우 신중한 투자는 결정할 수 있다. 그리고 3년 이내에 만기가 도래하는 모든 비용을 충당할 준비가 되어 있어야 한다.

세 번째 항아리는 우리가 가장 좋아하는 항아리다. 바로 즐거운 소비에 쓰이는 비용이 든 항아리다. 이것은 생활 조건에 따라 각자 다르게 설정이 가능하다. 정기적 소득으로는 쉽게 얻기 힘든 것을 감당할 때, 이 예산을 확보해두는 것이 중요하다. 필요한 경우 세 번째 항아리의 돈으로 첫 번째와 두 번째 항아리의 손실을 메울 수는 있다. 그러나 이 세 번째 항아리의 돈으로 위험을 감수하는 것도 금지다.

이런 식으로 분할된 예산이 책정된 항아리들이 있으면 당신의 재정적 미래에 긍정적인 영향을 미치고, 여유로운 자금 운용이 가능하다. 당신이 다른 것보다 휴가나 외식, 선물에 약간 더 돈을 쓰는 사람이라면, 합리적으로 짜인 예산은 당신이 세운 또 다른 재정 목표를 위태롭게 하지 않는 데 도움이 된다. 예를 들어 현재 생활 수준을 오래 유지하는 것이 재정 목표가 될 수 있다. 그러려면, 예산은 본질상 유한하므로 소비의 우선순위를 설정해야만 한다. 무분별하게 낭비하는 돈은 얼마인가? 어디에 돈을 썼을 때 나는 행복한가?

반대로 당신이 포기하는 데 익숙하고, 절약하는 것에 윤리적 가치를 두고 자랐다면 소비를 할 때마다 죄책감을 느낄 수밖에 없다. 그러나 앞서 말한 소비 항아리를 여러 개 확보하고 있으면 죄책감을 피하는 데 도움이 된다. 항아리를 만들면서 돈을 다룰 때 중요한 규칙을 배우기 때문이다. 이때 여유로운 자세를 가지고, '시간은 곧 돈'이라고 생각하며 삶에 대한 열정을 키워나가게 된다. 이런 규칙을 배우고 나면 당신은 삶에 낙이 없이 죽어가는 부자는 되지 않을 것이다. 수전노로 살면 합리적인 소비는 고사하고, 일상을 완전히 포기한 채로 재산을 불리기에만 급급하다. 항아리 여러 개를 가지고 있다는 것은 언제라도 필요할 때 그 안의 돈을 쓸 수 있으며, 자신의 재정 상태를 완전히 통제하고 있다는 뜻이다.

항아리 세 개를 제대로 채워두면 자본시장에 위기가 닥쳐도 침착함을 유지할 기반을 마련할 수 있다. 심각한 상황에서 위험에 대비할 수 있고 예측 가능한 지출이 발생할 때 재정적 압박을 받지 않게 된다. 그리고 세 번째 소비 항아리는 앞서 설명했던 자본시장에서 과도한 소비 때문에 생기는 문제를 완화시켜 준다. 이 소비 항아리는 주가 변동이나 잘못된 투자 결정 때문에 생기는 스트레스를 충동적인 소비로 풀어낼 때 생기는 죄책감을 덜어준다.

이제 우리는 트레비 분수에서 가장 넓고 거의 모든 동전이 들어 있는 마지막 웅덩이에 다다랐다. 당신은 이만한 부를 축적하기 위해서 많은 시간을 할애했고, 경우에 따라서는 여러 세대에 걸쳐 투자 활동을 이어왔다. 그것은 잘한 일이다. 부동산 투자든 자본시장 투자든, 초기에는 위험한 투자였더라도 투자 기간이 길어지면 성공 확률이 크게 높아진다. 성공하는 이유는 일부 투자 상품의 경우 소위 비유동성 프리미엄, 즉 일정 기간 동안 돈을 받지 못하는 것에 대한 일종의 보상금이 있기 때문만은 아니다. 이보다 더 중요한 것은 자본시장 투자가 평균적으로 높은 수익을 약속하지만 단기 수익은 예측할 수 없고, 무작위라는 점이다. 따라서 오래 투자할수록 예상 수익 평균치에 접근할 수 있다. 이런 장기 투자를 할 때는 단기 투자 비용이 들어 있는 항아리와 달리, 더 많은 수익을 달성하기 위해 얼마나 많은 위험을 감수할 수 있는지 염두에 둬야 한다.

수익률과 위험

모든 투자 결정의 핵심은 많은 수익을 창출하는 데 있다. 내가 달성하려는 수익률은 얼마인가? 나는 얼마나 많은 위험을 감수할 수 있는가? 두 가지 질문처럼 보이지만 사실은 하나다. 수익률과 위험은 샴쌍둥이처럼 서로 분리할 수 없다. 여기에서 재무 공학자들이 수익과 연관된 위험 프리미엄을 언급하는 이유가 있다. 이 위험 프리미엄의 메커니즘을 명확하게 알아야만 합리적인 결정을 내릴 수 있다.

수익률과 위험은 한몸이다

대부분의 투자자, 금융 컨설턴트와 소위 로보어드바이저(로봇이 컴퓨터 알고리즘을 이용해 고객과 금융 데이터를 분석해서 개인에게 투자 상품을 추천해주는 서비스-옮긴이)들은 위험을 너무 쉽게 생각하는 경향이 있다. 내가 은행 직원 입장에서 나눴던 고객과의 대화로 다시 돌아가보자.

고객은 3~5년간 자금을 투자하길 원한다. 그렇다면 고객은 투자에 동반되는 위험에는 어떤 태도를 취하는가? 일반적으로 투자자의 투자 유형은 안전 추구형, 보수적 투자형, 균형 투자형, 기회 지향형, 투기형의 다섯 가지가 있다. 이 중에서 당신은 어떤 유형에 속하는가? 다시 한 번 말하지만 금융상품 판매원은 이런 분류에 관해 제대로 설명을 안 할 것이 분명하다. 그리고 은행에서 추천하는 상품만 가입해오던 타성에 젖은 투자자는 별 생각 없이 정형화된 대답을 할 것이다. 그러면 금융 판매원은 투자 포트폴리오에 '균형 투자형'이라고 적어넣는다. 균형 투자형이라는 말은 어쩐지 이상적인 표현인 것 같기도 하다.

이런 유형의 투자자에게는 혼합 펀드를 판매하며 5%의 수수료를 떼고, 연간 운영 관리비 1.8%를 청구할 수 있다. 그러나 균형 투자형이라는 프로파일 속에는 모호한 의미가 숨어 있다.

투자 시장이 좋지 않을 때 내가 잃는 것은 무엇인가? 균형 투자형 고객으로 분류되어 20년간 투자 상품에 자금을 넣었을 때, 20년 뒤에는 어떤 일이 일어나겠는가?

이 질문에 대답할 수 있는 사람은 없다. 대개 투자를 할 때 20년이라는 기간은 별 의미가 없다. 늦어도 3년 안에 판매원은 더 나은 투자 상품을 추천할 것이고, 오늘 추천했던 금융상품의 자리는 새로운 증권 계약서가 대체할 것이다. 물론 이 모든 일은 고객이 아닌 은행을 위한 수익 활동이다.

고객에게 상품의 위험성을 숨기려고 금융업계는 전문 용어, 기술 용어와 복잡한 숫자 뒤에 숨기를 좋아한다. 그래서 널리 사용되는 금융업계 용어 중 하나가 '변동성'이다. 변동성은 특정 기간 동안에 일어나는 기초 자산과의 편차를 측정하는 위험 척도 기준이다. 금융업계에서 이런 단어를 사용하는 것이 합리적일 수는 있지만, 일반 투자자에게는 의미가 없다. 변동성이 크다는 것은 무엇이며 변동성이 작다는 것은 어떤 의미인가? 기간 지표는 몇 주, 몇 개월, 몇 년을 나타내는가? 역사적 변동성이나 암시적 변동성을 포함하고 있는가? 정보에 정통한 투자자도 이런 편차를 계산할 때는 혼란에 빠지기 쉽다. 기초 자산과의 편차는 잘 알려진 가우스의 종 모양 곡선처럼 기본 정규 분포를 따르게 된다. 그러다가 가우스 분포에서 곡선이 급격하게 하향곡선을 그리면 정규 분포 곡선에 있을 때보다 변동성이 크게 증가한다. 위험을 측정하는 척도의 규칙성은 당신이 그 규칙에 따라 투자하고 싶을 때면 여지없이 바뀌어버린다. 대체로 변동성에 적용하는 기간 지표 자체도 너무나 추상적이다. '내 인생에서 닥스 지수의 1년간 변동성이 무슨 상관이 있는가?' 이런 질문에 대한 실질적인 답은 없다.

수익 예측에 좀 더 적합한 개념은 최대 예상 손실액Value at Risk, VaR이다. 이 측정 단위는 통계 확률처럼 바람직하지 않은 손실이 발생할 가능성을 예측한다. 예를 들어 신뢰 수준이 95%인 상품의 연간 최대 예상 손실액이 10%라는 뜻은, 상품 손실액이 10%를 넘지 않을 확률이 95%라는 말이다. 그러나 이 가설은 알고리즘이나 위험성을

VaR로 예측 가능하며 통제할 수 있다는 착각을 불러일으킬 수 있어 큰 문제가 된다.[47]

실제로 펀드 매니저는 이 VaR 모델을 사용해도 매번 투자에 실패한다. 최근 코로나 사태에서 첫 번째 위기가 닥쳤을 때 유로화의 최대 손실이 발생했다. 어째서 이런 사태를 사전에 인지하지 못했는지 수많은 분석이 나왔지만, 그 안에 정답은 없었다. 결국 자산 관리자와 투자자는 자산의 손실을 어떻게든 감당해야만 한다. 투자 상품이 손해를 보기 시작하면 추가 손실이 절대 발생하지 않도록 하기 위해 배당금이 대폭 줄어들 것이다.[48]

원하든 원하지 않든 펀드 매니저는 중대한 투자 실수를 할 가능성이 있고, 투자 상품이 손실을 일으켜 위험에 빠질 수도 있다. 이것이 전문가들이 '수익의 함정'이라고 부르는 자산 붕괴의 대표적 현상이다. 위기를 겪고 난 투자 시장은 다시 회복되지만, 고객의 예금은 회복되지 않는다. 이것은 사고도 아니고 예외적인 상황도 아니다. 위험 관리의 일반적인 사례일 뿐이다. 주식이 가진 위험을 통제하려는 시도는 이해할 수 있다. 그러나 무리한 시도는 역설적이게도 영구적인 자산 손실을 초래하며 생활 수준까지 하락시킨다. 이렇게 보면 투자 시장의 현실이 지극히 절망적으로 보인다.[49]

이제 수익과 위험을 다른 각도에서 한 번 접근해보자. 얼마나 높은 잠재적 위험을 감당할 수 있는가? 어떤 위험을 피할 수 있고, 어떤 위험은 피할 수 없는가? 아무것도 하지 않는 것은 얼마나 위험한가?

수익률과 위험 관리

책임 있는 위험 관리의 첫 번째 단계는 평균 주식 수익률이 다소 제한적이라는 사실을 인식하는 것이다. 이와 관련해 1900~2019년까지의 과거 데이터를 미국 달러 기준으로 살펴보겠다. 결과는 냉혹하다. 인플레이션을 감안하면 전 세계적으로 분산된 주식 투자는 지난 120년 동안 5.2% 이상의 수익을 내지 못했다.[50]

수익이 너무 적은가? 현실 상황이 투자자 뜻대로 흘러가지 않으면 아무리 좋은 투자 행위도 소용이 없다. 세계대전을 비롯한 수십 차례의 전쟁, 1929년 이후의 글로벌 경제 위기, 오랫동안 독재 정권이 지배해온 세계, 냉전, 오일 쇼크, 기술 거품 붕괴, 9·11 테러, 금융 위기 등 투자자가 예상하지 못할 변수는 너무 많다. 그렇다면 인플레이션 이후에도 여전히 5.2%의 수익률이 발생한다는 사실은 그리 나쁘지 않다.

여기까지가 수익에 관한 얘기였다. 그럼 위험은 어떤가? 첫 번째로 좋은 위험과 나쁜 위험을 구별해야 한다. 전문가는 좋은 위험을 체계적인 위험, 나쁜 위험을 비체계적인 위험이라고 부른다. 나는 좋은 위험을 '고통에 대한 보상', 나쁜 위험을 '도박과 내기'로도 분류한다. 이것은 투자와 투기의 차이기도 하다.

도박과 내기는 소위 비체계적 위험을 감수한다. 앞서 언급한 유행 투자와 마찬가지로 특정 투자 시나리오, 특정 기업, 특정 산업 또는 특정 지역의 발전에 베팅하는 행위다. 당신에게 자본시장은 제로섬 게임과 비슷하다. 자본시장은 카지노다. 금융 언론이 전하는 금융 시장의 모습을 살펴보자. 뉴스와 무관한 닥스 지수 변동을 뉴스 프로그램 시작 전에 알려주는 관행은 시장이 무작위로 상승하고 하락한다는 잘못된 인상을 심어준다. 특히 뉴스는 언론의 입맛에 따라 날조된 투자 분석 근거가 난무하고 있다. 언론의 투자 시장 브리핑을 참고한 투자 게임이 끝나면 당신은 승자, 또는 더 높은 가능성으로 패자가 될 것이다. 적극적인 투자 행위보다 가만히 앉아 시장 추이를 지켜보며 기다리는 것이 도움이 되기도 하지만, 꼭 그럴 필요는 없다. 당신이 투자한 회사가 파산하고 당신의 투자 시나리오가 제대로 작동하지 않거나, 한 국가가 경제적 위기에 빠져도 시장 경제 법칙에 위배되지는 않는다. 집에서 대화를 나눌 때 부와 지위 그리고 명성이 발언권을 얻는 데 중요한 부분을 차지한다면, 특히 부모(어머니보다는 아버지일 가능성이 높다)가 집에서 성공적인 투자로 얻은 수익에 보람을 느끼는 것은 당연하다. 이럴 때 당신은 타인의 투자 사례를 보고 잘못된 길을 선택하는 우를 범할 수 있다. 또한 당신이 참석한 파티에서 어떤 신사가 자신의 투자 성공담을 떠벌리기 시작한다면 그 장소를 빠져나와야 한다. 당신의 아이들이나 최근 다녀온 휴가에 대해 귀여운 소년 소녀들과 대화를 나누어라. 이것은 당신의 자산을 지키는 데도 도움이 되고 분별력을 잃지 않을 수 있다.

특히 수익성이 높은 주식 자산과 채권 투자가 좋은 점은, 바람직하지 않고 비체계적 위험을 거의 완전히 배제할 수 있다는 것이다. 이것은 부동산 투자와 대비되는 큰 장점 중 하나다. 부동산 투자는 특정 부동산에 엄청난 돈을 투자한 뒤 수익 여부를 따져보는, 위험성이 상당히 높은 투자 방식이기 때문이다.

종합적으로 따져보면 자본시장은 제로섬 게임이 아니다. 투기가 아닌 투자를 하면 지난 200년 동안 경이적인 부를 생산해낸 자유 자본주의, 자유시장 경제를 견인하는 일원이 된다.[51] 자본주의의 기본 원칙은 정당한 비판과 함께 작동한다는 점이며, 여기에 다른 대안은 존재하지 않는다. 어떤 사업가의 아이디어를 상품화하려면 원자재, 노동력, 그리고 자본이 필요하다. 이 세 가지 요소는 모두 장기간에 걸쳐 지원해야 한다. 사업가는 원자재를 구입하고 노동력을 보상해줘야 하고, 자본 분야에는 당신이 투자자로서 참여할 수 있다. 당신은 사업가의 생각이 잘못되었거나 투자금을 완전히 잃을 수 있는 위험을 무릅쓰고 투자를 한다. 경우에 따라서는 어떤 비체계적인 위험으로 실패할 가능성도 있다. 자유시장 경제가 존재하는 한 장기 투자에 대한 기본 합의(체계적 위험에 대비 가능)가 있어야 한다.[52]

최악의 상황에 대비하려면

마지막으로 할 일은 비교적 단순하다. 전 세계 모든 시장과 업종에 걸쳐 당신의 주식 투자를 일관되게 다양화하기만 하면 된다. 물론 이때 단기나 중장기 계획에 맞춘 항아리를 유동 자산으로 채워둬야 시간 압박을 받지 않는다. 자산 항아리를 마련해두면 아주 심각한 자본시장의 위기에서도 안심할 수 있다.

합리적 투자에서 다른 어떤 직군보다 가장 어려움을 겪고 있는 것은 바로 기업가다. 그 이유는 무엇인가? 기업가가 되는 것은 종종 큰 위험을 감수하는 일이다. 기업가는 자신의 시간, 에너지, 그리고 최종적으로 많은 돈을 사업 아이디어에 투자한다. 어떤 기업가는 위험을 거의 인지 못할 정도로 자기 사업의 성공 가능성을 지나치게 과신한다. 그래서 사업 방향을 90도, 180도로 바꿀 생각을 하지 않고, 예상치 못한 상황에 닥치면 과감한 결정을 내리지 못한다. 이런 기업가는 틈새시장을 공략하거나 새로운 사업을 시도할 수도 없다.

기업가가 된다는 것은 비체계적인 위험을 감수함을 의미한다. 그래도 여기까지는 보통 일어날 수 있는 일이다. 지금부터 아주 위험한 사고 오류가 등장한다. 기업가가 자기 사업을 성공으로 이끌면 투자를 받을 때도 유리하다. 그러나 지속해서 사업을 다각화하기만 하고 선택과 집중을 하지 않으면 통제력을 상실한다. 기업가가 자기 사업을 통제한다고 여기는 것은 착각이다. 자신의 노하우와 자기 사업에 관련된 정보 획득에 유리한 위치에 있는 것을 바탕으로 기회를 식별하며 위험을 감수하는 것이 기업가가 할 일이다. 반면 자본시장에 투자자로서 뛰어드는 기업가는 거의 모든 일반 투자자와 동일선상에 있다. 자본시장에서 기업가는 자신이 투자하는 기업에 어떠한 영향도 끼치지 못하고, 아무 정보도 받을 수 없다.

당신이 기업가라면 알아둘 것이 있다. 당신은 기업 활동을 통해 부자가 된다. 자신의 에너지를 쏟고 위험을 감수하며 감정을 지속해서 투자해야 한다. 자본 투자의 목적은 다시 가난해지지 않는 데 있다. 당신의 사업을 위해 장기적으로 회사에 당장 필요하지 않은 돈은 안전한 곳에 보관해야 함은 물론, 실제로도 단단한 방화벽 안에 넣어두는 수준으로 보호해야 한다. 진정한 주도권은 지배할 수 있는 것과 없는 것을 인식할 때 생겨난다. 이것은 대개 유례없이 큰 성공을 거둔 영리한 사람들에게서 나타나는 특성이다. 처음에는 통제력의 상실을 받아들이기 힘들겠지만 결국에는 불필요한 부담감을 덜어낼 수 있다.

얼마나 많은 손실을 감당할지 예측하려면 단순한 경험 법칙을 사용하는 것이 좋다. 이런 법칙이 적용된 금융 용어가 바로 최대 낙폭 Maximum Draw Down, MDD이다. 이것은 최대(역사적 또는 가상의) 손실을 뜻한다. 매매 활동에 중점을 두고 있는 당신의 투자 포트폴리오는 저위험 채권과 고위험 주식으로 구성된다. 위험의 영향력을 시뮬레이션하려면 위험이 발생하는 동안 주식 구성 비율이 절반으로 줄고, 저위험 투자 포트폴리오는 안정적으로 유지된다고 가정해보면 된다. 이런 경험 법칙은 상황이 더 나빠지지 않도록 보장해주지는 않더라도 꽤 견고한 보호막이 되어준다.

주식시장이 하락할 때 대처하는 법

당신의 주식 배당금이 높을수록 주식 구성 비율이 절반으로 줄어드는 상황은 상당히 고통스러울 수 있다. 당신이 입은 손실액을 오페라 관람, 휴가, 중형 차량에 빗대어 보면 더욱 생생하게 느껴질 것이다. 그래서 나는 주식시장이 하락할 때 느껴지는 감정에 관해 몇가지 이야기하고자 한다.

시장 상황이 불확실할 때는 너무 많이 기대하는 것보다 적게 기대하는 게 좋다. 손실 금액을 생각하며 고통스러워하고 그 상황을 묵묵히 버티는 것은 소용없다. 그것은 너무 힘든 일이고, 삶의 질을 저하시킬 수도 있다. 긴장의 끈을 놓을 수 없다면 최소한 분별 있게 역경에 대처해야 한다. 여유를 갖고 자신의 상황을 여러 가지 색으로 시각화하는 시간이 필요하다. 이때 쓰이는 단위는 비율이 아니라 금액이다.

당신이 얼마나 오랫동안 돈을 모았고 절약했으며 그 돈을 모으려고 어떤 대가를 치렀는지 떠올려보자. 이제 당신이 기록한 숫자 중에 빨간색으로 굵게 표시된, 계좌 잔액이 최저점을 기록했던 시기를 돌아보자. 그때는 당신이 〈타게스샤우〉, 〈빌트〉 같은 언론이 떠들어대는 경제 붕괴 시나리오에 영향을 받았던 때다. 명심하라. 당신이 한 대 맞았다고 생각만 하는 것과 실제로 한 대 얻어맞는 것은 큰 차이가 있다. 복싱 헤비급 세계챔피언 마이크 타이슨Mike Tyson은 이렇게 말했다.

"누구나 그럴듯한 계획을 가지고 있다. 단, 얼굴을 한 대 맞기 전까지는."

그다음 경험 법칙은 투자 포트폴리오가 손실을 회복하는 데 걸리는 시간을 추정할 때 쓰인다. 일반적으로 손실 회복은 비교적 빠르고 갑작스럽게 시작된다. 그래서 자본시장이 위험하다고 투자를 철회하는 건 좋지 않은 생각이다. 2000년 3월이나 1970년대와 같이 길어지는 고난의 시기는 드물게 일어나는 현상도 아니다. 그리고 당신이 실제로 장기 투자를 한다면 그렇게 비극적인 경험도 아니다. 손실 기간이 길어질 때는 다음과 같이 접근해보자. 투자 포트폴리오상 주식 배당금이 10% 늘어날 때마다 한 번 도달한 가격 수준으로 돌아가기 위해 1년이 필요하다고 가정한다. 주가가 50% 이상 변동하면 추가로 1년이 더 필요하다. 이것은 과학적으로 정확한 계산을 거쳐 산출된 수치도 아니고 주식시장이 더 나빠지지 않는다는 보증도 아니다. 그러나 당신이 손실의 시기를 버틸 수 있는 확실한 근거가 된다.[53]

이 경험 규칙을 사용하면 어떤 투자 포트폴리오가 내가 설정한 목표를 실현시켜줄 수 있고 심리적인 부담을 덜어줄 수 있는지 알 수 있다. 마지막으로 경험 규칙과 경험을 통해 얻은 가치를 결합해 구체적으로 예를 들어보겠다.

여기 60%의 주식과 40%의 저위험 채권으로 구성된 포트폴리오가 있다. 현재 제로 금리로 인해 채권은 0.0%의 수익률을 내고 있으며 주식 수익률은 과거 기준 인플레이션이 반영된 5.2%라고 가정한다. 장기 투자를 하는 경우 인플레이션 반영 후 3.12%의 예상 수익률에 도달한다. 이때 비용과 세금 산출 공식은 다음과 같다.

$$5.2\% \times 0.6 + 0.0\% \times 0.4 = 3.12\%$$

경험 법칙에 따르면 위험할 때 주식 비율이 절반으로 줄어들 수 있으며, 이때 30%의 일시적 손실을 감수해야 한다.

$$60 \div 2 + 40 = 70$$

따라서 투자금이 10만 유로라면 7만 유로가 남는다. 이것은 재정적으로 크게 영향을 받지 않는 손실이어야 함은 물론 심리적으로도 이 정도 손실이 생겼을 때 무너지지 않아야 한다.

또한 두 번째 경험 법칙에 따르면 다시 수익이 생길 때까지 7년간 최악의 시간을 버틸 준비가 되어 있어야 한다. 10% 배당금을 6번 받았기 때문에 버텨야 하는 6년이 있고, 나머지 1년은 주식시장이 50% 이상 변동할 때 발생한 배당 수익 10% 때문이다.

투자 기간이 길수록 실질 수익이 날 가능성이 커진다. 20년 또는 10년 이상을 두고 투자하는 것이 좋다. 위의 사례를 보다시피 투자 기간이 7년 미만이면 투자하는 의미가 별로 없다.

위험할 때는 아무것도 하지 말아야 할까?

많은 사람이 너무 적은 보상에 비해 너무 많은 위험을 떠안는다고 생각할 수 있다. 따라서 가만히 있는 것으로 이 문제를 해결하려는 것은 딱히 현명한 방법은 아니지만 이해할 수 있다. 그러나 아무런 행동을 하지 않으면 정말 위험이 없어질까? 계좌에 그냥 돈을 남겨두면 합법적으로 은행에 돈을 빌려주는 것이나 다름없다. 어떤 은행에는 제대로 작동하는 사업 모델도 없고, 금융상품 운영 비용은 높은데다 마이너스 금리에 불안을 느끼는 고객만 가득하다. 그리고 어쩌면 아직도 디지털화에 뒤떨어진 상태일 수도 있다. 이런 은행 계좌의 잔액은 10만 유로를 넘지 않아야 한다. 이 금액은 위험 상황에서도 국가가 보증하는 예금자보호법의 보호를 받는다.[54] 반면 예금보호기금이나 저축은행, 신용협동조합의 예금 보장 범위는 제한적이다. 나는 은행이 파산할 가능성이 있다고 생각하지는 않지만, 은행에서 문제가 발생하면 소위 '심각한 위험deep risk'의 희생자는 바로 당신이 된다. 당신은 오랜 기간에 걸쳐, 되돌릴 수 없고 심각한 재정 손실을 입을 것이다.[55]

사실 진짜 문제는 바로 인플레이션이다. 이미 언급한 바와 같이 독일인의 DNA에는 1923년 초인플레이션에 대한 두려움이 각인되어 있다. 반면에 '정상' 인플레이션은 그냥 무시되곤 한다. 마이너스 금리 문제는 빙산의 일각에 불과하다. 독일 금융 자산의 70% 이상은 오래전부터 일반 예금 계좌와 생명보험에 치중되어 있다. 이런 자금은 인플레이션 위기 앞에 (전반적으로) 취약하다.[56] 코로나 위기에서 일어난 병적인 현금 축적 현상이 사상 최고치를 경신하기도 했다.[57] 나와 같은 직업을 가진 사람에게는 이런 현상은 충격적이다. 내가 이런 감정을 더 강렬하게 느끼는 이유는 예전부터 지켜온 나만의 가치가 있기 때문이다. 나는 이렇게 생각한다.

'나는 금융 전문가로서 절대 추측하지 않는다.'

'나는 돈을 벌기 위해 이 일을 너무나 열심히 하고 있다.'

비도덕적인 사람은 자본 투자를 지저분하고 신뢰할 수 없는 제로섬 게임이라고 생각한다.

투자하지 않는 행동의 또 다른 변형은 투자를 영원히 미루는 것이다. 이런 행동을 하는 사람은 지금은 모든 것이 불확실해서 다음 투자 기회를 기다리고 있다고 말한다. 그래서 그리스, 이탈리아, 독일, 미국, EU집행위원회의 다음번 선거 결과를 주시하거나 EZB, 연방준비제도Fed, 미국과 중국의 무역 전쟁 추이를 지켜본다. 그리고 코로나 백신 개발 상황이나 차기 U21 축구 경기를 기다린다. 투자를 미루기만 하는 사람들은 이렇게 말한다.

"나는 정말 투자를 하고 싶지만 지금은 상황이 너무 급박하게 돌아가고 있고, 너무 부담스럽기도 해서, 결정을 내리기 힘드니 사정이 좀 더 명확해지고 형세가 변할 때까지 기다려 볼 거야."

투자를 미루는 이유는 수시로 바뀌지만 결론은 하나다. 결국 지금은 투자를 하지 않겠다는 것이다. 이런 사람이 코로나 사태와 같은 위기가 닥쳤을 때 과감하게 행동할까? 절대 아니다. 초기 자본을 100만 유로로 가정하면 매년 1.5%씩 늘어나는 인플레이션율 때문에 5년 내에는 구매 손실이 7만 1740유로, 10년 내 13만 8332유로, 20년 내 25만 7529유로의 구매력 손실로 이어진다.[58] 이 시점에서 위험 없는 자본 투자 활동으로 삶의 질을 높여보려는 노력은 소용이 없다. 상당히 우울한 상황이다.

여기까지 재정 기술적 측면에서 바라본 위험에 관해 얘기해봤다. 그렇다면 자본시장에서 발생하는 위험은 당신의 인생 계획에 정확히 어떤 의미가 있는가?

투자자는 숫자에 기반을 두고 고도로 합리적인 사고를 하는 데 수준급의 실력을 갖고 있다. 그러나 단기적인 수치만으로 위험을 계산하지 않으며, 자신의 인생 계획을 투자 활동에서 중요하게 여기지 않는다. 왜냐하면 인생 계획이 위험하다고 해서 지금 당신의 증권 계좌에 빨간색이 나타나지는 않기 때문이다. 이것은 투자자에게 일시적인 손실에 대한 불편한 감정을 불러일으킬 뿐이다. 당신의 지인이 작년에 당신보다 3% 더 많은 수익을 낸 펀드를 구입한 것도 위험이 아니다. 위험에 대해 너무 복잡하게 생각하지 말라. 합리적인 투자 전략을 추구하고 충분한 재정적 여유가 있으면 1~3년 후에 자기자산에 어떤 변동이 생길지는 크게 중요하지 않다.

당신이 저지른 심각한 실수 때문에 당신이 세운 인생 계획을 하향 조정해야만 할 때가 바로 위험한 상황이다. 위험을 다룰 때는 한눈에 들어오는 재무계획표에서 나온 당신의 상위 가치와 목표 설정을 훼손하지 않도록 해야 한다. 이때 가장 중요한 것은 돈이 아니라 삶의 질이다. 정확히 말해 당신이 자기 삶의 질을 확보하고 시간 여유가 생기고, 당신에게 중요한 가치를 설정한 다음에야 비로소 돈이 중요해진다. 노년에 휴가를 떠날 때, 좋은 의료 서비스를 받고 싶을 때, 자녀의 학비를 마련해야 할 때 등이다.

호주로 이민 간 딸을 방문하려는 노부부에게 위험이란 일등석 비행기 표를 구입하지 못하는 상황이다. 특히 아버지는 이코노미석을 타거나 방콕에서 비행기를 환승하는 일은 상상도 할 수 없다. 일등석 비행기 티켓을 끊는 것은 그에게 사치가 아니라 자신이 정한 삶의 기준과 관련이 있었다.

투자를 결정하는 행동이 반드시 위험 요소를 제거해주지는 않는다. 그러나 투자의 성공 가능성을 획기적으로 높일 수 있는 다양한 방법이 있다. 자산을 모아둔 항아리의 기한에 유의하라. 항상 나쁜 위험, 즉 비체계적인 위험을 피해야 한다. 심리적으로 감당할 수 없을 정도로 높은 위험률이 동반된 투자 상품에 대해 독일 투자시장의 모든 투자자들이 겪고 있는 전형적인 질병이 있다. 바로 위험 노이로제다.

돈으로 행복을 사는 두 번째 방법

당장 이번 주 내로 3개의 당좌예금 계좌를 개설하라. 각 당좌예금 계좌에 계좌이체를 설정하라. 계좌 중 하나는 비상 예산, 다른 하나는 중기적 투자 예산, 마지막 하나는 즐거운 소비를 위한 용도로 저축하자.

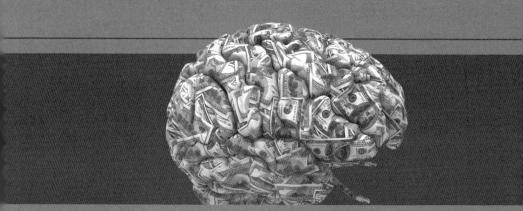

Über Geld nachdenken

3

어디에 투자할 것인가

완전함은 더 이상 추가할 것이 없을 때가 아니라 더 이상 제거할 것이 없을 때 완성된다.[1]

- 생텍쥐페리

결정을 구체적으로 실행에 옮길 때 당신은 각 결정 단계마다 다음과 같은 핵심 질문을 던져야 한다. 내가 누구를 책임지고 있는가? 내가 아무것도 하지 않는다면 어떻게 되는가? 절대 일어나선 안 되는 일은 무엇이며, 최악의 경우 발생할 수 있는 사건은 무엇인가? 내가 이 결정을 내리면 내가 세운 목표와 더 가까워지는가? 이 결정으로 인해 나의 삶의 질이 조금이라도 더 나아질 수 있는가?

각각의 결정을 내릴 때마다 이런 질문을 던지면서 비판적으로 점검해봐야 한다. 세부 사항까지 모두 나열할 필요는 없다. 당신이 자신의 적이 누군지 알고 중대한 실수를 피하며, 예산과 위험을 다룰 수 있는 훌륭한 기본 결정을 내렸다면 이미 많은 것을 성취한 것이나 다름없다.

07

투자:
단순함이 다양성을 이긴다

수많은 사람이 투자 시장에 뛰어들었다가 너무나 복잡한 투자 과정 때문에 금방 질려버리고 만다. 이런 투자자들은 세부적인 사안까지 직접 결정해야 된다고 생각했을 것이다. 그러나 그런 행동에는 놀라울 정도로 높은 위험성과 부작용이 뒤따른다. 어떤 투자자는 반영구적인 계획을 세우고 결국 실행에는 옮기지 못하고 만다. 그들은 막대한 현금을 보유하고도 최선의 해결책을 찾지 못해서 앞으로 나아가지 못한다. 또 다른 투자자는 자산 구조를 끊임없이 수정하는 데만 정신이 팔려서 원래 명확하고 관리 가능했던 전략을 서서히 무너뜨리고 만다. 어떤 전형적인 투자자는 많은 수익을 내는 증권 계좌를 가지고 있지만, 수익 구조가 너무 복잡해서 이와 비슷한 투자 포트폴리오를 다시 만드는 데 흥미를 느끼지 못한다. 그 결과, 투자 개요를 보는 관점을 상실하고 마구잡이식으로 투자를 해버린다. 그래서 나온 대안은 더욱 비관적이다. 투자자들은 자산의 너무 세부적인 사안까지 들여다보느라 사회생활도 포기하고 건강까지 해친다. 대체 이들은 친구, 배우자, 아이들까지 버려두고 뭘 하고 있는가? 바비큐 파티를 하고, 책을 읽거나 스키 여행을 떠나는 것이 더 낫지 않겠는가? 내 고객 중 한 사람은 이렇게 말한 적이 있다.

"내가 가진 돈에 대해 너무 많이 생각하면 결국 나에게는 좋지 않을 거라고 여긴 적이 있습니다."

나는 매주 또는 매일 몇 시간씩 돈 생각만 하느라 다른 일을 할 여유가 없는 사람을 계속 마주하고 있다. 그들은 투자 시장에 존재하지도 않는 완벽한 투자를 추구한다.

나는 10여 년 전 아침 7시 30분부터 저녁 7시 30분까지 매일 자신의 자산을 관리하고 대안을 마련하느라 골머리를 앓던 사람을 만났다. 그는 하루에 수천 유로씩 거래를 했지만 그 돈이 '자기 뜻대로 움직이지 않는다'고 생각했다. 그가 내 기억에 또렷하게 남은 이유는 현금 자산을 1억 유로나 가지고 있는 사람을 실제로 만난 게 처음이었기 때문이다. 그리고 그만한 재산을 가지고서도 기쁨을 느끼지 못하고, 자기 재산을 마음껏 즐기면서 사용하지 못하는 사람도 처음이었다.

소수점 아랫자리까지 돈을 계산하노라면 분명히 당신은 외롭고 불행해지고 말 것이다. 특히 투자 시장에서 최선의 해결책은 항상 찾을 수 있는 게 아니다.[2] 그러므로 너무 불안해할 필요는 없다. 이런 해결책을 찾지 못해 불안에 사로잡힌 사람은 아무도 도울 수 없다. 스스로 자기감정에서 빠져나와야 한다. 나는 이런 현실에 깊은 슬픔을 느낀다.

세상에서 가장 단순한 포트폴리오

∨

당신에게 필요한 것은 세계 최고의 투자 상품이 아니라 관리가 가능하고 계속 구현 가능한 투자 전략이다. 당신의 목표에 맞는 단순한 해결책이 필요하다. 좋은 해결책은 있는 것만으로도 충분하다. 사실 중요한 것은 지배력과 단순성인데 성공 요인에서 이런 부분을 상당히 간과하고 있다.

당신은 파레토의 80/20 법칙(전체 성과의 대부분이 몇 가지 소수의 요소에 의존한다는 법칙-옮긴이)을 들어본 적이 있을 것이다. 이 원칙은 전체의 20%가 결과물의 80%를 가져간다는 의미를 담고 있다. 그러면 남아 있는 결과물 20%를 얻기 위해 80%의 노력이 필요하다. 자본 투자 시장에서는 80/20이 아니라 90/10의 법칙이 적용된다. 전체의 10%가 90%의 결과물을 가져가고 나머지 90%는 잠재적으로 다시 파괴될지도 모르는 투자 목표치를 달성하기 위해서 노력한다. 다시 한 번 말하지만 당신에게 필요한 것은 세계 최고의 투자 상품이 아니다. 관리가 가능하고 계속 구현 가능한 투자 전략만이 복잡성을 해결하는 열쇠다.

단순성 외에도 만성적으로 과소평가되는 투자 전략 중의 하나는

167

바로 연속성이다. 은행, 재무관리사, 금융 언론은 너무 소란스럽고, 계속해서 의견을 바꾸고 있다. 매달 요란스럽게 등장하는 금융상품이 꼭 하나씩은 있다. 글로벌 자산운용사인 디맨셔널펀드어드바이저스Dimensional Fund Advisors를 설립한 데이비드 부스David Booth의 말이다.

"투자 철학에서 가장 중요한 것은 한 가지 원칙을 고수하는 것이다."

당신이 몸무게를 10킬로그램 뺀다고 해보자. 어떻게 해야 다이어트에 성공할 수 있을까? 세 달에 한 번씩 새로운 다이어트 비법을 시도해보거나 식단표를 계속 바꾸겠는가?

전체적으로 먹는 양을 줄이고, 지방과 설탕은 적게 먹으면서 과일과 채소를 많이 먹어야 살이 빠진다. 더불어 일주일에 세 번 운동

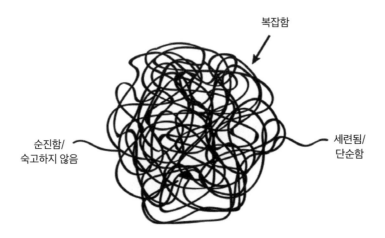

그림 4: 복잡성이 해결되면 좋은 해결책이 발생함

출처: ©behaviorgap

을 해야 한다. 여기서 적용되는 원칙은 '야채를 더 먹고 제발 움직여라'는 것이다.

다이어트와 비슷하게, 단순한 투자 원칙도 이해하기는 쉽지만 막상 실행하기가 참 어렵다. 당신이 어떤 상품에 투자할지 구체적으로 정하기 전에 당신에게는 적절한 상품의 포장재, 즉 상품 카테고리가 필요하다. 이때 사용하는 선택 수단은 ETF로서, 운용사의 적극적인 의사결정 없이 단순히 지수를 추적하는 인덱스 펀드다. 닥스, 유로 스톡스 50, 미국 S&P 500은 모두 이런 인덱스 펀드의 일종이다. 펀드 투자에서 펀드 매니저가 적극적으로 관리하는 걸 그리 좋아하지 않는 사람에게는 이런 인덱스 펀드를 추천한다.

ETF 투자의 본질

펀드 매니저가 적극적으로 관리하는 펀드의 경우에는 무의미한 분석과 예측을 하고 더 나은 성과를 제공하기 위해서 결국 실패하는 투자에 많은 돈을 낭비한다. 그래서 펀드 매니저가 적극적으로 관리하는 펀드는 비체계적인, 즉 나쁜 위험을 겪게 된다. 반면 ETF는 인덱스 지수에 있는 모든 주식을 매수하고, 지수를 그대로 복사하는 펀드다. ETF는 나쁘고 비체계적인 위험을 사전에 차단한다. 적극적으로 펀드 매니저가 관여하는 펀드와 달리 펀드 매니저의 노력은 상대적으로 아주 적게 들어가고, 운영 비용은 10분의 1 정도로 저렴하다. 그리고 보통의 인덱스 펀드와 달리 ETF의 경우에는 특별 자산이라는 것이 별도로 있다.[3] 따라서 별다른 사전 지식 없이 리먼 브라더스에 투자했다가 전 재산을 날린 할머니와 달리 상품 발행인, 즉 ETF 발행 업체가 파산하더라도 투자금을 보전해줄 수 있다.

이 시점에서 당신에게는 아주 강력하고 긴급한 경고가 필요하다. ETF 상품이 있다고 해서 문제를 근본적으로 완전히 해결할 수는 없다. ETF는 그저 수단일 뿐이다. 이것은 마치 돌과 같아서 당신이 적합한 돌을 선택해 집을 짓는 데 주춧돌로 사용하는 것과 비슷하다. 수많은 돌이 있지만 집을 짓기에 적합한 돌은 그리 많지 않다. 어떤 돌은 그냥 집어던지는 것이 더 나을 때도 있다. ETF의 가장 큰 문제는 그 발행량이 엄청나다는 데 있다. 2020년 중반까지 독일에서 판매가 승인된 ETF 상품만 1796개였다. 나는 이 중에 최대 5%만을 정상적인 ETF 상품으로 간주하며, 그다음 5%는 어느 정도 관리 가능한 영역에 있다고 생각한다. 그러나 그 이외의 펀드 상당수는 유해하다. 이것들은 파생 상품, 하락하는 주식시장에 베팅하고, 헤지펀드 ETF 상품이거나 외환 투기 상품들로 구성되어 있다.

당신은 이런 돌로는 절대 집을 지을 수 없다. 돌의 형태가 불안정하고 제멋대로 생겼기 때문이다. 더 좋지 않은 점은 개인 투자자들이 ETF를 이용해서 자신들이 생각하는 기준대로 적절한 시기에 자본시장에 빠르게 진입하고 빠져나가는 일이 발생하는 것이다. 그들은 ETF보다 불리한 기존 주식 펀드를 거래하는 사람들보다 더 자주 투자 포트폴리오를 수정한다. ETF 투자자는 너무 빈번하게 투자 포트폴리오를 바꾸는 바람에 기존 주식 펀드 투자자보다 오히려 손실을 보는 경우가 많다. 이것은 당신의 증권 계좌에도 부정적인 영향을 끼친다.[4] 그러면 상품 카테고리가 훨씬 좋은데도 수익은 더 낮아지는 터무니없는 결과가 발생한다.[5] 이렇게 손해만 나는 ETF에 계속 투자하는 것은 자기 머리에 돌을 던지는 행위와 같다.

ETF로 포트폴리오 구성하기

그러면 ETF로 유의미한 투자 포트폴리오를 구성하는 방법은 무엇인가? 앞에서 설명했듯이, 포트폴리오는 저위험 채권과 고위험 주식의 두 가지 요소로 구성되어 있다. 저위험 채권부터 먼저 살펴보겠다.

저위험 채권 포트폴리오의 구성에 필요한 것은 최고의 신용등급을 가진 단기 채권이다. 신용등급이 보장되어야 ETF를 통해 상환 능력이 거의 확실한 국가나 회사에 돈을 융통해준다. 이 기간은 최대 3년이다. 이런 투자 방식으로 채권의 가격 변동 위험성을 가능한 낮게 유지해 자본시장이 침체되었을 때 필요한 시기에 안정성을 확보할 수 있다. ETF 홈페이지에서 투자자가 추구하는 안정성에 적합한 ETF 상품을 찾을 수 있다. 홈페이지 검색창에 '블룸버그 버클레이스 1~3년 유로 국채', '유로 국채 1~3' 또는 '유로존 국채 1~3' 같은 지수를 입력하면 좋은 투자처를 찾을 수 있다.[6]

시장이 좋을 때 특히 낮아지는 위험성을 견뎌야 한다. 왜냐하면 이 시기에는 많은 돈을 벌 수 없기 때문이다. 이 상황에서 예외적으로 돈을 벌 수 있는 금융상품은 없다. 이것은 사실 제로 금리 이슈에 묻혀 뉴스거리가 되지는 않지만 항상 규칙적으로 발생하는 상황이다. 1990년대 이후 금리는 꾸준히 하락하고, 채권 가격은 이례적으로 상승하면서 투자자의 이목을 끌고 있다. 미국의 경우, 인플레이션 이후 단기 국채 이율이 지난 120년간 평균 0.8%에 불과하다는 결론이 나온다. 여기서 세금을 제외하고 나면 실질적으로는 이자율은 마이너스다. 독일의 미래도 이와 크게 다르지 않을 것 같다.[7] 제로 금리 환경은 이러한 새로운 현실을 간과할 수 없게 만든다.

이론적으로 연금 상품의 수익률을 높이는 두 가지 합리적인 방법이 있다. 신용등급이 낮은 상품에 투자하거나, 투자 기간을 늘려서 장기로 투자하는 것이다. 신용도와 관련해 재정적으로 더 열악하거나 어려운 국가와 회사에 돈을 빌려주면 그들이 상황이 나아졌을 때 더 높은 수익을 돌려받게 된다. 그러나 당신의 투자금을 두 번 다시 되찾지 못할 위험도 있다. 이 위험도가 얼마나 높거나 낮은지는 S&P 또는 무디스의 신용등급을 살펴보면 가장 잘 알 수 있다. 이들의 분류 기준에 대해 종종 비판이 있긴 하지만 트리플 A(최고신용도)에서 싱글 D(부실)까지 구분된 표는 기본적으로 매우 신뢰할 만하다.

오랜 기간 채무자에게 돈을 빌려주면 더 높은 위험 프리미엄을 받는다. 돈을 빌려주고 시간이 경과할수록 채무자에게 더 많은 문제가 발생할 수 있다. 예를 들어 장기 미국 국채는 지난 120년 동안 인플레이션 후 단기 채권보다 2배 이상 높은 2.0%의 수익률을 기록했다.[8] 이것은 처음에는 좋아 보여도 몇 가지 문제가 있다.

첫째, 장기 또는 낮은 신용 등급에 대한 추가 위험 프리미엄은 현재 매우 낮다. 따라서 잠재적인 손실에 대한 대가가 매우 크다.

둘째, 금리 상승 환경에서는 오랫동안 높은 손실을 감수해야 한다. 금리가 1% 인상되면 10년 만기 채권은 약 10% 손실을 기록한다. 만기가 올 때까지 버틸 수는 있겠지만 몇 년에 걸쳐 받는 이자는 신통치 않다.

세 번째가 최악의 단점이다. 자본시장 위기에서 기업과 국가가 직면한 위험은 거의 불가피하게 재평가되고 더 비판적으로 평가한다. 그래서 채권 구성 요소는 안정성을 견인하는 역할을 하기 때문에 구조조정의 압력을 받는다. 이미 재정적으로 취약한 회사의 채권(소위 정크 펀드)과 신흥 시장의 채권은 폭락장에서 주가만큼이나 가치가 심각하게 하락할 수 있다. 채권에 대해 환상을 가져서는 안 된다.

저위험 포트폴리오 구성 요소의 과제가 위기 시 안정성을 보장하는 것이라면 이런 형식적인 과정은 무의미하다. 그래서 실질 수익률이 마이너스라면, 그런대로 받아들여야 한다. 나머지는 희망적 관측에 의존한다. 포트폴리오를 항상 전체적으로 생각하고 투자 항목을 개별로 떼어 생각하지 말라. 투자 항목을 분리해 평가하는 것은 수십 년간 이어진 투자 활동으로 습득한 사고 오류다.

투자 포트폴리오의 위험 항목은 수익을 책임지는 부분이기도 한다. 비체계적이고 나쁜 위험을 감수하는 것이 무의미하다면, 개별 회사, 산업 또는 국가에 베팅하는 것은 비합리적이다. 따라서 ETF는 가능한 광범위하게 확산되는 방식으로 선택해야 한다.

유용한 인덱스로는 예를 들어 MSCI ACWI IMI가 있다. 복잡하게 들리겠지만, 그렇지 않다. MSCI는 세계에서 가장 중요한 지수 제공 기업이다. 이 기업은 1969년부터 MSCI 월드 지수를 계산해왔다. ACWI는 'All Country World Index'의 약자로, 기존 23개 산업 국가의 주식시장뿐만 아니라 26개 신흥 국가의 주식시장을 추적하는 지수다. 그리고 IMI는 'Investable Markets Index'의 약자로 대형주로 꼽히는 초대형 기업뿐만 아니라 중소기업까지도 포함하는 지수다. 전체적으로 이 세 개의 인덱스에는 거의 9000여 개의 기업이 속해 있다. 따라서 MSCI ACWI IMI와 관련된 ETF는 모든 국가, 산업과 기업에 걸쳐 전 세계에 투자된다. 우리가 알아야 할 위험 항목은 이것이 전부다. 정말 그럴까? 정말이다.

내가 위험을 너무 단순하게 말해서 저항감이 생기는 것은 놀랍지 않다. 그렇다면 자산 관리사는 위험을 어떻게 생각할까? 나는 다음과 같은 질문(그리고 대답)을 할 때면 육체적인 통증을 느낄 지경이다.

이것이 최적의 구성요소로 이루어진 주식인가? 아니다.

투자 항목별로 너무 세분화해서 투자할 필요는 없지 않을까? 그렇다.

나의 투자 포트폴리오에 팩터Factor 기반 스마트베타Smart Beta ETF(3세대 상장지수 펀드-옮긴이)를 포함시켜야 하지 않을까? 당연하다.

현재 연 0.4%의 운용 수수료로 투자 가능한 상품은 ETF치고는 너무 비싸지 않나? 그렇다.

저항감을 해결할 방안은 충분히 있다. 이것은 실용적이고, 오래 유지할 수 있고, 주기적으로 저장할 수 있고, 수정할 필요도 없다. 바로 투자 포트폴리오에 가능한 주의를 기울이지 않는 것이다. 그래야 당신이 투자 활동을 통해 이득을 볼 수 있다.

그래도 관심을 덜 기울이는 게 여전히 힘들다면 일단 3개의 ETF에 투자해 위험에 대비하면서 연간 0.10~0.15%의 관리 비용을 절약하면 된다. 산업 국가의 대기업 ETF, 개발도상국의 ETF 그리고 전 세계의 소규모 기업 지수를 매핑하는 ETF를 선택하라. 투자 포트폴리오에 MSCI 월드지수 75%, MSCI 이머징마켓 지수 10%, MSCI 월드 스몰캡 15%와 같이 적절한 인덱스 가중치를 줄 수 있다.

물론 더 나은 해결책은 항상 있다. 그럼에도 나는 이렇게 활용도 높은 투자의 구성 요소를 포기하지 않을 것이다. 그러나 당신이 정말 이 문제에 관심이 없다면 얼마든지 그만두겠다. 만약 당신이 시간을 들여 투자 포트폴리오를 구성하는 일을 즐기고, 아직 실제 투자를 시작하지 않은 단계지만 이 과정이 당신에게 즐거움을 선사한다면…. 그러나 이때도 앞서 투자 포트폴리오에 가능한 주의를 기울이지 말라는 맥락에서, 이런 포트폴리오를 작성하지 말라고 조언하고 싶다. 왜냐고?

나는 사람들이 자기 투자 포트폴리오를 스스로 최적화하고 몇 년 후 어떤 일이 일어나는지 자주 목격했다. 대부분의 투자자는 거의 필연적으로 어느 시점에서 길을 잃어버렸다. 투자 포트폴리오에 너무 많은 투자 상품을 넣었기 때문이었다. 너무 많은 상품을 포함하는 포트폴리오는 운영상 제어하기 힘들고, 더 많은 노력이 필요하다. 투자 포트폴리오는 엑셀을 활용하고, 일정한 투자 규칙을 적용하면 효율적인 운영이 가능하다. 그럼에도 실제 투자 시장에서는 상당수의 투자 포트폴리오가 엑셀이나 투자 규칙을 무시하고 투자금을 '탕진'해버린다.

팩터 투자

이렇게 투자금을 낭비하는 포트폴리오의 위험은 다른 곳에 있다. 이 위험이 무엇인지 알려면 이론적으로 더 나은 포트폴리오가 어떤 모습일지 자세히 살펴봐야 한다. 그래서 이른바 '팩터' 또는 '스마트 베타' 투자라는 개념을 살펴보겠다.

이미 1990년대에 유진 파마Eugene Fama와 케네스 프렌치Kenneth French는 주식시장의 특정 하위 종목(위험도가 더 높은 것)이 더 높은 수익을 창출한다는 것을 보여주었다. 파마와 프렌치에 따르면 이런 사례는 시가 총액이 낮은 소규모 회사, 즉 스몰캡Small Cap에서 찾을 수 있다. 일반적으로 소규모 회사가 더 취약한 비즈니스 모델을 가지고 있는 것은 사실이므로 파마와 프렌치의 이론은 논리적이다. 작은 회사는 큰 회사에 비해 높은 위험을 떠안고 있으므로 더 높은 자본 비용도 필요하다. 예시를 들어보겠다.

일반적으로 자동차 제조업체보다 자동차 부품 공급업체에 투자하는 것이 더 위험하다. 파마와 프렌치는 여기서 사이즈 팩터Size Factor(시가총액)를 언급한다. 파마와 프렌치에 따르면 역사적으로 수익률이 높았던 주식은 자산 가치를 봐도 알 수 있다. 수익률 높은 주식을 보유했던 소규모 기업은 전체 주식시장에서의 가격과 대차대조표상의 장부 가격 비율이 낮다. 이 말은 곧 주식 거래량이 적다는 뜻이다. 그러나 자산 가치라는 표현은 오해의 소지가 있는 단어기도 하다. 자산에 가치가 있다는 말처럼 들리기 때문이다. 소규모 기업의 대차대조표에 보이는 수치는 비용이 거의 들지 않음을 암시한다. 이것은 결국 투자자가 높은 가격을 지불하길 꺼리는 회사라는 의미이므로 분명 문제가 있다. 이런 가치는 아무도 갖고 싶어하지 않을 것이다.

최근에 이 같은 자산 가치 경향을 보이는 분야는 에너지 회사와 은행들이지만 업종은 계속해서 변하고 있다. 이렇게 여러 불확실한 여건에도 기대 수익률 증가에 대한 논리적 근거는 존재한다. 곤경에 처한 회사에 투자하면, 회사의 사업이 성공했을 때 수익은 엄청나기 때문이다. 그러나 그 반대의 경우도 고려해봐야 한다. 그래서 파마와 프렌치는 주식의 일반적인 위험 프리미엄을 계산할 수 있는 3팩터 모델을 개발했다. 이 모델은 작은 기업의 소형주와 주당순자산비율PBR이 낮은 주식의 수익률이 고PBR 주식보다 높다는 가치주 팩터를 두고 수익률을 예측할 때 아주 실용적으로 쓰인다.

이제부터는 시장을 예측하지 않는 일종의 투자 전략인 팩터 투자에 난관이 기다린다. 기존의 액티브 펀드가 돈만 낭비하고 위험성이 높다는 소문이 돌수록 팩터 투자는 투자자들에게 더욱 매력적으로 다가온다. 금융계 또한 팩터 투자 시장에 많은 관심을 보였다. 단순 ETF보다 팩터 ETF를 팔면 몇 유로라도 더 많은 수수료를 벌 수 있어서였다. 그것은 지금도 마찬가지다. 스마트베타 ETF 또한 금융 분야에서 '차세대 거물 상품next big thing'이 되었다. 새로운 팩터는 명성과 인지도에 달린 것이 아니다. 수많은 과학자가 데이터를 분석하고 질문하며 평가하고 기준을 개선하면, 거대 금융사의 담당부서에서 최적의 투자 상품을 만들어낸다. 그러나 새로 발견된 팩터를 살펴보면 오랫동안 잠재력이 높은 회사는 그리 많지 않다. 결국 높은 수익성과 안정적인 사업 지수를 가진 기업만이 상당한 팩터 수익률을 보일 것이다. 이런 기업의 과거에 변동성이 현저히 낮았던 주식도 수익률이 올라간다. 또한 지난 몇 개월 동안 매우 좋은 성과를 낸 주식이 가까운 미래에도 평균 이상의 수익률을 보일 것이라는 점도 예상 가능하다. 이를 '모멘텀 효과momentum effect'라고 한다. 이것은 대개 새로 발견된 팩터에 적용되는 사항이다. 그러나 정말로 유용한 팩터가 무엇인지는 판단하기 힘들다. 독버섯처럼 식용버섯과 혼동하여 먹을 가능성이 높아지는 것이다. 나조차도 외부 도움 없이는 유용한 팩터를 가려낼 수 없다. 그러니 여기에 개인 투자자들이 뛰어들면 실패할 위험이 아주 높다. 직관적으로 자신에게 가장 잘 맞는 팩터를 찾아내 그것을 기반으로 자신만의 투자 세계를 구축해야 한다. 그 결과는 일정한 패턴을 따르지 않는 완벽한 무작위적 투자 패턴으로 나타난다. 몇 개월 후에는 자신이 무엇에 투자했는지, 왜, 어떻게, 어떤 방식으로 투자했는지 더 이상 정확히 알지 못할 가능성도 높다.

그러나 전형적 파마-프렌치 3팩터 모델에 상관없이 엑셀의 도움을 받거나 투자 상품의 구조를 파악하여 투자 포트폴리오를 제어해도 투자에 동반되는 위험을 극복할 수 있다. 이 말은 무슨 의미인가? 팩터는 수익을 보장하는 게 아니라 위험 프리미엄을 약속하는 것이다. 이런 추가 위험 프리미엄은 장기간 투자를 유지하는 경우에는 존재하지 않는다. 예를 들어 미국에서는 1927년 이후 10년을 주기로 나눴을 때 4분의 1이 넘는 시간 동안 위험 프리미엄이 없었다.[9] 다시 말해 프리미엄이 없었음은 물론이고, 오히려 상당 기간 마이너스, 즉 투자 손해가 났다. 2~3년간 투자 포트폴리오가 MSCI 월드의 순수한 벤치마킹 인덱스보다 훨씬 나쁜 성과를 내면 투자자는 불안할 수밖에 없다. 그래서 투자자는 팩터를 재조정하고 수정하거나 새로운 팩터를 적용한 후 기존의 팩터는 포기한다. 아니면 팩터에 또 다른 새로운 가중치를 적용할 수도 있다. 이런 식으로 투자자는 적극적으로 위험을 관리하는 상태가 된다. 문제는 투자자가 직접 자본 시장을 분석하고, 자신의 투자 포트폴리오와 투자 팩터를 집중적으로 관리한다고 해서 투자금을 보호할 수는 없다는 사실이다. 오히려 그 반대로 투자자들은 더 빈번히 잘못된 결정을 내리곤 한다.

따라서 나는 당신의 투자 포트폴리오에 팩터 투자를 구현하는 방법에 대해 얘기하지 않으려 한다. 내 설명은 이 정도면 충분하다. 그래도 당신이 시도하길 원한다면 정말로 강한 의지가 필요하다. 전형적인 파마-프렌치 3팩터 모델을 따르거나 통합 멀티팩터 ETF를 사용해야 한다. 이 둘을 절대 뒤섞으면 안 된다.[10] 내 조언에 따라 가능한 단순한 투자 포트폴리오를 만들었다 해도 명심해야 한다. 내가 추천하는 MSCI ACWI IMI 지수에도 특정 위험이 포함된다는 사실을 잊어서는 안 된다. MSCI 월드가 제공하는 지수에는 개발 도상국과 소규모 기업들이 포함되어 있기 때문에 항상(때로는 부정적인) 편차는 존재한다.

수익과 위험의 관계

이제 투자 포트폴리오의 저위험 구성 요소와 고위험 구성 요소를 어떻게 올바르게 평가할 것인가? 앞에서 말했듯이 당신이 결정을 내릴 때 가장 중요한 것은 절제와 평온한 마음, 그리고 위험과 수익에 대비하는 자세다. 위험 앞에서 내리는 결정은 개인마다 다르지만 그럼에도 나는 당신에게 보편적인 조언을 해주고 싶다.

투자 포트폴리오에서 주식 투자 비율을 약 30% 미만으로 너무 낮게 설정하면, 자본 구매력을 오래 유지하기 힘들어진다. 위험과 수익의 관계는 직선상에 있지 않다. 투자 포트폴리오에서 주식 비율을 늘린다고 예상 수익이 반드시 증가한다는 법은 없다. 다음 그래프의 앞쪽 시작점에서는 곡선이 상대적으로 가파르지만 뒤쪽에서는 점점 평평해진다. 그래프를 참고해 생각해보면 주식 비율을 20%에서 40%로 늘릴 때, 주식을 80%에서 100% 비율로 수정할 때보다 예상 수익이 두 배 정도 더 많다. 그러나 위험은 주식 비율에 상관없이 모두 거의 동일하게 증가한다. 개인적 경험에 따르면 투자 포트폴리오를 70% 이상 주식으로 채우면 위기 상황을 버티기 힘들다.[11] 투기 행위로 위험을 증가시키면 예상 수익은 다시 하락하며, 심지어 0 아래로도 떨어진다.

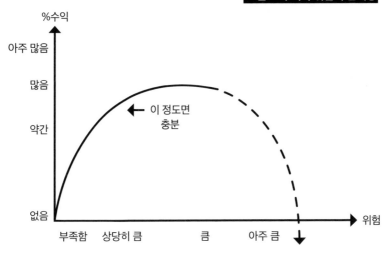

%수익

아주 많음

많음

← 이 정도면
충분

약간

없음

부족함   상당히 큼   큼   아주 큼

위험

투자에도 윤리와 건강이 필요하다

∨

'미래를 위한 금요일Friday for Future(스웨덴의 그레타 툰베리Greta Thunberg가 시작한 기후변화 대응 촉구 운동-옮긴이) 운동' 이후 윤리적이고 생태학적인 기준에 따른 투자는 호황을 누리고 있다. 그러나 그것이 지속 가능한가? 그렇다면 적정 가격은 얼마인가? 지속 가능한 투자를 향하는 첫 걸음은 터무니없는 요소를 정리하는 것이다.

지속 가능성에 투자하라

금융 산업은 지속 가능성을 지향하는 투자자를 위해 온갖 허무맹

랑한 상품을 보유하고 있기 때문에 여기에 속지 않으려면 사전 준비가 필요하다. 능동적으로 관리되는 펀드가 비용이 많이 든다면, 지속 가능성에 중점을 두고 능동적으로 관리되는 펀드는 당연히 더 비싸다. 금융계는 투자 결정이 금전적인 목표에만 제한되어 있지 않으면 가격은 올라갈 수밖에 없다고 주장한다. 상당히 어리석은 주장인 것만은 확실하다.

또 다른 문제는 많은 투자 상품이 슈퍼마켓의 판매대처럼 '에코' 또는 '녹색'이라는 이름을 달고 포장되었다는 사실이다. 이런 경우, 펀드 매니저는 환경과 비슷한 표현만 들어가는 상품은 무엇이든 팔아치울 수 있다. 독일 은행은 환경에 관련된 투자 상품 판매 분야에서 오랫동안 전문성을 갖춰왔다.

지금은 시장에서 사라진 DWS 기후 변화 펀드의 경우, 오랫동안 이런 가짜 환경보호를 내세워 유행한 상품이었다. 이 펀드의 마케팅 보고서에 따르면 이산화탄소 기술 투자 회사에 중점을 둔 상품이기도 했다. 연간 보고서를 살펴보면 상품의 실체가 더 확실하게 드러난다. 오랫동안 논란이 되고 있는 글리포세이트를 생산하는 몬산토 Monsanto, 즉 세계 최대 규모의 유전자 조작 씨앗을 생산하는 제조업체에 투자했기 때문이다.[12]

지속 가능성을 옹호하는 사람들과 이런 기업은 결코 동반자가 될 수 없다. 독일을 비롯한 다른 나라의 은행들은 지속 가능한 투자의 옹호자를 자처해왔다. 그러면서 역사상 최대 규모의 조세 강탈 사건이었던 cum-ex 스캔들에서 주도적인 역할을 한 스위스의 사라신

Sarasin 은행 같은 사례도 있다. 이런 은행을 우리가 얼마나 신뢰할 수 있겠는가?

반면에 나는 GLS은행, 트리오도스은행 또는 환경은행과 같은 에코 뱅크의 지속 가능성 정책은 충분히 공감할 수 있다고 생각한다. 그러나 여기서도 예외 없이 적용되는 법칙이 있다. 바로 상품을 적극적으로 관리하는 펀드 매니저는 위험과 비용을 증가시키지만, 추가 수익률은 제공하지 않는다는 점이다. 또 다른 문제는 에코 펀드(시가 총액, 기업 규모, 재무 지표 등 전통적인 경제적 기준뿐만 아니라 기업의 환경적 성과와 그와 관련하여 노력한 부분을 평가에 가산해 투자 대상 기업을 선정하는 펀드-옮긴이)가 '녹색 에너지' 위주의 투자 활동을 하며 매우 빠른 속도로 거대한 산업 분쟁을 일으키고 있다는 사실이다. 이런 경우 투자자는 유의미한 분산 투자를 하는 게 아니라, 수없이 많은 비체계적인 위험 부담을 안게 된다. 결국 투자자는 윤리적으로 문제 없이 깨끗한 투자 포트폴리오를 완성하지만, 그 투자 구조는 여전히 베일에 가려 있다. 과거의 사례를 보면 이런 투자 구조를 지닌 포트폴리오의 수익은 좋지 않았다.

지속 가능성 분야 중에서도 가장 잘못된 투자 사례가 있다. 프로콘Prokon을 기억하는가? 여러분은 TV나 지하철 광고를 통해 알고 있을 것이다. 프로콘은 풍력 터빈으로 원자력 에너지를 대체할 수 있다고 주장했다. 이것으로 투자자는 세상을 구하는 데 기여하고 지분 상품 투자를 통해 8%의 수익을 얻을 수 있다고 약속했다. 2013년에도 이미 천문학적인 수익 규모였다. 당시 BMW의 6년 만기 채권 수

익은 1.5%에 불과했다.[13]

2014년 프로콘이 파산할 때까지 나는 입이 닳도록 말했다.

"왜 저들이 수익 8%를 지불하는지 아십니까? 저건 자선사업이 아니라 7% 수익으로는 돈을 못 벌기 때문입니다."

"왜 지하철에서 광고를 해대고 100유로 단위로 투자 금액을 모금한다고 생각하십니까? 자본시장에서는 자신들 방식으로 돈을 모으는 게 불가능하기 때문입니다."

"무슨 돈으로 광고비를 지불했다고 생각합니까?"

품질평가 법인의 비판적 보고서에도 사람들은 투자를 포기하지 않았다.[14] 동화의 결말은 다음과 같다. 4년간의 파산 소송 끝에 투자자의 몫은 사라졌다. 기업 설립자에 대한 형사소송은 기각되었다.

이런 사례는 빙산의 일각일 뿐이다. 그린머니Green Money 같은 무역박람회에 가보면 더 놀랄 일이 많다. 풍력 터빈에 대한 지분 투자는 500유로만 있으면 되지만 운송료가 수익금의 절반을 차지한다. 호주의 백단향 나무 재배지는 인도 시장에 중요한 제례용 원료를 생산한다. 여기에도 매달 100유로씩 투자할 수 있다. 여기서 수익이 날 수도 있지만 아닐 수도 있다. 백단향 나무를 벌목해 인도까지 컨테이너선을 통해 운반한다면 그것이 얼마나 지속 가능한 방식인지는 나도 모르겠다.

투명하고 윤리적인 기업에 투자하려면

만약 지속 가능한 투자를 원한다면 먼저 당신이 지속 가능한 투자를 통해 무엇을 성취하고 싶은지 알아야 한다. 당신의 신념, 즉 궁극적으로 당신 자신을 위한 투자인가? 윤리적이거나 종교적 규범을 엄격하게 준수하기 위해서인가? 그러면 실용적인 투자는 할 수 없다. 그러나 적어도 다른 사람들이 재정적으로 당신에게 의존하고 있다면, 당신은 에코 포트폴리오를 통해 타인에 대한 책임을 다할 수 있을지 잘 생각해봐야 한다.

반대로, 깨끗한 경제에 기여하고 지속 가능성을 추구하는 영혼의 순수함을 잠시 내려놓고 싶다면 실용주의적 투자는 매우 가능성 높고, 반드시 필요한 투자 방식이다. 이런 투자 상품은 기존의 포트폴리오와 질적으로 매우 비슷한 ETF를 포함해 수많은 종류가 있다. 이 상품들은 먼저 마약, 무기 생산, 원자력처럼 지속 가능성과 거리가 먼 사업모델을 배제한다. 그런 다음 투자할 업종 내에서 가장 부정적인 면이 적은 기업에 투자한다. 이때 사용하는 기준을 ESG 기준이라고 한다. 바로 환경Environmental, 사회Social, 지배구조Governance 기준으로 기업의 지속 가능성을 평가하는 것이다. 탄소 발자국 줄이기, 오염물질 배출량 감소, 생물 다양성에 미치는 영향, 노동자들의 권리 존중, 투명한 기업 경영 등으로 세분화된다. 빅데이터 덕분에 ESG 점수의 비중이 높아지고 공급 체인에도 영향을 미치고 있다. 흑과 백으로 극명하게 나뉘는 결과는 얻지 못해도 상대적으로 밝은 회색 그림자를 얻을 수 있다.

이 투자 유형의 통제 효과는 매우 협소한 틈새시장에서만 작동하는 과거의 에코 펀드보다 훨씬 크다. 이렇게 앞선 기준에 따라 만들어진 투자 상품은 대중에게 판매하기에도 적합하므로 많은 ETF 발행 업체가 관련 펀드를 상품화하여 제공하고 있다. 예를 들어 세계최대의 자산운용사 블랙록BlackRock이 향후 10년 동안 지속 가능한 투자를 핵심 전략으로 선언한다면 잠재적으로 큰 자금 흐름이 지속 가능성 쪽으로 이동할 것이다. 그 결과, 기업들은 비용 절감을 이유로 지속 가능성에 관심을 기울일 수 있다. 나 또한 소수의 회사가 막대한 자본을 지배하는 현실이 두렵다. 그리고 블랙록, 뱅가드Vanguard, 기타 금융 거대 투자 기업이 특정 정치적 관점에서 절대 악이라고 해도 그들이 제공하는 상품의 질은 좋고 가격은 합리적이며, 기존 ETF 상품보다 그리 비싸지도 않다.

이러한 지속 가능성 필터가 투자시 수익성에 긍정적인 영향을 미치는지에 대한 논란은 있다.[15] 무엇보다 부패 스캔들로 인한 손실에서 기업 경영의 투명성으로 주가를 보호할 수 있겠느냐는 의문이 있다. 지난 몇 년간 지속 가능한 투자 포트폴리오는 기존의 포트폴리오보다 더 성공을 거두었다. 여기에는 다른 원인도 있을 수 있고, 아주 단시간에 이뤄진 우연일 수도 있다. 나는 당신이 지속 가능한 투자를 하는 근거로 추가 수익이 아닌 다른 관점에서 접근하길 바란다.

다음과 같은 상황을 가정해보자. 지속 가능성 기준이 엄격할수록 투자 기회를 많이 포기해야 한다. 그러면 당신의 포트폴리오가 기존 투자 포트폴리오에서 점점 더 멀어진다. 이 경우 이른바 추적 오차tracking error가 커지게 된다. 이 편차가 최소화되도록 포트폴리오를 구성하고, 막대한 추가 수익을 약속하는 상품을 멀리하라. 만약 이렇게 구성한 포트폴리오가 수익을 낸다면 당신은 운이 좋았다고 생각하면 된다. 그리고 당신의 포트폴리오가 손해가 난다면 그것은 당신이 윤리적 우선순위에 대해 지불한 대가라고 생각하라. 그러면 당신의 마음도 평화로울 것이다.

지속 가능성 필터가 포함된 글로벌 포트폴리오를 기존 포트폴리오와 동일한 원칙에 따라 구성할 수 있다. 이를 구현하려면 위험성 있는 구성 요소에 대해 MSCI ACWI SRI를 사용하고(SRI는 'Social Responsible Index'의 약자로 사회적 책임 지수를 뜻한다), 저위험 구성 요소에 대해서는 단기 독일 국채를 사용하라. 왜냐하면 독일은 사형제도, 핵무기, 석탄과 원자력 퇴출 계획을 가지고 있는 부패가 거의 없는 민주주의 국가로서 모든 지속 가능성 필터의 가장 중요한 기준을 충족시키기 때문이다.

은행 선택과 계좌 관리

∨

지금 당신에게 필요한 것은 모든 작업과 유지 관리 지침을 수행할 수 있는 플랫폼이다. 오프라인 은행 지점에 계좌만 없으면 잘못될 가능성도 적다. 나라면 대형 다이렉트 뱅킹(영업점 없이 인터넷과 전화로만 운영되는 전문 온라인 뱅킹-옮긴이)을 선택하겠다. 이런 은행에서는 거래 비용을 절감할 수 있고 운영체제도 통제되고 있다. 오프라인 은행 지점에서는 모두가 그렇게 하지는 않는다. 당신이 돈을 예금할 때는 은행이 예금보증기금에 가입되어 있는지, 저축은행과 협동은행이 예금 보증 시스템에 연결되어 있는지 확인해야 한다. 이것은 간단한 인터넷 검색으로 쉽게 알아낼 수 있다. 이런 보호장치조차 마련해두지 않은 은행은 신뢰할 필요가 없다.

이러한 기본 규칙만 준수하면 은행을 선택할 때 그리 많은 노력을 기울이지 않아도 된다. 몇 주에 걸쳐 소수점 아랫자리까지 따지면서 은행의 혜택을 비교하는 것은 당신의 투자 활동 시작점을 늦추고 불만족스러운 감정만 만들어낸다. 비용도 딱히 절감되지 않는다. 특히 독점 상품과 특가 판매 상품의 조건은 언제고 바뀔 수 있다. 그러니 은행을 선택하는 데 너무 시간을 많이 들이지 말라.

리밸런싱의 필요성

더불어 당신의 계좌를 최대한 관리하기 쉽게 만들어야 한다. 손쉬운 관리의 기본 원칙은 '리밸런싱', 즉 '초기 상태로 다시 설정'하는 데에 있다. 리밸런싱을 거치고 나면 조만간 당신의 투자 포트폴리오는 초기 할당량에서 점점 더 멀어질 것이다. 이때 자본시장이 좋아지면 당신의 주식이 채권보다 더 큰 이익을 얻게 된다. 그 결과, 당신의 증권계좌에 있는 위험 비율은 더 이상 당신의 인생 계획에 부합하지 않는다. 이제 당신은 원칙을 재정립하고 주식 ETF의 백분율을 낮춰 채권 쪽 비율을 높여야 한다. 절차는 간단하다. 비싸게 팔아 수익을 올리고, 돈을 안전한 쪽으로 옮기면 끝난다. 처분할 마음을 먹기가 어려울 뿐이다.

더 중요한 것은 그 반대의 경우다. 자본시장 사정이 나빠지면서 당신의 주식이 발생시키는 손실로 인해 당신의 인생 계획이 틀어지는 경우도 생각해야 한다. 이때 당신은 다시 주식을 매수해야 한다. 세계적으로 다양한 자산 구성 요소를 주식으로 보유하는 것이 타당하다면 가격이 저렴할 때 매수하는 것이 좋다. 그러나 이것은 심리적으로는 엄청난 도전이다. 자본시장이 위기에 빠졌을 때, 가진 주식을 전부 처분하지 않고는 평온을 유지하기 어려운 사람이 떨어진 주식 비율을 다시 원래의 수준으로 끌어올리는 것은 더 어렵기 때문이다. 만약 주가가 그래도 계속 떨어진다면 어떻게 될까? 그러면 필요할 때 다시 사들이면 된다. 나중에 가서 내가 왜 수익을 배상금이라고 말하는지 알게 될 것이다. 주가가 다시 오르면 당신이 심리적인 압박을 이겨내고 적절한 시기에 매수한 주식이 다시 올라 당신에게 보상을 주기 때문이다.

자본시장 위기 속에서 리밸런싱이 되면 자신의 위험 허용 범위를 검토하기에 아주 좋은 시기다. 주식 변동이 당신을 긴장하게 만든다고 인지하면 당신은 용감해져야 한다. 위기에 처했을 때 주식을 파는 것은 자산을 파괴하는 일이다. 변동에 대한 스트레스가 당신의 건강을 심각하게 해칠 경우에만 주식을 팔아라. 그러지 않는다면 당신은 이 상황을 어떻게든 헤쳐나가야만 한다. 며칠간 밤잠을 이루지 못하는 것도 견딜 만하다. 미래의 자신에게 후회할 일을 남기지 마라. 나중을 위해 현재의 감정을 상세히 적어두고, 미래에는 당신이 다시는 그런 상황에 처하지 않도록 명확한 지시를 서면으로 남겨두라. 왜냐하면 시간이 지나고 나면, 심각했던 위기 이전의 상황을 대부분 잊을 것이기 때문이다. 이 메모는 1년 후 또는 당신의 계좌가 수익을 회복될 때마다 다시 꺼내 당신의 위험률을 조정하도록 도와준다. 반대로 만약 당신이 반대로 자본시장이 위기에 처한 가운데서도 심리적으로 동요하지 않고 투자 초기 할당량을 10% 더 늘려야 할지 확신하지 못한다면, 지금이 바로 주식 배분을 늘리기에 가장 좋은 시기다. 이것은 도박이 아니라 지속적인 전략적 대응을 위한 결정이다.

리밸런싱은 1년에 한 번

어떻게 하면 리밸런싱을 효과적으로 해결할 수 있을까? 여기에는 무한한 정교한 방법들이 있지만 전체적으로 부가가치를 창출하지는 않는다. '세상에서 가장 단순한 포트폴리오'에 대한 나의 원칙을 기억하자. 당신에게 필요한 것은 세계 최고의 투자 상품이 아니다. 관리가 가능하고 계속 구현 가능한 투자 전략이 필요하다. 따분한 말이라고 생각해도 어쩔 수 없다. 좋은 건 좋은 거다. 따라서 나는 복잡성이 성공적인 투자 전략 구현을 방해하지 않도록 간단한 조치를 취할 것을 권한다.

1년 중에 당신이 기억할 수 있는 특정한 날짜를 설정하라. 당신의 생일 이틀 전, 존 레논의 사망일인 12월 8일, 또는 12월 15일도 좋다. 중요한 건 이날을 잊어서는 안 된다. 그날 당신의 투자 포트폴리오를 꺼내 주식 구성 요소의 가중치가 10% 이상 변했는지 확인하

라. 예를 들어 만약 당신이 60%의 주식과 40%의 채권으로 구성된 포트폴리오를 가졌다면 주식 변동 비율 10%는 전체 포트폴리오의 6%에 해당하므로 54~66% 사이의 주식 비율은 아직 괜찮다. 당신의 포트폴리오가 이 범위 내에 있다면 가장 어려운 일을 해야 한다. 바로 아무것도 하지 않는 것이다. 만약 포트폴리오가 범위 밖에 있다면 포트폴리오를 재편성해야 한다. 많은 증권을 사고팔면서 포트폴리오상 각각의 ETF가 다시 초기 가중치를 회복하게 만들어야 한다. 물론 가장 좋은 방법은 새로운 자금을 투자하는 것이다. 그러면 당신은 투자거래에 대한 세금도 낼 필요가 없고, 거래 비용을 절감할 수 있다. 소위 이런 '매입 보유 전략buy and hold strategy'은 만성적으로 과소평가되는 수익 요소다. 그러나 이 전략은 특히 장기 투자에서 막대한 수익금을 발생시킨다.[16] 이때도 세금은 유예되니 걱정할 것 없다. 당신의 증권 계좌 내에서 일부만 변하기 때문이다.

당신은 리밸런싱을 실용적으로 이용할 수 있고 약간의 최적화도 가능하다. 여기서 실용적이라는 것은 다음과 같은 상황을 의미한다. 당신의 주식 구성 요소가 하나가 아닌 3개의 ETF로 구성되어 있고, 가중치가 낮은 ETF 중 하나가 목표 할당량에서 거의 벗어나지 않았다면 그대로 두라. 겉으로 보이는 미세한 수치 때문에 거래 비용을 쓰는 것은 무의미하다. 그리고 당신이 1년 후에 10%가 아니라 9.5%의 편차를 보인다면 행동하기 위해 꼭 1년을 더 기다려야 할 필요는 없다. 지금 당장 거래를 하라. 최적화는 당신이 목표 범위에서 벗어나 있는지 매년이 아니라 분기별로 보는 것이다. 특히 위기

191

가 닥쳤을 때 주가가 극심한 변동을 보이면 포트폴리오를 최적화한 의미가 있다. 다만 위기가 지나간 후, 당신이 아무런 행동을 취하지 않아야 한다는 조건이 있다. 자꾸 뭔가를 하려는 생각에 초조해하지 말라.

투자가 아닌 투기를 하고 싶을 때

ᐯ

이제 투자에 필요한 모든 조건이 갖춰진 걸까? 뭔가 더 있어야 하지 않을까? 그럼 투자하는 재미는 어디 있을까? 마지막 부분에서 이 질문을 다시 살펴보도록 하겠다.

투기성 도박 계좌가 필요할까?

분명히 말하지만 가장 좋은 방법은 단순한 계좌를 만드는 것이다. 2개, 비상시 필요하다면 4개나 5개 정도만 있으면 된다. 즐길 거리가 필요하다면 친구나 가족과 함께 뭔가를 하라. 만일 당신이 자신을 통제할 수 없다면, 유동성 자산 중 최대 10%의 제한된 예산을 가지고 재미를 보면 된다. 그 외의 모든 자산은 다이어트 원칙에서 말한 것처럼 '야채를 더 먹고 제발 움직여라'는 실행 위주의 투자 포트폴리오에 속해 있다. 그리고 쉽게 포기할 수 있는 돈만 사용해야 한다.

정말로 도박을 하고 싶다면 ETF나 개별 주식처럼 단순하고 투명하게 공개된 상품에만 투자하라. 이 상품의 운영 방식을 이해하고 있다면 굳이 설명하진 않겠다. 그다음에 개별 기업이나 개별 국가에 투자하거나, 투자 시나리오를 보고 흥미를 느낀 것에 투자를 할 수도 있다. 그러나 이때도 잊어서는 안 되는 한 가지가 있다.

당신에게는 정보 면에서 유리한 점이 하나도 없다. 디지털화, 생명공학 또는 재생에너지에 대해서 당신이 알고 있는 것은 타인도 알고 있으며 대개는 다른 사람이 가진 정보의 가치가 더 높다. 투자에 성공했다면 그저 당신의 운이 좋았기 때문이다. 그러니 자신을 앙드레 코스톨라니라고 생각하지 말고, 절대 도박 같은 투자 예산을 늘리지 마라. 이런 투기성 계좌를 가지고 있을 때 긍정적인 경우에는 마약 같은 투자 욕구를 배출시키는 수단으로 사용할 수 있다. 그러나 만약 투자에 실패한다면 독약이 된다. 돈을 모두 잃는 경험이 당신의 자산에는 더 좋은 일이 되기도 할 것이다. 그러니 자기자본을 깎아먹는 일을 하지 말고 좋지 않은 결과가 나왔더라도 그것을 네메시스 여신의 마땅한 처벌로 받아들여라. 나는 오랫동안 이런 방식으로 투자를 하지 않았고, 고객에게도 도박 같은 투자를 하라고 권하지도 않는다.

변동성에 흔들리지 않는 금 투자

내가 고의적으로 무시했던 모든 투자 종목 가운데 고려해볼 만한 것은 금뿐이다. 언뜻 보면 투자처로 금을 선택한다는 것은 말도 안 되는 것처럼 보이지만, 금에 투자하는 것은 순수한 가격 투기다. 이 가격은 상승하거나 하락한다. 대부분의 기업은 시장 질서가 존재하는 한, 장기적으로 이익을 창출하고 이자와 배당금을 통해 투자자에게 보상을 한다. 금뿐만 아니라 원자재, 예술품, 클래식 카는 그럴 필요가 없다. 원자재보다 금이 더 나쁜 점은 금이 가진 산업적 용도가 가격 형성에 별다른 역할을 하지 않는 것이다. 이렇게 보면 얼마나 많은 투자자가 자산을 지키겠다고 착각하면서 금에 투자를 하는지, 기가 찰 노릇이다.

여러 폭락 예언자가 부추긴 말도 안 되는 소리를 되새겨보면 금은 아주 위험한 투자처다. 예를 들어 1999년 7월에 금에 투자하기 시작한 사람은 전 재산의 4분의 3을 잃었다. 최악의 경우, 인플레이션율이 반영된 투자금을 회수할 때까지 30년 이상을 버텨야 한다. 글로벌 주식시장에서 인플레이션을 반영한 최대 손실 57%를 감수하고 약 14년간 투자금을 묶어두어야 한다면 어떨까. 가장 화가 나는 건 모든 어려운 시기를 견디고서도 달성한 수익률이 고작 0.8%라는 사실이다.[17]

여기까지는 금에 대한 모든 투자 결과가 부정적인 사례를 알아보았다. 특히 금 유통업자의 화려한 언변에서 한 번쯤 생각해볼 만한 발언이 있다. 그는 이렇게 말한다.

"금에 투자한다면 당신은 말뿐인 약속이 아닌 실제 가치에 투자하는 것입니다."[18]

완전히 틀린 말은 아니다. 그러나 금을 사는 사람은 실제 가치를 사는 것이 아니다. 오히려 그 반대로 우리가 보았듯 금은 수백 년간, 그리고 전 세계적으로 작동해온 협약에 가깝다. 이 협약은 금이 가치가 있다는 약속과, 앞으로도 그 가치를 유지할 것이라는 약속이다.

이렇게 오랫동안 흔들림 없이 협약의 품질을 유지해왔기 때문에 내가 당신의 자산 구조 일부에 금을 포함시키길 추천하는 것이다. 당신 자산의 1%나 2~3% 한도 내에서 금을 구입하라. 물리적으로 아주 큰 액수가 아니라 작은 액수의 금화를 구입해 금고나 지하실에 보관할 수도 있다. 미래에 대한 나의 확고한 긍정적 관점이 틀렸다면 언젠가 세계는 혼란에 빠지고 자유시장 경제가 폐쇄될 것이다. 그러면 당신은 금의 진정한 진가를 보게 된다. 암시장에서 먹을 음식이나 치즈 한 조각, 햄 반쪽이라도 얻을 수 있다. 이렇게 극단적인 경우를 전제로 해야 당신은 소규모 금 투자로 많은 실수를 하지 않는다. 금은 장기적으로 높은 변동성에도 최소한 가치를 유지할 것이다.

결론적으로 말하자면 당신은 어떤 투기성 계좌도, 금도 필요 없다. 이것은 투자자로서 당신의 감정에 관한 문제다. 이 감정에 양보를 하면 일정 한도 내에서 도박도 하고, 금에도 투자하는 것이다. 만약 당신이 이런 행동을 하지 않고 감정을 조절한다면 더 좋다. 당신의 투자 포트폴리오가 단순해질수록, 스스로 결정하는 부분이 많을수록, 장기적으로 성공할 가능성이 높아진다.

08

자산 형성:
지속성이 다양성을 이긴다

얼마 전에 나는 아주 똑똑하지만 약간은 별난 변호사와 점심을 먹었다. 우리는 가장 좋아하는 주제 중 하나에 대해 철학적인 대화를 나눴다. 돈을 다루는 것과 관련하여 사람들을 0과 1, 흑과 백의 두 가지 범주로 나눌 수 있는 방법이 있는가? 당신은 이미 내 논제를 알고 있다. 누군가에게 돈은 목적을 위한 수단, 즉 안전, 행동반경, 삶의 질을 의미한다. 또 다른 누군가에게는 돈 자체가 목적이 된다. 돈을 통해 자기표현, 지위, 명성, 영향력을 내보인다. 이러한 기준이 우리가 돈을 다루는 방식뿐만 아니라 투자하고 지출하는 방식에 끼치는 영향을 잘 나타내준다. 또한 생활 방식과 인간관계에도 직접적인 영향을 준다. 문제는 구분이 다소 명확하지 않고, 0과 1로 나누기보다는 비교 범주를 나눠둔 것에 가깝다는 점이다. 흑백 논리는 없고, 회색 음영은 있다. 나의 대화 상대였던 변호사는 더 실용적인 대안을

196

제시했다.

"버는 것보다 더 많이 쓰는 사람도 있고, 그 반대인 사람도 있습니다. 3000만 유로를 갖고도 5000만 유로를 가진 자처럼 사람도 있고, 1500만 유로를 가지고도 1000만 유로만 있는 사람처럼 살기도 합니다. 전자는 언젠가 파산할 것이고, 후자는 잘 살아가겠죠."

액수가 너무 큰 것에 신경 쓰지 말라. 중요한 것은 이 변호사의 분류 기준도 생활 방식, 가치, 인간관계를 광범위하게 포함하여 보여준다는 사실이다.

나는 한 달에 1만 유로가 넘는 수입을 올리는 사람들을 알고 있다. 그 돈은 누군가에게 손가락 사이로 흘러나가는 것처럼 느껴질 정도로 부족하다. 그러나 한 달에 5000유로만 버는 어떤 사람은 1000유로 단위로 저축까지 한다. 내가 어렸을 때, 충분한 수입을 벌면서도 여섯 식구를 위해 한 달에 500마르크 이상을 식비로 쓰지 않는 친구의 부모가 있었다. 만약 우리 집에서 이와 비슷한 일이 발생했다면 내 생명이 위험했을 것이다. 이미 내가 말했듯이 가정에서 양육을 담당하는 부모가 돈에 어떤 태도를 취하느냐에 따라 아이의 무의식 속에서 돈에 대한 생각이 서로 다르게 형성된다. 그리고 우리는 돈에 대해 거의 얘기하지 않기 때문에 이러한 개인의 생각은 대개 외적으로 표현되지 않는다.

따라서 누군가에게 '탐욕스럽다', 또는 '속물 같다'는 말을 듣는 사람이 또 다른 누군가에게는 '근검절약한다', '행실이 올바르다'라는 말을 들을 수도 있다. '쓸데없이 이리저리 돌아다니는 사람'도 누군가에게는 '자신만의 방식으로 미리 행동하는 사람'으로 비춰지기도 한다. 자기 기준을 정상이라고 생각하면서 다른 사람의 행동과 도덕적 상태를 부정하는 것은 이상한 일이 아니다. 누구나 자기만의 잣대로 타인을 판단해버리기 때문이다. 나부터도 그런 잣대를 가지고 있기에 타인의 생각을 멋대로 비난하기 힘들다. 아마 당신도 마찬가지일 것이다.

이처럼 합리적인 저축률과 적절한 라이프스타일에 대한 견해도 사람마다 크게 다르다. 그렇다고 나쁠 건 없다. 분류 범위가 비교적 넓기 때문에 옳고 그름은 없다. 그러나 저축률이 너무 낮거나 너무 높으면 어떤 결과가 나올지는 알고 있어야 한다. 당신의 소득 수준 이상으로 소비를 하며 산다면, 노년에 사회보장 제도에 의존해 살아가는 현실 또한 받아들여야 한다. 그리고 너무 극단적으로 높은 저축액을 목표로 삼으면 당신은 삶을 살아가는 즐거움을 느끼지 못하고, 사회 구성원으로서 어우러져 사는 일도 포기해야 한다. 두 경우모두 비극적이다. 최소한 당신이 배우자, 아이, 부모님을 책임지는 입장이라면 이런 두 가지 극단적 상황은 발생하지 않도록 해야 한다. 인생의 낙이 사라지기 때문이다.

쉬운 절약법

∨

당신의 삶의 질에 너무 지장을 주지 않고, 어떻게 합리적인 저축률을 달성할 수 있을까?

여기 좀 우스꽝스럽지만 매우 효율적인 방법이 있다. 가계부를 써라. 앱을 사용해 전자 기록을 남기거나 필기하여 메모를 정리할 수도 있다. 특히 여러분이 나처럼 너무 많이 지출을 하는 편이라면 나는 구식 방법이 교육면에서 더 가치가 있다고 생각한다. 지출 명세가 훨씬 현실적이고 납득 가능하기 때문이다.

고정비, 음식, 의류, 레저, 외식, 선물, 건강 등 다양한 지출 범주에 대한 목록을 만들고, 매일 밤 지출한 금액을 해당란에 적어라. 매주의 말과 매월 말에 합계를 내보자. 돈이 모두 어디로 흘러갔는지 확인하고 그것이 가치가 있었는지를 자연스레 생각하기 시작한다. 낮에 터무니없는 소비를 하면 저녁에 그 내용을 기록으로 남겨야 한다는 생각을 하는 것만으로도 소비를 절제하는 효과가 있다. 만약 당신이 소비를 즐기는 타입이라면 가계부에서 지출 범주를 미세하게 조정하면 된다. 지출의 상당 부분을 차지하는 소비 분야는 따로 정리해둘 공간이 필요하다. 미리 예산을 짜두고 소비하면 실제 지출이 추정한 지출과 차이가 날 때 놀랄 수도 있다.

또 한 가지 중요한 점이 있다. 가계부를 쓰면서 절대 자신을 속이지 말라.

통제 불가한 엄청난 지출은 거의 없다. 대부분 소액의 충동구매가 쌓여 지출 내역을 채운다. 외출을 할 때나 인터넷을 서핑하면서 꼭 지금 당장 가지고 싶은 물건이 보이는가? 친구에게서 작은 카탈로그를 받아보고 그 안에서 마음에 드는 옷을 발견할 때도 있다. 옷을 구매하는 일은 마우스 클릭 몇 번으로 가능하다. 그 정도로 간단하다. 당신이 원하는 물건을 휴대폰에 메모해두라. 3일 후에 다시 목록을 꺼내 아직도 필요하다고 생각한다면 구매해도 좋다. 그러나 많은 경우, 72시간 전까지만 해도 중요하다고 생각한 물건들에 대한 애정이 식어버렸음을 깨달을 것이다.[19]

합리적인 저축률을 달성하는 데 가장 중요한 것은 심리적인 한계를 설정하지 않는 일이다. 위에서 언급했듯 인간은 소득과 향상된 생활 수준에 놀라울 정도로 빠르게 적응하고 있다. 인간의 주관적인 행복감은 빠른 속도로 사라진다. 안타깝게도 행복의 기준을 하향 조정할 수는 없다. 더 행복해지려면 더 큰 자극이 필요하다.

나는 대학 신입생 시절에 친구들과 소고기 통구이 바비큐를 했던 적이 있다. 우리는 바비큐에 적합한 소의 품종, 반찬, 어울리는 맥주에 관해 오랫동안 이야기했다. 그리고 누가 도매시장 출입증을 줄 수 있는지 논의하면서 며칠을 보냈다. 준비하는 과정이 너무나 즐거웠다. 요즘 나는 2주에 한 번 정육점에 가서 친구들과 먹을 질 좋은 스테이크 고기를 산다. 필요 이상의 수고는 하지 않는다. 당신의 급여가 인상되면 저축 항아리를 넓혀가며 동일한 효과를 저축에 활용할 수 있다. 그러면 저축 준비 단계를 충분히 즐길 수 있다. 더불어 이 효과는 학교를 졸업하고 첫 직장에 취업하기 전, 대학생과 청소년 시기에 가장 강력하게 나타나 라이프스타일을 바꾸는 데 도움이 된다. 어쨌든 저축에 익숙해지려면 시작은 빠를수록 좋다.

그러면 투자를 할 때도 모든 것이 관리하기 편해진다. 월 소득이 늘어나면 투자용 계좌에 설정해둔 자동이체 금액을 올리기만 하면 된다. 소득이 변동되는 즉시 자동이체 설정액을 변경해두면 잊어버리는 일은 없을 것이다. 현명한 사람이라면 소비용 항아리에 들어가는 금액도 고려해 저축을 한다. 인간은 현재를 살아가는 존재이며, 당신은 직장에서 성공하길 원한다. 그러니 스스로 너무 인색해지지 말라. 장기적으로 저축률을 높이겠다고 목표 금액을 너무 높게 잡으면 언젠가는 초반에 선택한 저축 방식을 고수하기 어려워진다. 돈을 모으는 즐거움도 느끼지 못한다. 게다가 단지 통장에서 돈이 빠져나가기만 해도 뭔가 일이 잘못되고 있다고 느낄 수도 있다.

저축으로 빠르게 돈 모으는 법

∨

무작정 저축한다

정기 저축을 통해 얼마나 많은 부를 축적할 수 있는지에 대한 근거 없는 소문이 있다. 소문의 근원을 자세히 살펴보면 그 결과는 믿을 수도 없고 신뢰하기 힘들다. 수학적으로도 불가능하다. 보도 섀퍼Bodo schäfer는 책 《보도 섀퍼의 돈Der Weg zur Finanziellen Freiheit》[20]을 통해 전형적인 사례를 소개한다.

여기 7년 안에 100만 유로를 저축할 수 있는 간단한 두 가지 방법이 있다. 가능한 많은 금액을 저축하거나 가장 높은 수익을 달성하는 것이다.

먼저 한 달에 1000유로를 저축하기로 하겠다. 이 금액은 일반적으로 모든 사람이 달성 가능한 기준이지만 그렇지 않은 경우도 있다. 한 달 저축액 1000유로로 시작해 100만 유로를 모으려면 7년간 변함없이 70% 이상의 수익이 꾸준하게 발생해야 한다. 암호화폐 시스템을 굳게 믿는 텔아비브 해변 카페의 웨이터라면 가능할지도 모른다. 이 외에 다른 모든 사람은 거금을 모을 수 없다. 그래서 남은 선택지는, 더 많이 저축하는 것뿐이다. 2500유로를 저축하면 45%의 수익률이 필요하고, 5000유로를 저축한다면 25%가 필요하다. 한 달에 9500유로 이상을 저축하고 자본시장에서 단 한 번도 손해를 보지 않았다면, 최소한 7%의 수익을 내는 것이 이론적으로는 가능하다.

복리를 활용한다

과장된 기대나 달성 불가능한 수익을 약속해도 장기 저축은 이 모든 단점을 극복하는 매우 유용한 부분이 있다. 바로 복리다. 복리는 현실적인 관점에서도 매우 강력한 이점이 있다. 복리 혜택을 누리려면 저축은 일찍 시작하는 게 중요하다. 매월 500유로를 저축한다고 가정해보자. 이른바 인플레이션을 반영해 조정된 수익률은 4%다. 보도 섀퍼의 이론에 따르면 7년이 지나 구매력이 4만 8000유로 이하가 된다고 한다. 이것은 최대한 긍정적으로 바라본 수치다. 그리고 수익률 4%에서 13%를 약간 초과하는 이자와 복리를 받으려

202

면, 나머지는 저축, 즉 소비활동을 하지 않는 것으로 채워넣는다. 20년 후 달성한 액수는 약 18만 2500유로가 된다. 이 금액 중에 3분의 1은 이자와 복리로 만들어낸 금액으로, 이미 3년 전에 연간 이자 수익을 초과할 정도가 되었다. 이렇게 총 35년을 버틴다고 가정하면 인플레이션을 감안해도 결국 45만 1000유로 이상의 저축을 할 수 있다. 45만 1000유로 중에 절반 이상은 이자 수익이다.

이런 방식으로 이자 수익을 내면서 저축하는 것에 익숙해지면 매월 일정 금액을 투자 계좌로 유입시킬 수 있다. 이제 정기적으로 투자 포트폴리오에 적용시킬 ETF 저축 계획만 있으면 된다.

ETF를 활용한다

ETF 상품으로 돈을 모으려면 주식과 채권의 구성 요소를 활용해야 한다. 일단 저축에 적합한 ETF를 찾은 다음, 이것을 포함한 투자 포트폴리오를 만들어야 한다. 포트폴리오가 두 개 이상의 ETF로 구성된 경우, 투자 가중치가 가장 큰 ETF 두 개만 남겨둔다. 투자 구성 요소의 가중치는 투자 시장의 사정에 따라 지속해서 변동되며, 서서히 불균형이 발생하더라도 다음번 리밸런싱에서 간단히 보상받을 수 있다. 상대적으로 적은 금액을 저축한다면 계좌이체를 3개월마다 진행해서 증권 계좌로 돈을 옮기면 된다. 이런 식으로 거래 비용에서 몇 유로씩 절약할 수 있다.

그러나 이것은 과학적인 규칙이 따로 있는 게 아니므로 이체하기에 가장 좋은 날짜를 찾거나 시기를 조율하며 시간을 낭비하지 말

라. 그것은 아무 소용없는 일이다. 현실적으로 돈을 모으기도 전에 최적화할 방법부터 찾는 것은 찬물에 뛰어들기 전에 무의식적으로 망설이는 행동과 같다. 깊이 들어가기 전에 시간을 벌 합리적인 변명거리를 찾고 있기 때문이다. 이때도 복잡하게 계산하는 것보다 단순하게 생각하고 일단 시작하는 게 좋다. 일단 시작을 하면 성공 가능성이 상당히 높아진다. ETF 두 개가 포함된 투자 포트폴리오에 저축 계획 하나만 있으면 그 이상은 필요 없다.

생명보험과 연금보험을 멀리하라

당신이 세운 저축 계획을 따라 돈을 모으는 행위 이외에 또 다른 투자 행위는 과할뿐더러 유해하기까지 하다. 특히 독일인이 가장 선호하는 금융상품은 오랜 기간 동안 부를 축적하는 데 매우 부적합하다. 저명한 금융 전문가 게르트 코머가 이에 관해 '독일인이 가는 잘못된 길'을 주제로 말한 적이 있다.[21] 그의 발언을 자세히 살펴보면 독일인의 잘못된 선택은 연금보험을 통해 저축 계획을 세우고, 생명보험(피보험자가 조기에 사망할 경우 일회성 지급)과 연금보험을 결합하는 것이다. 이런 상품의 특징은 저축이 주력 상품의 부산물 역할을 한다는 점이다. 그러나 이것은 전혀 효과가 없다. 보험 상품 비용은 너무 비싸고, 운영 방식은 불투명하며 비상시에 중간 해약할 수도 없다. 수많은 사람이 자기 재산을 지키겠다며 가입하는 보험은 어이 없게도 제3자에 대한 책임 보장은 전혀 없다. 이런 보험에 가입하면 혜택을 보는 사람은 아무도 없다.

나쁜 소식은 위험 요소가 없더라도 순수 연금보험 상품이 여전히 재앙과 같다는 점이다. 보험에는 엄청난 관리비와 유통비가 들어간다. 보험 가입자는 일단 약관에 있는 깨알 같은 글씨를 읽다가 지칠 것이다. 보험 취득 비용, 즉 판매 수수료가 처음 1년간 월 납입액에서 공제되기 때문에 10년이 지나도 보험 해약금이 전체 납입 보험액보다 많은 상황이 발생한다. 대략 절반 정도의 생명보험과 연금보험이 만기 이전에 해지되므로 저축을 목적으로 보험을 가입하면 분노만 커질 뿐이다.[22]

보험사가 제시하는 보장 이자는 월 보험료에 대한 이자가 아닌 것도 명심하라. 이자는 소위 관리 비용을 제하고 남은 잔액에 대해 보장되는 것이며 생명보험의 경우에는 위험 비용을 공제하고 남은 금액에 이자가 붙는다. 전체적으로 보면 표시된 보증 금리에서 일반적으로 약 1%를 공제하고 받는다고 생각해야 한다.[23] 당신이 가입한 보험 상품은 엄격한 규제를 받는다. 보험사는 매우 제한된 범위에서만 주식에 투자할 수 있다. 보험의 낮은 이자율과 높은 비용을 고려하면 거의 남는 것이 없다. 만약 펀드와 연계된 영미권의 상업 보험에 투자할 수 있다고 생각한다면 그 또한 오산이다. 특히 영국과 캐나다 보험사의 상업 보험에 들어가는 추가 비용과 수수료는 소소한 투자의 장점을 상쇄하고도 남는다.[24]

대다수의 보험 투자자는 보험사의 거대한 비체계적 위험을 간과한다. 당신이 투자하는 보험회사가 파산하면 당신의 돈이 사라질 가능성이 있다. 저축 계좌와 달리 보험 증권은 예금자보호법의 적용을 받지 않는다. 한 보험사가 파산하면 그보다 규모가 큰 보험사가 인수를 진행하여 투자자의 돈을 보호해줄 수도 있다. 그러나 대형 보험사가 자체적으로 파산하고 나면 남는 돈은 없을 것이다. 최악의 경우, 대량 지급 불능 상태가 발생할 수도 있다. 이것을 가볍게 생각하면 안 된다. 당신의 돈은 30년 또는 그 이상 보험 회사에 묶일 것이고 그 기간 동안 수많은 구조적 문제가 발생할 수 있다.

그러니 수많은 불이익을 감수하면서 연금보험이나 생명보험에 가입하지 말라. 저축은 목적에 맞지도 않고, 투자 측면에서 바라봐도 세금 혜택이 거의 없다. 보험 운영 비용은 언제나 세금 혜택보다 훨씬 높다. 한 가지만 부탁하겠다. 당신이 만약 보험 설계사라면, 보험에 가입하면 상속세를 낼 때 유리하고 정부 보조금도 받을 수 있다며 내게 이메일을 보내지 말라. 30년 후 세법이 어떻게 변할지 모른다면 가만히 있는 게 좋다. 나도 이론적으로 특정한 개별 보험 상품은 수백 유로의 세금을 절약할 수 있다는 사실을 알고 있다. 그러나 보험을 통해 수익 혜택을 보는 경우는 아주 드물고, 견뎌야 할 불확실성이 더 높다. 나에게는 물론이고, 당신의 고객에게도 감언이설로 꾀어내 불안정한 보험 상품을 팔아서는 안 된다.[25]

09

부동산:
이성과 감정 사이에서 균형 찾기

⌄
⌄

부동산은 확실히 가장 감정적인 자산에 속하며, 감정은 원칙적으로
아름다운 것이다. 감정은 단지 합리적인 결정을 용이하게 하지 않는
다. 투자처로 보는 부동산은 희망, 꿈, 추측이 아니라 사실과 수치가
결정적인 역할을 한다. 반면에 부동산이 자가인 경우, 자기감정을
인지하고 감당할 수 있으며 생각하길 완전히 포기하지 않는 한, 감
정은 결정의 가장 중요한 기준 중 하나가 된다.

자본투자로 이용되는 부동산
⌄

부동산 투자, 정말 돈이 되는가?

채권, 주식과 마찬가지로 부동산에도 필연적으로 내재된 수익이

207

있다. 바로 타인에게 주거 공간과 상업 공간을 제공하는 위험 프리미엄이다. 이것을 가리켜 '임대 수익'이라고 한다. 만약에 당신이 부동산으로 수익을 올리고자 한다면 최소한 당신 자산의 일부를 수익 활용에 사용하도록 먼저 내놓아야 하지 않을까? 주거용 부동산의 수익률은 인플레이션을 감안해도 지난 120년간 2.5%에 달했다.[26]

이 사실은 당신에게 놀라운 일이 아닐 것이다. 몇 가지 사소한 예외를 제외하고는 부동산 관련 금융상품에 투자하는 건 무의미하다. 폐쇄형 부동산 지분 투자 또는 인증을 거쳐 취득하는 증권형 부동산 상품 구성은 너무 불투명하고 비용이 많이 든다. 이런 투자 상품들은 개인 투자자가 아닌 금융사에 판매하기 위한 상품이다. 부동산 연계형 투자 상품을 소개하면서 예상 또는 실제 세금 혜택 관련 내용이 나오면 각별히 주의를 기울여야 한다.

이 책을 읽는 누군가는 1990년대 있었던 소위 동독 부동산에 대한 광기를 아직 기억하고 있을 것이다. 너도 나도 부동산을 매수할 때는 모르고 있다가 매각할 시점이 되자 세금 혜택이 터무니없이 적었던 것이 문제였다. 당시 은행, 부동산 중개인, 부동산 유통업자 모두가 엄청난 이득을 보았다. 그러나 자기가 매수한 부동산을 본 적도 없는 투자자의 대부분이 수십 년간 손실을 메우느라 허덕이거나 전 재산을 잃기도 했다. 그러나 그동안 매각한 사람에게 부과되는 세금은 줄었을지언정 사라지지는 않았다. 현재도 부동산 구매로 생기는 이득에 대해 세금을 내지 않으려고 소위 6b 펀드 같은 부동산 투자 상품을 구매한다. 그러나 이것은 유독성 폐기물같이 투자자에게 해악만 끼친다.

인기를 끄는 부동산 상품의 또 다른 형태는 슈퍼마켓이나 노인 요양원 등의 운영과 특별 자산이다. 몇 달 전, 나는 이미 수년간 독일 헤센의 작은 마을에서 이런 상품 투자를 해온 치과의사를 만났다. 고령화 사회에 좋은 판매 이력이 있는 부동산은 매력적이다. 거기다 별다른 수리 없이 바로 사용 가능한 시설은 판매할 때 엄청난 이점이 된다. 부동산 매매에 불투명성이 증가하면 더 높은 가격과 수수료를 부담해야 한다. 나는 이런 부동산 투자에 상당히 회의적이었지만, 약간의 운만 따라주면 결국 희망이 있다고 생각했다. 그래서 여러 질문을 던졌다.

'투자한 건물은 어디에 있습니까? 건물에서 큰길가의 소음이 들리나요? 가까운 카페와 레스토랑은 어디인가요? 시내에 영화관이 있습니까? 극장은 있나요? 주변 도시로 가는 버스는 얼마나 자주 다닙니까? 시가지 쪽에 부동산이 더 낫지 않을까요? 시가지 쪽 요양원 건물은 시세가 어떻게 됩니까? 작은 마을의 인구 구성 비율은 어떻습니까? 젊은이들이 매력을 느낄 만한 일자리가 있나요?'

그러나 그 치과의사는 아무것도 아는 게 없었다. 짐작하겠지만 그 사람은 그곳에 살지도 않았다. 그러나 자기가 부동산을 매수할 때 도움을 준 중개업자도 그 지역의 아파트를 사서 개인적으로 투자했다고 말해줬다. 정말 고전적인 영업사원의 수법이다.

개방형 부동산 펀드, 즉 지속해서 진입 가능하고 특정 조건에서는 다시 빠져나갈 수도 있는 부동산 투자도 문제가 된다. 물론 이 가운데에도 신뢰할 만한 상품이 있다. 그러나 일반적으로 개인 투자자 입장에서는 알아차리기 힘들고, 투자자가 알아도 아예 접근이 불가능한 투자 상품이 많다. 이런 상품은 원칙적으로 비용이 많이 들고, 물건이 팔리고 나서야 비로소 물건의 진정한 가치를 알 수 있다. 그리고 시장 가격은 긴 기간에 걸쳐 전문가들이 결정한다. 이때 부동산 가치 상승과 하락을 완만하게 하는 경향이 있다.

이런 유형의 부동산 투자에는 심각한 이해 상충이 발생하기 쉽다. 특히 거물 부동산 업자들은 부동산에 문제가 발생하면 부동산 연계형 펀드에서 부동산만 분리해 또 다른 펀드로 이동시킨다. 이 과정에서 새로 만들어진 부동산 펀드는 겉으로 보기에는 아무런 문제가 없어 보인다. 아니면 부동산 펀드가 파산하는 걸 막기 위해 부실한 부동산 연계형 펀드를 상대적으로 자금 사정이 좋은 펀드와 병합시킨다.

너무 많은 고객이 동시에 펀드에서 자금을 빼낼 때는 혼란스럽다. 그러면 영업팀은 새로운 투자자를 찾기 위해 최선을 다해야 한다. 내가 아직 대형 은행에 몸담고 있을 때 그런 광경을 보았다. 컨설턴트에게도 불쾌한 경험이었지만 특히 투자자에게는 더욱 그랬다. 2008년 이후, 이러한 뱅크런 문제로 인해 대부분의 개방형 부동산 펀드가 청산되었다. 개방형 부동산 펀드 판매에 대한 해약 고지 기간이 도입되면서 문제가 줄었지만 완전히 해결되지는 않았다.

부동산 회사에 대한 ETF, 즉 소위 리츠REITs(부동산 투자 신탁)[27]에 투자하는 옵션은 여전히 존재한다. 리츠가 투자보다는 부동산 주식

210

에 대한 업계의 투기가 아니냐는 많은 논쟁이 있다. 일단 이런 상품에 투자를 했다면 증권 계좌의 여윳돈을 활용하되 적당히, 목적에 맞게 지출하길 바란다.

부동산 투자, 정말 안전한가?

결과적으로 부동산은 자본시장 상품으로는 의미가 없다. 불특정 다수에게 미끼를 흔들고 누구라도 걸려들면 그걸로 수익을 낸다. 이 과정에서 투자자가 이득을 보는지 여부는 중요하지 않다. 이에 대한 대안은 부동산을 직접 구입하는 것이다. 먹이 사슬은 더 짧아지지만 상당한 부수적 비용이 발생한다. 중개인, 토지 등록부와 공증인 수수료, 부동산 양도세가 연방 주에 따라 8.5%에서 최대 11.5%까지 추가된다.[28] 이것은 투자에 비유하면 약 10년 동안 금융 컨설턴트에게 지불할 수 있는 액수다. 또한 당신의 업무 시간과 심리적 스트레스도 고려해야 한다. 시설 수리, 골치 아픈 세입자, 관청에 제출할 서류 준비, 회계 장부 관리 등 다양한 일을 처리해야 하기 때문이다. 이들 중 어떤 것을 위임하느냐에 따라 관리인 고용, 재산 관리와 세금 상담에 들어갈 비용도 염두에 두어야 한다.

그러나 부동산 투자의 가장 큰 약점은 비용이나 시설 관리가 아니다. 보통 투자자는 대출을 끼고 한 부동산에 많은 돈을 묶어둔다. 나는 이것이 부동산 투자에서 가장 취약한 부분이라고 생각한다. 많은 투자자가 이 엄청난 비체계적 위험을 알아차리지 못하고 있다.

독일의 슈투트가르트 외곽의 노동집약적 상업 부동산에 재산의 상당 부분을 투자한 프리드리히의 사례다. 그는 지난 15년 동안 거의 두 번이나 파산할 뻔했다. 2019년에 프리드리히는 부동산을 처분해 수백만 유로의 차익을 남길 기회가 있었다. 이제 70세가 된 그는 대출금을 갚고 인생에서 더 좋은 것을 즐길 수도 있었다. 그러나 프리드리히는 자본시장에서 아주 작은 차질이라도 생기는 것을 견디지 못해서 '아무것도 할 수 없다'는 생각에 골머리를 앓았다.

그는 나에게 자신의 상황을 설명한 적이 있다. 프리드리히는 한때 자신의 재산이 위기에 처했을 때, 즉 부동산에 공실이 생겼을 때 막대한 돈을 들여 전단지를 인쇄해 반경 50킬로미터 이내의 모든 공업단지에 배포했다. 결국 세입자는 한 명도 데려오지 못했지만 프리드리히는 자신이 상황을 통제하고 있다고 생각했다. 이게 대체 무슨 말인가? 나는 이런 행위를 가장 순수한 형태의 행동 편향이라고 부른다.[29] 나는 프리드리히를 매우 좋아하고 그(또는 그의 부동산 세입자)가 코로나 위기를 잘 극복하기를 바란다. 내가 프리드리히처럼 투자했다면 밤잠을 편하게 이루지 못할 것이다. 그러나 프리드리히는 별 문제 없이 잘 살고 있는 듯하다.

이것은 분명 선택적 인식의 극단적인 사례다. 그러나 빈번하게 바뀌는 세입자, 수리비, 지역 사회의 요구 사항, 길 건너편에 새로 생긴 술집, 지역에서 가장 큰 기업체의 파산 등 이 모든 것이 실제로 일어날 수 있는 시나리오다. 나는 프리드리히처럼 자신의 부동산만은 안전하다는 아이같이 순진한 생각을 가진 투자자가 분명히 있다고 생각한다. 프리드리히의 사례는 결코 예외적인 상황이 아니다.

산업화 이전 농업사회의 논리를 기준으로 하면 부동산을 이해하기 쉽다. 부동산은 말 그대로 '만질 수 있는' 눈앞에 보이는 대상이다. 반면에 회사의 자산은 상당한 추상화 과정이 필요하다. 그래서 부동산을 분석하는 일은 주식 투자에 비해 드물지만 누군가의 입에서 입으로, 일화의 형식으로 전해진다.

"너희 아빠도 쿨트 섬에 집을 한 채 샀다지. 그게 지금은 시세가 네 배 올랐다던데."

"너 그레타 알지? 부동산 투자로만 재산을 모았다더라. 그레타는 내가 아는 사람 중에 가장 부유한 사람이야."

개별 사례를 두고 추론하는 것은 계몽주의 이전 시대의 논리이니 우리는 거의 300년 후인 오늘날의 논리로 분석해보도록 하겠다.

부동산 투자 위험이 측정하기 어려운 이유는 크게 두 가지가 있다.

첫째, 자본시장과 달리 가격이 대개 수십 년에 한 번씩 결정된다.

둘째, 모든 부동산이 각각 고유의 특성을 가지고 있다. 즉 주식이나 채권과 달리 표준화된 상품이 없다.

부동산은 일반적으로 스몰캡 개인 가치 투자에 해당되는, 상대적 위험도가 높은 상품이다.[30] 상대적인 투자 위험이 높다는 사실은 개인 투자자의 특정 자산에 도움이 되지 않는 장기적 글로벌 평균 가치일 뿐이다. 이런 분석을 접한 투자자는 기껏해야 위험을 과소평가하지 말라는 경고로만 이해할 수 있다. 그러나 위험과 수익 사이에는 피할 수 없는 관계가 있다는 것은 부동산이라고 예외는 아니다.

부동산 투자로 수익을 낼 만한 한 가지 가능성은 임대료를 이자와 상환에 사용할 수 있다는 계산으로 부동산을 구입하는 것이다. 이것은 일부 컨설턴트와 유튜브 채널에서 퍼뜨린 가능성이다. 이들은 대출을 많이 받고 자기 자산은 거의 사용하지 않는 방식으로 부동산을 매수할 수 있다고 말한다. 그리고 소규모 부동산에 투자하는 것이 특히 세금을 분납하는 혜택을 받을 수 있다고 한다. 이런 말에 넘어간 투자자들이 모여들어 중개인과 공증인이 이득을 남기고 취득세 납부가 끝나는 즉시, 똑같은 작업을 다시 시작한다. 이런 일이 계속해서 반복되는 상황이다. '경제적 자유를 찾아오신 것을 환영한다'는 부동산 컨설턴트와 유튜버의 말은 상당히 그럴듯하게 들린다. 그러나 속사정을 자세히 들여다보면 분노가 치민다. 부동산 투자의 위험성은 완전히 무시해버리고 겉으로만 그럴듯하게 꾸며진 그들의 말은 결국 당신의 재정적 인생 계획을 위태롭게 한다. 이것이 최악의 금융 포르노다.[31]

독일은 인구 통계학적으로 발전이 감소하고 있다. 처음에는 지방 유치원으로 시작해 초등학교, 나중에는 의사가 사라지고 마지막으로 식료품점이 문을 닫는 수많은 지역이 있다. 지금 나는 어느 외딴 마을 한 곳을 말하는 것이 아니다. 모든 연방 주마다 인구 소멸 중인 지역이 몇 군데씩 있다. 당신이 생각하는 것보다 훨씬 더 많은 인구가 한 지역에서 증가하거나 감소하고 있다. 입지가 나쁜 부동산에는 많은 공실이 발생하므로 아무리 저렴한 부동산이라도 평균 이하의 시설을 갖추고 있다면 세입자가 들어오지 않는다. 이런 투자는 잘될 확률이 낮다. 당신이 여러 국가별로 다수의 부동산에 투자할 수는 없기 때문에 한 번 투자에 실패하면 표준 부동산이 어떻게 보이는지는 아무런 상관이 없게 된다.

좋은 입지의 부동산에 투자하면 실패 위험을 줄일 수 있다. 그러면 임대료가 장기 유지 관리 비용을 충당하기에 부족해지는 문제가 생긴다. 이자를 지불하거나 원금을 상환하는 것도 힘들다. 그렇다고 연간 감가상각과 같은 세제 혜택이 많이 변하는 것도 아니다.

2019년 말, 뮌헨의 좋은 입지에 있는 부동산의 수익률은 2.0% 미만으로 매우 정상이었다. 개별 투자자의 경우에는 더 오랜 기간이 필요하다. 50년 내지는 100년 이상 부동산을 소유하면서 단 한 번도 수리를 하지 않고, 단 한 달의 공실도 없어야만 부동산 매매 가격을 임대 수익으로 벌충할 수 있다. 주식의 경우, 주가수익비율Price Earning Ratio, PER, 즉 회사의 연간 이익에 대한 주식 가격의 비율 계산에 빗대보면 어마어마한 위험이 있음을 알게 될 것이다.

사실 부동산 투자는 단지 가격 투기일 뿐이다. 임대료는 결과에 기여하는 바가 거의 없기 때문이다. 투자자는 나중에 자신보다 멍청한 투자자가 등장해 더 높은 가격으로 자신에게서 부동산을 구매하길 바라야 한다. 이런 일은 거품이 터질 때까지 계속된다. 2007년 미국에서 부동산 가격 거품이 터지면서 글로벌 금융 위기가 촉발되었다. 그렇다고 독일의 상위 지역에 이미 가격 거품이 존재하거나 부동산 가격이 계속 상승하지 않는다는 의미는 아니다.

솔직히 나는 부동산 시장이 어떻게 돌아갈지 알 수 없다. 이런 무지의 이유로 나는 시장에 대해 긍정적인 이야기를 하는 모든 부동산 중개인과 개발자들과 좋은 관계를 유지하며 다양한 정보를 얻고 있다. 당신이 만약 부동산 투자를 하게 되면 대출을 끼고 구매하는 경우가 많을 것이므로 나는 위험을 과소평가하지 말라고 말하고 싶다. 자기자본비율과 자기 소득이 어느 정도냐에 따라 상황은 달라진다. 10년간 대출 이자가 2% 높아지고 부동산 가치는 10%만 하락해도 당신은 재정적으로 심각한 위기에 처할 수 있기 때문이다. 그래서 대출 이자와 부동산 가치를 정기적으로 점검하는 작업은 반드시 필요하다.

대출을 받아 주식을 매수하는 것이 어리석은 일인 것처럼, 부동산을 구입할 때 레버리지 비율을 너무 높게 잡으면 안 된다. 부동산에 투자할 때 저렴하게 대출을 받을 수 있다는 것이 장점일 수도 있고 아닐 수도 있다. 부동산 투자를 지속할 예정이라면 자기자본비율을 넉넉하게 잡고 비상매도 없이 대출 금리 5~6%선을 버티는 게 가능한지 계산해보자.

결국 두 그룹의 사람이 부동산 투자로 높은 수익을 얻는다. 하나는 투자에 운이 따르는 사람이고, 또 하나는 부동산 투자 부문에서 기업가 기질을 발휘해 위험을 감수하는 것이 직업인 사람들, 즉 부동산 딜러, 부동산 개발자와 프로젝트 개발자다. 이들에게는 운도 필요하고 높은 위험성 때문에 다른 투자 영역에 비해 파산하는 사례가 비교적 자주 있다. 그러나 부동산 투자는 성공만 하면 상당한 수익을 얻을 수 있다. 부동산 업자들의 높은 수익률 뒤에는 마지막까지 남아 있는 변변찮은 투자처가 숨겨져 있다. 이런 업자들에게서 부동산을 구매할 경우, 그들이 보유한 부동산 투자의 위험성까지 당신이 떠안지 않도록 주의하라. 나는 컨설팅 업무를 하면서 부동산 투자의 위험을 지게 된 투자자들의 사례를 반복적으로 목격하고 있다.[32]

부동산의 역설

이처럼 부동산 투자는 온갖 명백한 단점을 지니고 있다. 그럼에도 실제 부동산에 투자하는 사람은 자본시장에 투자하는 사람보다 더 큰 성공을 거둔다. 나는 이것을 '부동산의 역설'이라 부른다. 매달 돌아오는 부채 상환일은 압박으로 다가온다. 만약 당신이 이번 달 지출이 평상시보다 많았다면 저축 계획은 쉽게 보류할 수 있다. 반면에 대출 상환 만기일은 당신이 원하든 원하지 않든 돌아온다. 당신은 반드시 저축을 해야 한다. 만약 한 번이라도 대출금을 연체하게 되는 날엔 일생에 처음으로 은행의 경고장을 받을 것이다.

저축의 유연성에도 장점과 단점이 모두 있다. 내년에 세계여행을 하고 싶다면 당신은 예금에서 손쉽게 1만 유로를 인출해 쓸 수 있다. 현금 보유량은 적고 부동산을 주력 자산으로 소유하고 있다면, 집에서 화장실만 떼어 팔아 돈을 마련할 수는 없다. 그러나 저축에는 엄청난 단점이 있다. 나이가 들어 물질을 소진시켜야 할 때, 자산을 단계적으로 삶의 질과 교환할 수는 없기 때문이다. 자산은 노후에 삶의 질을 확보하려고 모은 것인데, 그걸 다시 바꾼다는 것은 결국 삶의 질을 포기하는 일이다. 부동산을 자산 축적의 관점에서 보면 동기 부여가 되는 요소도 있다. 부동산 취득 후 10년이 지나고 나면 세금을 면제받고 다시 처분할 수 있는 기회가 찾아온다. 짜증나는 세입자와 관청과의 입씨름에 지친 부동산 소유자는 매매를 고민하게 된다. 이때 투자자는 싫든 좋든 합리적 투자 한계에 도달한다. 25년이라는 시간은 짧게 느껴진다.

민간 투자자 중에 부동산 관리를 할 때 자신의 인건비나 기타 관리 비용을 계산하는 사람은 극소수다. 이 논리에 따르면 부동산 투자의 큰 단점으로 꼽히는 비용의 불투명성이나 수익률은 실제 큰 장점으로 변한다. 불투명성과 수익률을 고려해 섣불리 행동을 취하지 않을 가능성이 높기 때문이다. 코로나 위기 때 20% 손해를 보고 부동산을 헐값에 팔아치운 사람을 알고 있는가? 나는 그런 사람은 모른다. 코로나 위기 때 20% 손해를 보고 주식을 헐값에 팔아치운 사람은 알고 있는가? 나는 알고 있다. 주식 거래나 부동산 리모델링에 들어가는 높은 비용도 이럴 때는 도움이 된다. 순간적으로 급변하는 상황을 견디지 못하고 자산을 처분하는 사람들의 논리는 이렇다.

"이미 나는 많은 돈을 쏟아부었고, 이제는 멈출 수 없습니다."

이건 소위 말하는 매몰 비용 효과가 가져오는 고전적 사고 오류다.[33] 이 매몰 비용 효과는 부동산 투자에서만큼은 투자자가 잘못된 결정을 내리지 않도록 보호해준다.

부정적인 가치 변동에도 부동산 투자자는 긴 불황을 불평할 여지가 없다. 스스로 물어보라. 만약 당신이 부동산 매매가의 약 10%의 비용을 취득세, 중개와 공증에 들이고도 아직 흑자 상태가 아니라면, 1년, 5년 또는 10년 후라도 부동산을 매각하겠는가? 구체적인 예를 들어보겠다.

지난 12년 동안 독일 뮌헨 지역의 주택은 투자자들에게 매우 수익성이 높은 투자처였다. 뮌헨은 매력적인 투자처이고 주택은 부족하며 부동산 가격은 언제나 계속 오르고 있다. 사람들은 이것을 일종의 자연 법칙이라고 생각했다. 이 법칙이 완전히 틀렸어도 사람들의 생각은 달라지지 않았다. 뮌헨 지역 부동산에 오랫동안 투자하면서 정보가 축적되어 사정을 더 잘 알고 있어야 하는 사람들도 마찬가지였다. 1991~2007년 사이에 뮌헨 부동산 가격이 인플레이션 이래 무려 40% 하락한 사실을 아는가? 당시 대출 이자는 현재보다 훨씬 더 높았다.[34] 무려 17년간이나 부동산 투자는 침체기를 겪었다. 최적의 위치에 있는 최고의 부동산을 가지고도 말이다! ACWI에서 측정한 주식 요소 변동으로 인한 손실 기간보다 무려 3년이나 더 길었다.[35]

이것은 주관적이고 객관적인 위험 요소에 관한 문제다. 그런데도 불황에 부동산을 처분하지 않은 투자자들은 큰 실수를 범하지 않았다. 긍정적인 결과를 가져온 이유는 합리적 결정이 아니라 투자자의 무지와 행운 때문이었다. 무지함이 때로는 결정적인 장점이 될 수 있지만, 불행히도 항상 그렇지는 않다. 비체계적인 위험 때문에 무지함을 투자 성공의 비법으로 보기는 힘들다. 2000년부터 2019년까지 독일 전역의 주택가격이 20년간 평균 약 20%의 상승률을 보였다.[36] 나는 1990년대 초반에 구입한 '동독 지역 부동산' 가격이 회복되길 기다리는 투자자들을 많이 알고 있다. 지금 보기엔 그날은 결코 오지 않을 것 같다.

부동산은 감정의 문제다

많은 논증에도 사람들은 부동산 투자에서 주관적 관점을 버리지 못한다. 그래서 이들에게는 합리적인 자본 투자처로 부동산 투자를 대체하기가 어렵다. 이미 언급된 이유 외에도 부동산은 높은 가치, 그러나 별 도움이 되지 않는 정서적 가치를 지닌다. 이 가치를 소위 '소유 효과endowment effect'라고 한다. 소유 효과는 자기가 소유한 대상의 가치를 갖기 전보다 높게 인식하는 것으로, 투자자는 자기 부동산을 아주 높은 잠재력을 지닌 것으로 평가한다.[37]

부동산 중에서도 특히 집은 오랫동안 가족이 소유했을 경우, 고유한 특성이 담긴다. 피상속인은 때때로 자기 집에 대한 애정이 너무 지나쳐 자신의 죽음 이후에도 자기 아이들과 손자들을 통해 재산을 지키려는 상상을 하기도 한다. 그래서 상속인의 입장에서 집을 팔겠다는 생각만 해도 양심의 가책을 들게 만든다. 그것은 부모나 조부모를 배신하는 행위이기 때문이다. 나는 돈을 다룰 때 합리성을 강조하는 사람이다. 그러나 부모의 집을 쉽게 팔아넘기는 것을 배신이라고 보는 대목만큼은 공감하는 부분이 있다. 내 가까운 친지들은 나와 전혀 다른 생각을 갖고 있다. 당신은 어떠한가?

특히 상속 받은 재산이 상속인의 삶의 질을 향상시키지 않고 오히려 부담이 되기도 한다. 역설적이게도 특히 부동산 가치가 큰 지역에서 유난히 그렇다. 이런 지역의 임대료는 시장 가격만큼 상승하지 않기 때문이다. 그러나 시장 가격은 높게 형성되어 있으니 상속인은 막대한 상속세를 부담하고 나중에 낼 세금도 덩달아 높아진다. 상황은 조금씩 다르지만 이와 관련된 사례 하나를 소개하겠다.

마리아는 고등학교 교사로 이혼한 뒤 세 아이들을 키웠다. 나이는 64세, 뮌헨의 자이츠 거리에 있는 임대주택을 소유하고 있다. 한 건물에 15세대가 있고 총 면적은 2300평방미터였다. 2007년, 그 집 시세는 1200만 유로였고 2020년 초에는 약 3000만 유로가 되었다. 1평방미터당 1만 3000유로인 셈이다. 뮌헨 부동산에서는 흔한 가격이었다. 세무사의 철저한 계산으로 마리아는 세무서에 2300만 유로가 조금 못되는 세금만 내면 되었다. 상속세 납부액은 621만 유로였다. 마리아가 오늘 당장 모든 집을 신규 임대한다면, 임대료 200유로 이상을 받고 2%의 임대 수익을 얻을 수 있다. 그러나 마리아의 건물에 사는 대부분의 세입자가 이미 오랜 기간 거주하면서 임대계약을 갱신하고 있었으므로 1.5% 이상의 임대 수익률은 기대하기 힘들었다. 유지보수비로 매월 1평방미터당 2유로의 예비비를 책정했는데, 오래된 건물치고는 꽤 괜찮은 비용이었다. 결국 연간 임대 수입은 45만 유로, 유지비 5만 5200유로를 빼면 39만 4800유로다.

이혼한 여성으로 아이들이 독립한 상태라면 마리아는 호화롭게 살 수 있었다. 마리아는 대출금을 갚는 데 17년이 걸렸다. 17년이란 기간도 임대 수익 공제를 받았기 때문에 가능했다. 그리고 임대수익을 대출 상황에 사용하면서 대출 이자가 1%를 넘지 않았고, 대출 상환이 끝날 때까지 마리아의 건물에 목돈이 들어가는 보수공사가 없었기 때문에 가능한 기간이었다.

대출을 모두 상환하고 나니 마리아는 81세가 되었다. 그녀는 매우 부유했지만 아무것도 상속받지 않고 공무원 연금으로 생활하는 동료 교사들보다 힘들게 살았다. 매번 바뀌는 세입자, 건물 수리, 관청 서류, 임대료 규제, 집 앞에 트램 공사 계획 등 나이가 들수록 더 많은 부담을 져야 했다. 그럼에도 마리아는 지금 가진 건물을 매각하거나 집 한 채만 남기고 모든 재산을 처분하는 것은 꿈에도 생각하지 않았다. 마리아의 꿈은 자신의 부모님처럼 아이들에게 빚 없이 집을 물려주는 일이었다. 그러나 이것은 마리아의 삶의 질을 크게 떨어뜨렸다. 그리고 마리아가 대출금을 모두 갚고 세상을 떠난 후, 아이들에게도 엄마 마리아가 겪었던 상속 재산 문제가 똑같이 발생할 것이다. 장례식이 끝난 후 큰딸이 하는 말이 벌써 귓가에 들리는 듯하다.

"뮌헨에 있는 이런 집은 투자로 가질 수 있는 최고의 집이고, 엄마가 집에서 얼마나 고생했는지 알고 있어. 우리가 집을 판다면 엄마는…."

딸은 말을 잇지 못하고 마리아의 무덤에서 돌아설 거다. 마리아의 사례는 분명 배부른 투정처럼 들리겠지만 상속 부동산에서 발생하는 전형적인 사례다. 부동산 가치가 낮더라도 마찬가지다.

돈으로 삶의 질, 안전과 여유를 얻도록 계속해서 노력하라. 집은 당신에게 속해 있는 것이지, 당신이 집에 속해 있는 것이 아니다. 집은 생물이 아니라 물건이다. 당신이 합리적인 사람이라면 부동산 투자의 가짜 장점인 유연성 부족을 먼저 자본 투자 연습을 통해 시뮬레이션해볼 수 있다. 내가 제안했던 여러 가지 소비 항아리를 비상시, 그리고 소비 용도에 따라 만드는 것도 추천하겠다. 이건 생각보다 끝까지 유지하기가 어려운 일이다. 그러나 지속적인 가용성의 위험과 부작용을 인식하고 있다면 가능하다. 결국 부동산 투자는 민간 투자자에게 매력적인 투자처가 아니다. 부동산 투자는 융통성이 없고 너무 많은 노력을 요하며 문제와 비용이 많이 발생한다. 결국, 비체계적인 위험이 수없이 존재한다는 뜻이다. 이런 비체계적인 위험에는 질 나쁜 세입자, 관청의 무리한 서류 요구, 부동산 입지가 평가 절하되는 것 등이 있다. 나라면 이런 부동산 투자는 하지 않을 것이다.

소유하고 있는 부동산이
인생을 결정한다

∨

부동산은 삶의 질과 직결된다

자가 소유 부동산의 경우 상황은 조금 달라진다. 살 집이 있다는 것이 바로 나를 사람으로 특징짓는 감정으로 다가오지 않을까? 자기 집을 갖는 것보다 더 감정적인 일이 있을까? 이런 비합리성이 정말 나쁜 건가? 아니면 우리 DNA에 더 깊이 연결되어 있지는 않을까? 사냥을 마치고 따뜻한 불이 피워진 안전한 동굴에 머물고 싶은 인간의 심리를 생각해보자. 안전과 소속감은 네 개의 벽으로 둘러싸인 자신만의 공간을 갖는다는 생각, 나이가 들어 임대료 때문에 이사 다니지 않겠다는 인생 계획과도 관련이 있다. 인간은 엑셀 스프레드시트처럼 계산에 특화된 존재가 아니며 돈이 무한정 있지도 않다. 한정된 예산 안에서 안전과 소속감을 느낄 수 있도록 만들어야 한다.

그래서 나는 당신이 자가 부동산에 대해 자본 투자가 아니라 생활 방식을 결정하는 측면에서 생각해보길 바란다. 물론 부동산 매매를 하기 전에 세심하게 계산하거나 연구를 하지 말라는 얘기가 아니다. 대출 이자가 예상보다 높더라도 내가 감당할 수 있는 것은 무엇인가? 매매 가격이 적절한가? 지역 기반 시설은 충분하면 인구 추이 예측은 어떤가? 모든 것을 재정 투자가 아니라 최고 수준의 소비 지출이라고 생각해보라. 더 정확히 말해서, 삶의 질에 대해 투자한다고 생각하라. 그러면 부동산 취득의 합리성은 실현 가능한 금전적 수익에 그치지 않고 인생 계획이 성공하는 데 얼마나 기여하는지에 의해 측정된다. 부동산이 당신을 더 행복하고 만족스럽게 만드는 것을 '비금전적 수익'이라고 한다.

미리 경고하자면 더 좋은 부동산을 소유한다고 삶이 자동적으로 더 만족스러워지지는 않는다. 수천 명의 독일 부동산 소유주를 대상으로 한 설문조사에서 부동산에 대한 만족도가 꾸준히 증가했다. 그러나 놀랍게도 부동산에 대한 만족도가 반드시 삶의 만족도에 영향을 미치지는 않았다.[38] 그러니 곰곰이 생각해보자.

'내게 집이 얼마나 중요한가? 내가 세입자로 사는 게 잘못된 건가? 내 집을 장만하는 것은 진정한 나의 꿈인가, 아니면 아끼고 아껴 집을 지어야 한다는 어린 시절에 받은 주입식 교육의 결과인가? 정원이 딸려 있고 이웃에 많은 아이가 사는 교외의 연립주택이 내게 정말 잘 어울리는 환경인가?'

가족의 집이란 인간관계와 아이들과 관련이 있다. 그러니 앞으로 살 집이 나의 배우자와 어울릴지도 생각해야 한다.

'나는 이 집에서 늙고 싶은가, 적어도 앞으로 20년, 30년은 여기서 살고 싶은가?'

부동산에 관해 이렇게 깊이 고찰을 했다면, 다음과 같은 말에 흔들릴 필요도 없다.

"누구나 평생 동안 자기 부동산의 대출금을 갚기 위해 돈을 벌거나 임대료를 내려고 소득 활동을 한다."

자기 집을 가지는 것에는 이런 말보다 더 깊은 의미가 담겨 있다. 물론 임대 비용을 ETF 포트폴리오에 투자하면 더 나은 결과를 얻을 가능성이 매우 높다.[39] 이 사실을 알고도 집을 사기로 결정했다면, 당신이 부동산 매매를 하는 것은 이제 아무런 문제가 되지 않는다. 일단 중요한 것은 부동산을 구입하는 것 때문에 재정적 문제가 발생하지 않도록 해야 한다. 여기까지 문제를 해결하고 마음을 굳게 먹었다면, 다음과 같은 부동산 수익성이나 가치 개발에 관련된 질문도 당신에게는 고려 대상이 안 된다.

'그렇게 작은 집을 사서 30년 후에 어떻게 이득을 남기고 팔려고

하지?'

미래의 수익은 대략적으로만 추정할 수 있을 뿐, 정확히는 모른다. 당신 재산을 상속받은 사람이 집을 팔려고 할 때 이득이 적어 불평하거나 생각보다 많아서 기뻐할 수도 있다.

그러나 자가 부동산을 취득하는 것은 자본 투자 활동보다도 실체적인 면에서 여러 가지 이점이 있다. 일단 집을 목표로 할 때는 저축에 대한 동기 부여가 두 배로 더 강해진다. 더 중요한 것은 당신이 집을 소중하게 생각하는 것만큼 집을 잘 관리하는 좋은 가족과 살수 있다는 점이다. 임대료 걱정도 없고 연방이나 국가가 임대료 상한을 결정해도 당신에게는 별 상관이 없다. 다만 자가 부동산에 대한 세금 공제 혜택이 없고, 대출 금리를 세금에서 공제할 수도 없다. 그러나 임대 수익이 있어도 세금 혜택이 없긴 마찬가지다. 그리고 여러 번 언급했듯이 나쁜 투자로 얻는 세금 혜택은 결국 당신에게 해가 된다.

부동산 때문에 생기는 여러 가지 갈등

부동산을 구입하는 것이 기본적으로 라이프스타일에 관한 결정이라면, 소유한 부동산이 당신의 삶의 질을 떨어뜨릴 만한 요인이 생기는지 항상 주시해야 한다. 원칙적으로 자가 부동산 구입은 영구 거주하려는 경우에만 적절한 선택이 된다. 5년 안에 도시 외곽에 정원이 있는 집을 구매할 계획을 가지고, 지금 방 3~4개짜리 아파트를 사는 것은 구매 가격의 10%가 거래 비용으로 나가므로 손해만 보는 셈이다. 단기적으로는 가치가 상승해 시세 차익을 보지 않는 이상 어려운 일이다. 사용하지 않는 부동산을 단순히 보유하기만 하면 일반적으로 다른 자산 축적(또는 소비 생활)의 기회를 잃는 결과를 가져온다. 또한 대출금으로 인한 채무 부담을 지고, 자산의 대부분이 부동산으로 쏠린 불균형 상태가 된다.

당신의 인생 계획에 필요한 부동산에서 중요한 것은 장기적인 관점을 유지하는 것이다. 특히 부동산 구매 결정을 섣부르게 내리면 오히려 부동산에 발목이 묶여버린다. 이때 부동산이 개인적인 발전을 방해하기도 한다. 당신은 회사를 위해 3년 동안 중국이나 미국에 갈 수 있는가? 도시에서 더 나은 경력을 쌓을 수 있나? 아니면 고향의 작은 마을에서 중견기업을 이끌 기회가 있다면?

기회가 되면 당연히 당신의 부동산을 임대하거나 판매할 수 있다. 그러나 부동산이 있다는 것만으로도 일을 추진할 때 방해가 된다. 당신이 계속 신경을 쓰기 때문이다. 자가 부동산을 생각하는데 정신이 팔려 다른 기회를 찾기는커녕 기회가 온 걸 알아채지도 못한다. 부동산의 위력은 이렇게 막강하다. 평생 이사할 마음이 없는 다른 도시에 사는 여성이나 타 지역에 매력적인 직업(또는 매력적인 부동산)을 소유한 여성과 사랑에 빠지면 어떻게 될까? 자신이 살고 있는 도시를 벗어날 수 있을까? 너무 이른 시기에 집을 소유하는 건 잠재적으로 많은 발전 기회와 경험을 빼앗아간다. 또한 집 자체에는 아무런 변화가 없는데 자녀가 생기면 집은 상대적으로 작아 보이고, 아이들이 커서 독립하고 나면 다시 크게 보인다.

상속 부동산의 경우는 상당한 갈등을 유발할 수 있다. 상속의 규모가 클수록 상황은 더 나빠진다. 국가가 지정한 보호자가 있는 미성년자가 연루되면 재산 처분이 더 복잡하다. 상속인 각자가 처한 상황이나 부동산 가치에 대한 생각이 다르고, 나이가 어린 상속인의 경우 재산에 대한 관점이 성인과 다를 수도 있다. 부동산 상속은 여러 갈등을 유발한다. 누가 상속을 받고 상속에 필요한 비용은 누가 처리할 것이며, 이 모든 상속 절차를 감수할 만한 가치는 있는가? 반면에 현금이나 증권 계좌는 이런 문제없이 쉽게 분할 상속이 가능하다.

부동산이 분쟁 소지가 되는 것은 이혼이 가장 대표적인 사례다. 이혼은 실망의 감정이 원인이 되어 발생한다. 아이와 반려동물에 대한 책임 소재를 가리는 과정도 복잡하다. 경우에 따라 자가 부동산은 감정을 폭발시키는 전쟁터가 된다. 집은 대개 가장 큰 자산이며 아이들의 터전이고, 이혼할 때는 실패한 삶의 상징처럼 여겨진다. 변호사를 수임해 집의 가치에 대한 논쟁을 벌이면 많은 비용이 들 것이다. 갈등은 상처를 남기고, 법적 분쟁 과정에서 더 많은 에너지와 시간이 필요하다. 부동산에 대한 논쟁은 아이 양육권이나 다른 문제에 대한 합의를 방해하는 요인이 될 수도 있다. 상속 부동산과 마찬가지로 증권 계좌를 자산으로 가지고 있으면 문제 해결은 더 쉽다. 가치는 정해져 있고 이득을 계산해서 분할 지급하면 모든 과정이 끝난다. 일단 재산 분할이 끝나고 나면 부부는 각자의 손에서 위험한 무기 한 개씩은 내려놓는 셈이 된다.

부부가 이혼하면서도 서로에 대한 예의를 갖추고 상대가 자신을 사랑했던 사람이란 것을 기억한다고 생각해보자. 상대를 존중하면서 해결책을 마련하고 이혼에 합의했더라도 비용은 여전히 들어간다.

토르스텐과 크리스티안 커플을 예시로 들겠다. 그들은 예전부터 가져온 신념에 따라 대출 이자율이 낮은 시기에 집세를 내면서 돈을 낭비하지 않기로 결정했다. 그래서 그들은 4년 전 오래된 아파트를 45만 유로에 샀다. 둘이서 각각 5만 유로씩 자산을 투자했다. 토르스텐과 크리스티안은 그 이상의 금액은 갖고 있지 않았다. 중개인, 부동산 양도세, 공증인, 토지 등기부 비용으로 4만 5000유로가 더 필요했고 집도 약간 수리가 필요했다. 그래서 42만 유로의 대출을 받았고, 상환 기간은 30년이었다. 은행과 향후 10년간 이자율을 1.2%로 합의하자 월 이자는 1389유로 정도로 집세보다 400유로가 더 많았다. 여기서 무슨 문제가 생겼을까?

4년 후 둘의 동거 생활이 끝났을 때 42만 유로의 대출금 중 실제로 상환된 금액은 많지 않았다. 여전히 37만 2353유로가 남아 있었다. 지금까지 두 사람은 거의 4만 8000유로를 상환했으며 이는 수리 비용에 지출한 금액보다도 적었다. 둘 중에 한 명이 빚을 전부 떠안을 수 없는 상황이라 남은 선택지는 아파트를 파는 일뿐이었다. 그리고 나타난 구매 희망자가 둘의 부동산 대출을 인수해서 조기 상환 위약금은 내지 않아도 되었다. 이 지역의 부동산은 날로 가치가 상승하는 추세다. 현재 아파트 시세는 20% 더 올랐다.

토르스텐과 크리스티안이 받은 계산서는 다음과 같다. 아파트는 54만 유로에 팔고 37만 2353유로의 부채가 상환되어 16만 7647유로가 남는다. 이 총액에는 두 사람이 4년 동안 대출금을 갚느라 월 400유로를 더 지불했다는 사실도 포함된다. 따라서 그 금액을 차감하고 4만 8447유로의 이익을 얻어야 한다. 두 사람 각각 대략 2만 4000유로가 남았다. 휴, 다행히 손해는 보지 않았다. 사실 토르스텐과 크리스티안이 원했던 건 둘이 같이 살 집을 마련하는 것이 전부였다. 그러나 이에 따른 높은 대출금과 부대 비용을 미처 예상하지 못하는 바람에 사실 그들은 매우 높은 비용을 치르고 자본시장 공부를 한 셈이다.

만약 부동산 가격이 오르지 않고 그대로 유지되고 은행의 조기 상환 위약금이 더해졌다면,[40] 청구서는 다음과 같았을 것이다.

45만 유로 (매매가)

- 37만 2353유로 (잔여 대출금)

- 1만 9384유로 (조기 상환 위약금)

- 10만 유로 (자산)

- 1만 9200유로 (400유로 × 48개월, 월세를 내는 대신 매월 초과 부담한 대출이자 비용)

= - 6만 937유로

거의 6만 유로 손해라니! 둘 다 자산의 3분의 2를 잃고, 아파트도

날릴 뻔했다. 부동산 시세가 토르스텐과 크리스티안이 살 때보다 조금이라도 하락했더라면 둘이 헤어진 이후에도 채무를 갚으면서 나쁜 기억이 오래도록 마음에 남았을 것이다. 이것이 부동산 투자의 비체계적인 위험이 높아진 사례다.

다른 대안을 한번 생각해보자. 토르스텐과 크리스티안이 ETF 투자 포트폴리오에 각각 5만 유로를 투자한다는 대안이다. 그리고 향후 4년 동안 절약 가능한 임대료 400유로, 즉 각각 200유로를 투자한다. ETF 투자 포트폴리오 수익률에 따라 둘 다 4년 후에 5만 9600유로의 수익을 얻는다.

위험과 자본시장의 흐름에 따라 수십 가지 시나리오를 생각해볼 수 있다. 단시간에 신뢰성 높은 조언을 하는 것은 오히려 의심을 사기 쉽다. 그래서 여러 가지 가능성을 놓고 생각해보라는 것이다.

모든 자본 투자 시나리오에는 한 가지 공통점이 있다. 특정 기준일에 비체계적인 위험이 있을 가능성을 피할 수 있다는 것이다. 공동 자본으로 투자를 한 뒤에 두 사람이 헤어질 경우, 자본은 추가 비용을 거의 들이지 않고 깔끔하게 분할할 수 있다. 그리고 투자 전략은 계속해서 지속 가능하다. 손실은 만회할 수 있고 수익은 계속 발생한다.

그렇다고 공동 투자를 하면서 낭만적인 감정을 느끼지 말라는 뜻은 아니다. 단지 당신이 무엇을 하고 있는지 인지하고 부동산 투자가 당신의 재정적인 인생 계획을 위험에 빠뜨릴 가능성을 미리 생각해야 한다. 크리스티안과 토르스텐은 그들의 관계가 영원할 것이라고 생각했고, 자기 재정 상태에 맞지 않는 결정을 했다.

긴 호흡으로 생각하자

자가 부동산을 구매하면서 따르는 높은 비용 부담을 고려한다면, 부동산 구입은 일생일대의 결정이 된다. 저금리든 아니든 언젠가는 대출금을 갚아야 한다. 그래서 장기 계획이 필요하다. 당신이 부동산을 선택한다는 의미는 다른 곳에 돈을 쓰거나 투자할 기회를 포기한다는 말이 된다. 재정적으로 아주 여유롭지 않은 한 하나를 취하면 다른 것을 단념해야 하는 상황은 바뀌지 않는다. 따라서 자가 부동산에 부여하는 주관적이고 감정적인 가치는 높아야 하고, 재정과 인생 계획 자체도 견고하게 세워둬야 한다. 그러지 않으면 너무 무리해서 빨리 지치게 된다.

자가 부동산에 관해 확고한 신념을 가진 어떤 사람은 다음과 같이 말한다.

"나는 살면서 내가 필요한 집 딱 한 채만 지을 거야."

아니면 이렇게 말할 수도 있다.

"우리가 함께할 준비만 되어 있다면 뭐든 제대로 해낼 수 있어."

그러나 조심하지 않으면 많은 것이 사라질 수 있다. 예를 들어 욕실과 주방 디자인은 개인 성향에 따라 첨예한 대립이 발생하는 장소이기도 하다. 그리고 기존 부동산을 매매하는 것보다 건축하는 것이 3분의 1정도 비싸고, 기간은 두 배가량 더 오래 걸린다는 것을 깊이 새길 필요가 있다.

상황에 따라 전면 수리가 필요한 아파트를 구입하고 직접 수리를 진행하는 사람도 있다. 이처럼 집을 마련하는 데는 까다로운 일도 따라오기 마련이다. 몸을 쓰는 작업에 익숙하지 않고, 오랫동안 이어지는 수리 과정을 즐기지 못하면 비용이 감당 못 할 정도로 늘어난다. 더불어 계획보다 더 오래 임시 주거지에서 살게 될 위험도 있다. 휴가, 여행 또는 친구를 만나는 일 모두가 금전적, 시간적 측면에서 부족해진다. 당신이 그래도 이런 일에 관심을 가진다면 배우자의 완전한 동의를 구해야 한다. 그러지 않으면 두 명이 함께하는 공동 프로젝트가 오히려 관계를 악화시키는 요인으로 작용한다. 나는 이런 사례를 내 친구들을 통해 보았다. 예상보다 훨씬 길어진 리모델링 기간 때문에 내 친구들은 재정적으로 어려움을 겪었으면 인생 계획도 어그러졌다. 리모델링을 시작하고 2년 반 정도가 지난 후, 내 친구 커플은 거의 (완벽하게) 수리를 마친 집을 처분하고 다른 곳으로 이사를 가버렸다.

보험:
사각 지대를 추적하고
비상시 계획 세우기

나는 누구보다 안정을 추구하고 냉정해야 할 컨설턴트지만, 불필요하고 비생산적인 보험을 너무 많이 가입했다. 때로는 같은 보험을 두 번 가입한 경우도 있다. 대학교에서 지인을 만나거나 친구의 지인이 보험사에서 근무를 할 때 친구를 도와주려고 보험에 가입하는 경우도 있었다. 자동차 보험을 들어야 할 때도 언제나 보험 설계사가 내 근처에 있었다. 그 결과 가입할 필요도 없는 보험에 중복 가입을 한 경우가 많아졌다. 아기와 어린이를 포함해 독일인은 평균 최소 한 개 이상의 생명보험을 포함한 다섯 개 이상의 보험에 가입되어 있다.[41] 사람들은 인덕션 세라믹 상판 파손 보험, 여행 가방 분실 대비용 보험, 여행 취소 대비 보험까지 온갖 의심스러운 경우에 대비한 보험에 가입할 수 있다. 이민자들을 위한 가이드북 《독일인 되는 법How to be German》에는 이런 농담이 있다.

"만약 당신이 독일인을 온갖 위험에서 보호해줄 단 하나의 보험 상품을 만들어낸다면 8000만 독일인이 환호할 것이다."[42]

이미 수많은 보험이 있기 때문에 더 나은 대안은 딱히 없다. 보험에 많이 가입해도 기본적이고 중요한 보호막이 부족한 경우가 생긴다.

몇 년 전 나는 책임 보험에 가입하지 않은 부유한 노부인을 만났다. 비상시 총 재정 손실을 방지 가능한 보험은 1년에 몇십 유로만 있으면 가입이 가능했다. 보험 분야에도 과잉 상품은 있지만 법률상 일반적으로는 금융상품에 비해 심각한 결함이 있다. 무엇일까? 보험은 금융상품처럼 판매는 하지만 추천은 하지 않기 때문이다. 보험을 들 때는 법률 자문을 구해봐야 한다. 보험 가입에는 상대적으로 높은 비용이 들어가는데, 사람들이 보험 약관에는 그리 큰 관심을 두지 않기 때문이다. 보험의 중요성을 인식하지 못하는 사람도 많다. 그런 사람들에게는 대개는 별다른 일이 일어나진 않는다. 그러나 비상 계획에서 법률적인 부분이 상당히 중요한 만큼 보험이 보장하는 영역도 분명히 살펴볼 필요는 있다. 이것은 시간과 우선권을 설정하는 것에 대한 문제다.

질병, 치매, 사고에 대비하는
위임장의 필요성

∨

오늘날 우리가 유사시 위임장의 존재를 간과하는 것은 자산 계획이 가진 전형적인 사각지대다. 많은 사람이 문제점을 인식하지 못하고 남편이나 아내로서의 지위가 서로의 입장을 대변하기에 충분하다고 믿고 있다. 아니면 사각지대를 알고서도 아무 조치를 취하지 않기도 한다. 공포 시나리오에서 자신의 마지막을 생각하는 일은 그리 즐겁지 않다. 이것은 사람들이 최대한 미루고 싶어 하는 암 검진 같은 주제다. 보통 사람들은 주변에 큰일이 생긴 걸 보고나서야 뭔가 조치를 취하려는 경향이 있다. 나이가 들수록 언젠가 치매에 걸릴 가능성이 매우 높아진다. 80세 노인의 치매 발병률은 15% 이상이고, 85세가 되면 25% 이상이 된다.[43]

아는 것과 행하는 것 사이의 격차를 좁히려면 때로는 약간의 자극이나 즐거운 대화가 필요하다. 그러나 사람들은 사고, 죽음, 심각한 질병에 대해 이야기할 때는 돈에 대해 이야기할 때와 마찬가지로 서툴기만 하다. 그러면 누가 당신에게 자극을 줄 것인가? 당신이 생각해본 적도 없고, 불편하게 여기는 것에 대해서 누가 감히 당신에게 먼저 물어볼 수 있겠는가? 그러면 당신이 이렇게나 불편하게 여기는 일을 제대로 처리했는지 주기적으로 확인하고 감독하는 사람은 누구인가?

이 분야에서만큼은 변호사와 공증인은 고객에게 적극적으로 다가가는 사람들이 아니다. 오히려 당신의 보험 중개인이 전반적인 보호막을 제공해야 한다. 아니면 당신의 주거래 은행 금융 컨설턴트도 보험 중개인과 같은 역할을 맡기도 한다. 원래 금융 컨설턴트는 고객 재정에 여유가 없는지 확인하는 게 일이다. 그런데 상품 판매에 특화된 사람이 보험 업무 능력이 있다는 것은 좀 믿기 힘들지 않은가? 결국 보험으로 인생 계획을 세우는 일은 누구 한 사람이 마법 지팡이를 한 번 휘둘러서 해결되는 문제가 아니다.

위임장은 크게 의료 부문과, 법률과 재정 부분으로 나뉜다. 법률과 재정 부분에서 당신의 대리인은 당신 앞으로 온 우편물과 메일을 읽고 당신 대신에 관청과 법원에서 법적 효력이 있는 결정을 내린다. 이 대리인은 당신을 위해 임대차 계약을 체결하고, 당신의 거주지를 결정할 수도 있다. 거기다 당신의 자금 투자처를 결정하고 신용 대출부터 송금 업무까지 처리하며 당신의 금고에도 접근할 수 있다.

의료 부문에서는 당신의 위임을 받은 대리인과 의료계 종사자 사이에 직업상 비밀 유지 의무가 사라진다. 그러면 당신의 대리인은 당신이 입원이나 외래 진료 중 어떤 치료를 받을지 결정할 수 있다. 당신이 생존 당시 사전의료의향서를 남겼을 경우, 대리인이 이를 집행하도록 명시적으로 승인할 수 있다. 그러나 사전의료의향서가 없더라도 대리인은 당신에게 적합한 치료를 임의로 선택 가능하다. 당신이 그에게 권한을 부여했다면, 당신이 사망에 이르더라도 치료를 거부할 수 있다. 예를 들어 당신이 인위적으로 음식을 섭취해야 하고, 장기적으로 당신이 더 이상 의식을 회복하지 못할 것이라고 가정하는 상황에서 당신의 대리인이 더 이상의 치료를 거부하면 죽음에 이르게 되는 것이다. 만약 위임장에 당신이 신뢰하는 사람이 당신을 정신병원에 보낼 수 있다는 권한을 명시한다면, 언젠가 당신은 정신병동에 보내지고 필요한 경우 향정신성 약물을 투여받거나 결박을 당할 수도 있다.

섬뜩하지 않은가? 많은 사람이 이런 주제에 관해 말하길 꺼리는 것도 놀라운 일은 아니다. 내가 위임장을 작성할 당시, 특히 공증인이 위에 언급한 정신병원에 관련된 대목을 읽을 때 나는 마른 침을 삼키며 아내의 눈을 깊이 들여다보았다. 최악의 상황에 이르면 분명히 다른 사람이 당신을 위해 이 모든 무서운 결정을 내릴 것이다. 사랑하는 사람이나 절친한 친구, 법원에서 지정한 감독관 중 누구를 선택할지는 당신에게 달려 있다.

여기에 당신의 심리적 부담을 덜어줄 만한 세 가지 요소가 있다.

첫째, 당신의 대리인이 당신을 정신병동에 강제 입원시키거나 은행에서 신용 대출을 받지 못하도록 금지할 수 있다.

둘째, 앞서 언급했듯 각 분야마다 다른 사람을 지정해서 권한을 위임할 수 있다. 예를 들어 의료 분야의 경우 당신의 남편에게 권한을 위임하고, 당신의 여동생에게는 재무 분야의 권한을 위임하는 식이다.

셋째, 당신은 이제 더 이상 무언가를 선택할 필요가 없다. 당신의 대리인과의 신뢰 관계가 악화되거나 대리인이 너무 나이가 들어 더 이상 대리인 업무를 더 이상 감당할 수 없다고 생각하면 언제든지 위임장을 처리할 수 있다.

그래도 사전 위임장이 여전히 안전하지 않다는 생각이 들면, 최소한의 해결 방안으로써 소위 보호 처분을 통해 법원이 지정하는 후견인의 도움을 받을 수 있다. 나는 개인적으로 내가 가장 필요할 때 날 돌봐줄 사람을 굳이 후견인 제도를 사용해서 방해하지는 않을 생각이다. 그러나 결론적으로는 후견인이 없는 것보다는 있는 편이 확실히 낫다.

대리인을 활용하자

위임장은 어떻게 작성할까? 가장 어려운 일은 적합한 대리인을 찾아내는 것이다. 물론 핵심은 신뢰지만 몇 가지 더 주의해야 할 사항이 있다. 당신이 선정한 대리인이 당신의 일을 지속해서 맡아 처리할 수 있는가? 당신의 자녀가 이제 막 성년이 된 경우라면, 특히 법적, 행정적 문제가 자녀에게 큰 부담으로 다가올 것이다. 당신이 73세이고, 배우자가 5세 연상이라면 대리인이 없으면 일처리에 어려움을 겪을 게 분명하다. 당신은 당신의 인생을 가장 친한 친구에게 맡길 수 있다. 그를 신뢰하기 때문이다. 그러나 당신의 친구는 사업 때문에 바빠서 시간을 전혀 낼 수 없거나, 주변 정리를 제대로 못 해서 일을 뒤죽박죽으로 처리하는 사람일 수도 있다. 두 경우 모두 대리인이 되기엔 좋은 조건이 아니다. 그리고 만일을 대비하여 대리인의 대리를 지정하는 것을 잊지 말라.

의료 의향에 관한 문제는 당신의 대리인이 당신의 의지와 생각을 완전히 이해하고 있는지가 중요하다. 심각한 경우 생명을 연장하는 조치를 거부하는 것은 엄청난 도덕적, 정신적 부담이 된다. 특히 의료 부문에서는 두 명 이상에게 동등한 대리인의 권한을 부여해서는 절대 안 된다. 만약 당신에게 자녀가 여러 명 있을 경우에는 가족 내부에서 명확한 우선순위를 정해 무엇이든 결정하게 해야 한다. 그리고 아이들에게 그 이유를 설명해야 한다. 그러지 않으면 서로 다른 견해 때문에 결정을 내리는 게 불가능해지거나 법적 분쟁에만 수년이 소요되고, 가족은 해체될 것이다. 물론 당신 자신도 누군가에게 대리인이 되어줄 것인지 생각해봐야 한다. 대리인은 엄청난 책임을 져야 하고, 잠재적으로 많은 일을 처리해야 한다.

여기까지 진행했다면, 모든 사항을 서면으로 남겨야 한다. 가장 쉽고 저렴한 해결책은 연방 법무부의 표준 양식을 따르는 것이다.[44] 그리고 자신이 직접 작성한 위임장을 가지고 공증을 받아야 한다. 이걸로 누군가 당신의 서명을 인정하지 않을 위험을 막을 수 있다. 금융 부문 위임은 가능한 개별 은행 양식에 따라 제공해야 한다. 이것은 서명이 있는 위임장이 공증된 경우 법적으로 필요하지는 않지만 불필요한 은행과의 분쟁을 피할 수 있다.

당신이 부동산을 소유하고 있어도 공증인이 필요하다. 부동산 거래뿐만 아니라 담보 대출, 토지 등기부 작성 등의 문제는 위임받은 대리인의 권한으로는 전부 처리할 수 없기 때문이다. 이것은 주식 거래에도 동일하게 적용된다.

만약 나라면 공증인을 적극적으로 찾아 위의 주식, 금융 거래나 부동산에 관련된 일을 전부 처리해둘 것이다. 위임장만 가지고는 여러 가지 심각한 문제가 발생할 가능성이 있다. 내가 던졌던 핵심 질문을 기억하라. 이 결정으로 인해 나의 삶의 질이 조금이라도 더 나아질 수 있는가? 위임장은 비상시에 유용하게 쓰일 뿐만 아니라 당신의 내면에도 평화를 가져온다. 그리고 공증 문서는 문제가 생겼을 때 수많은 질문에 시달릴 필요 없이 모든 일에 대비를 해둔다는 의미가 있다.

대리인 제도에도 남용의 위험이 있다. 그것을 완전히 막을 수는 없다. 그러나 대리인이 아예 없는 것은 확실히 더 위험하다. 나는 모든 사람이 권한을 부여받은 대리인을 두어야 한다고 확신한다. 당신에게 큰일이 생겼을 때 남겨질 당신의 자녀를 생각해보라. 당신의 자녀를 혼란스러운 가운데 보호하고, 일 처리를 도와줄 대리인은 반드시 필요하다.

삶에 대해 이야기 나눌 상대를 구한다

$\vee$

엄밀히 말해서, 당신에게 대리인이 있으면 사전의료의향서는 딱히 필요가 없다. 당신의 대리인이 당신을 위해서 치료에 필요한 결정을 내릴 수 있기 때문이다. 그래도 사전의료의향서는 여전히 유용하게 쓰인다. 그 이유는 첫째, 당신의 대리인에게 의료 종사자와 더 많은 소통 능력을 부여한다. 사전의료의향서가 있다면 의료진이 치료를 진행할 때 환자를 위해 더 쉽게 결정을 내릴 수 있다. 둘째, 사전의료의향서가 있으면 당신을 책임지는 사람도 수월하다. 예를 들어 사랑하는 사람의 연명 치료를 중단하는 결정을 할 때 사전의료의향서가 없다면 결정권자에게 큰 부담이 된다. 이것은 행정적 행위가 아니다. 서면으로 사전의료의향서를 남긴다는 것의 의미는 권한 있는 대리인에 대한 예의다.

사전의료의향서의 집행은 위임장의 경우와 같다. 표준 양식을 인쇄하여 서명만 추가한 후 공증하거나, 사전의료의향서를 직접 작성하여 공증을 받을 수 있다. 그러나 내 생각에는 이 두 가지 모두 충분하지 않다. 사전의료의향서는 단순히 매매 계약이나 위임장과 같은 법적 서류가 아니다. 그것은 당신의 종교적, 윤리적, 철학적 가치와 깊은 관련이 있다. 법적으로 완벽한 사전의료의향서는 당신의 가치에 관해 당신의 대리인에게 말하는 것으로 완성된다. 요컨대 당신에게 사전의료의향서가 없더라도 당신의 권리를 위임 받은 대리인이 당신의 가치와 소망을 비교적 명확하게 이해하고 있다면 문제가 없다.

이렇게 빈틈없는 사전의료의향서도 외려 해로울 때가 있다. 내 친구 베티나는 말했다.

"우리 엄마가 사전의료의향서를 작성한 걸 보고 나랑 아빠도 똑같이 작성했어."

나는 베티나와 그의 부모님을 모두 알고 있었다. 베티나의 아버지는 치매가 점점 심해지고 있었고, 죽음을 목전에 두고 있었다. 베티나의 어머니는 육체적으로 건강하고 활력 넘치는 80세의 노인이었다. 그리고 베티나는 50대 중반의 미혼모였다. 그럼 이들에게 모두 같은 기준과 의료 조치가 적용되겠는가? 만약에 그렇다면 정말로 놀라운 우연의 일치일 것이다.

당신 주변에서 일어난 불행한 일이나 유명인이 겪었던 비극적인 사건을 떠올려보자. 그 사례 중에서 인상 깊었던 점을 당신의 대리인과 나눠보라. 당신이 삶과 죽음의 경계에 있게 되었을 때를 가정하고 당신의 소망과 가치를 대리인에게 명확하게 전달해야 한다. 그러지 않으면 사람들은 자신의 생각을 다른 사람에게 투영시키는 경향이 있다. 아내와 나는 어렸을 때부터 알고 지냈고, 30년 넘게 함께 살고 있다. 우리 부부가 대화를 나누지 않았다면 우리가 생각하는 인생의 가치가 서로 완전히 다르다는 사실을 몰랐을 것이다.

우리가 죽음, 치매에 대해 이야기할 때 돈에 관해 말할 때와 마찬가지로 서툴기 때문에 이야기를 시작하는 것부터 쉽지 않다. 그러나 기대수명이 높아질수록 인간에게 불행한 사건이 일어날 가능성은 높아진다. 그러므로 눈을 감고 무시해버린다고 문제가 해결되지 않는다.

나는 삶에 대해 깊이 있는 대화를 나눌 전문가를 찾아가는 것이 가장 좋은 방법이라고 생각한다. 죽음을 글로 배운 사람이 아니라 정말로 죽음을 잘 아는 전문가가 필요하다. 당신이 믿는 주치의가 있다면, 그와 함께 대화를 나누는 것도 좋은 선택이다. 별 효과가 없을 수도 있지만, 시도해볼 만한 가치는 있다.

가장 좋은 전문 대화 상대는 중환자실이나 호스피스 병원에서 근무하는 의료인들이다. 최근 몇 년 동안 독일에서 소위 '사전 돌봄 계획Advance Care Planning'이라는 프로그램이 있었다. 여기서는 사전의료의향서를 좀 더 발전된 형태로 다루고 있다. 나도 이 프로그램에 참여해본 적이 있다. 이 프로그램에서는 특별 교육을 받은 상담사가 당신의 가치와 생각에 대해 깊은 대화를 나눈다. 특히 자신이 치료 방식을 선택할 수 없는 상황이 오래 지속될 때, 사전의료의향서가 있다면 의식이 없는 환자라도 자신이 원하는 치료를 받을 수 있다.

그러나 모든 사람이 자신의 두려운 감정을 이렇게 깊이 마주하지 않는다. 나에게는 사전의료의향서의 작성 과정이 아주 소중한 경험이 되었다. 이 과정에서 얻은 결과가 마음을 편안하게 해주었다. 편하다고 느낀 것은 오직 결과물 덕분이 아니다. 내가 원하는 것과 원하지 않는 것이 무엇인지 전문 대화 상대의 도움을 받아 더 명확해졌기 때문이다. 전문가와의 대화에서 더 의미 있는 일은 당신의 권한을 위임받은 대리인이 동석하여, 당신의 가치관을 잘 파악하고 차별화된 통찰력을 가지는 것이다.

의미 있는 보험, 의미 없는 보험

$\vee$

보험, 꼭 들어야 할까?

젊음은 경제학자들이 '인적 자본'이라고 부르는 인간의 가장 큰 자산이다. 엄밀히 말해 당신이 젊다면 당신이 평생 벌 수 있는 돈은 대개 이미 쌓아온 자산보다 훨씬 더 많다.

만약 당신이 노동력을 상실하고, 충분한 자산이나 수입이 없으면 대비책이 있어야 한다. 단기적으로는 실업보험과 긴급 유동 자산이 이 수입 공백을 메울 수 있다. 기억하는가? 이때가 트레비 분수에서 첫 번째 항아리를 사용할 순간이다. 그러다 장기 결손으로 이어질 경우에는 소위 산업재해 보상보험이 필요하다. 이 보험은 아주 부유한 삶을 보장하진 않지만 생활 수준이 완전히 무너지지 않도록 지켜준다. 산업재해 보상보험료는 상대적으로 비싸기 때문에 많은 사람이 혜택을 줄여 불완전 계약을 체결하는 경우가 있다. 그러나 확실한 계약 조건으로 최소 보장을 받는 것보다 불완전한 계약을 하는 것이 더욱 무의미하다.

산업재해 보상보험에는 또 다른 부작용이 있다. 보험료와 수수료가 높고 보험 유지 기간이 길어서 보험 판매원에게는 높은 수당을 보장하기 때문이다. 30세에 63세까지 보장되는 산업재해 보상보험에 가입하고, 월 보험료를 100유로로 설정하면 상당한 거액이 보험료로 나가게 된다. 산업재해 보상보험의 계약 구조는 매우 복잡하고 투명성이 낮다. 약관에 기재된 작은 글씨는 대체 무엇일까? 무엇이

배제되어 있나? 보험이 얼마나 많은 경우에 보험 급여의 지급을 거부하며, 그다음에 제가 무엇을 맡겠는가? 보장되지 않는 부분은 무엇인가? 보험사는 많은 경우에 보험금 지급을 거부하기도 한다. 만약 그런 일이 생긴다면 당신은 어떤 조치를 취할 것인가? 소득 수준에 따라 불공평한 경우가 발생하기도 한다. 한 달에 2500유로의 소득을 버는 40세의 변호사가 60세 이전에 '업무상 재해'를 입었을 경우에 매달 75유로만 보장하는 것이 공정한 일인가? 변호사가 연금 수령이 가능한 나이 직전까지 보험을 유지하면 어째서 보험료는 두 배가 되는가? 어째서 변호사는 같은 사무실에서 근무하는 40세의 동갑 인턴의 보험료보다 25%가 높은 액수를 내고 있는가?

이런 불공정한 일을 막으려면 정말 좋은 컨설턴트가 필요하다. 이게 나쁜 소식이기도 한 이유는 보험 상품을 파는 보험 판매원은 명백한 이해 상충 관계에 있어 좋은 컨설턴트가 될 수 없기 때문이다. 당신은 공정한 가격에 가능한 포괄적인 범위에서 자신에게 딱 맞는 혜택을 누리고 싶다. 그러나 보험 판매원은 최소한의 노력으로 거래를 성사시키고 가장 높은 수수료를 받기를 원한다. 보험 판매원에게 조언은 곧 손해이며, 판매는 수익으로 이어진다. 그래서 보험 판매원은 건강을 우려하는 고객의 약점을 파고드는 좀 더 '실용적인' 방법을 사용해 보험 계약을 빠르게 진행한다.

이렇게 진행되는 보험 계약은 당신에게 아무런 혜택도 보장하지 않는 결과를 가져온다. 특정 질병이 보장 범위에서 빠질 수도 있다. 너무 많은 질병에 대한 혜택을 보험에 포함시키면 보험사 입장에서는 경쟁 보험사의 상품보다 들어가는 비용이 더 높아지기 때문이다. 그래서 감염 우려가 있는 병원에서 일하는 치료사들이 감염 질병으로부터 보호를 받지 못하는 경우가 생긴다.

이런 상황은 전형적인 보험 상품에서 자주 보이는 현상이다. 산업재해 보상보험은 일종의 연금저축보험의 형태로 그 기능이 제한되어 있다. 비록 정부 보조금이 당신이 낸 보험료를 어느 정도 보장한대도 별 의미가 없다. 사실상 연금저축보험도 좋은 상품은 아니기 때문이다.

보험 상품에 가입하는 두 가지 경로

지금 우리는 당신의 삶에 닥칠 위험을 보장해줄 보험 상품에 관해 이야기하고 있다. 이 보험을 매우 비효율적인 저축 방식과 착각하지 말라. 우리는 실생활에서 산업재해 보상보험의 보장 범위가 잘못 설정되어 있다는 것을 지속해서 깨닫고 있다. 그 결과 다시 새로운 산업재해 보상보험에 가입하려는 피보험자는 이미 나이가 든 상태고, 질병에 걸린 상태일 수도 있다. 그러면 보험료가 더 비싸거나 보험 가입이 아예 거부되기도 한다. 반대 경우도 생각해 볼 수 있다. 당신이 은퇴가 얼마 남지 않았고, 이미 많은 금액을 저축했거나 거액을 상속받은 경우에는 산업재해 보상보험의 혜택이 더 이상 필요하지 않다. 그러나 은퇴 시점이 되기 전에 보험을 해지하면 손해가 더 크니 계속 유지해야만 한다.

그러면 구체적으로 어떤 조치를 취해야 할까? 보험 대리점에는 가지 말라. 이론적으로 가능한 모든 보험을 판다는 '프리랜서' 보험 중개인을 선택하는 것도 잘못되었다. 그 중개인이 과연 당신의 편에 서서 최선의 보험 상품을 제안하겠는가, 아니면 자기 수수료 이익을 극대화하기 위해 최선의 제안을 하겠는가? 생각해보면 답은 명확하다. 결국 선택지는 두 가지만 남는다. 첫 번째는 직접 보험을 설계하는 것이다. 만약 당신이 스스로 결정하기를 원한다면 최소한 얼마나 많은 커버리지가 필요한지 가능한 현실적으로 계산하라. 이렇게 계산된 금액을 10~20%까지 반올림한다. 소비자 품질 평가 법인에서 발간한 책자 같은 것을 구입해서 소비자 평가가 좋고, 피보험자에게 보험료 지불 비율이 높은 보험사를 선택하라. 여기에서 당신은 가능한 가장 포괄적인 보장 범위가 있는 보험 상품을 선택해야 한다. 특히 건강 관련 보장 항목은 부족한 것보다는 과도할 정도로 많은 게 좋다. 그러면 의료 분야에서만큼은 미처 챙기지 못하고 넘어가는 부분이 없을 것이다. 이렇게 가입한 보험은 당신이 보험 판매원을 통해 가입한 보험보다 훨씬 더 조건이 좋다. 그러나 이 보험이 정말 좋은지는 다소 의심스럽다.

그래서 나는 두 번째 방법을 강력 추천한다. 진정성 있는 객관적인 컨설턴트를 찾는 것이다. 나는 복잡한 주제를 다룰 때는 항상 독립적인 컨설팅을 받는 데 돈을 투자한다. 내가 홀로 결정하면 어떤 것은 간과하고, 불필요한 요소를 선택하거나 보험료를 지급하기 전에 까다롭게 심사하는 보험사를 만날 가능성이 높기 때문이다. 극단적인 경우, 당신이 직접 설계해서 가입한 보험과 똑같은 결과가 나올 수도 있다. 그러나 내가 위임장 작성이나 사전의료의향서에 관해 말한 바와 같이 이런 보험도 없는 것보다는 있는 편이 낫다. 최소한 전문가의 도움을 받아 적절한 추측에 따라 잠재적으로 나쁜 일이 일어날 확률을 줄이는 것은 내면의 평화를 찾는 데 도움이 된다. 그래서 이해득실을 따져본 결과, 독립적인 보험 컨설팅을 진행하는 상담사의 수수료 없는 순수 보험증서에 드는 돈이, 용처도 모르는 수수료를 빼가는 보험 판매원에게 내는 돈보다는 적게 든다. 그래서 나는 이런 컨설팅을 받는 데 돈을 투자하는 것이 가치 있다고 생각한다.

산업재해 보상보험 외에도 당신의 가치와 안정 추구 성향에 따라 나름 의미는 있지만 결국 불필요한 보험도 많다. 이런 보험을 유지하는 것은 당신과 당신 가족에게 재정적 손실을 초래할 수 있다. 가족의 사회적 지위가 하락하고, 생활 수준이 낮아질 것이다. 당신이 직접 부담 가능한 부분에 대해서는 보험 상품에 가입할 필요가 없다. 요양보험이나 질병보상보험 등은 불필요한 보험이다. 당신에게 충분한 소득이 있다면 꼭 이런 보험이 없어도 살 수 있다.

사보험에 가입할 때 당신이 나이가 많으면 보험료가 엄청나게 증가한다는 걸 명심하라. 당신과 같은 연령대의 피보험자가 당신과 함께 늙어가면서 당신의 보험료로 혜택을 누리기 때문이다. 당신이 아이를 낳아도 보험료는 상승한다. 인상된 보험료는 아이가 없는 동안 단기적인 혜택을 누리다가 아이 출생 이후에 누리던 혜택이 사라지는 다수의 고소득층 젊은이에게 부담으로 돌아간다. 실제로 보험 관련 서비스를 받으려면 민간 보조 보험을 가입하는 것이 종종 보험 가입 목적에 더 적합하다. 만약 당신이 과도한 보험료를 부담하고 있다면, 같은 보험사에서 좀 더 저렴한 보험료를 내는 상품으로 갈아탈 수도 있다. 이때도 독립적인 보험 컨설팅이 도움이 된다. 경우에 따라서는 공보험으로 되돌아가게 해줄 수도 있다.

질병보험과 상해보험

우리는 많은 보험 회사에서 이른바 무서운 질병보험을 미리 들 필요가 없다. 심각한 질병 진단을 받은 후에 일회성 치료비를 내도 문제가 없다. 심장마비, 뇌졸중, 암 또는 다발성 경화증을 두려워하지 않는 사람에게도 이런 질병과 관련 보험은 비교적 잘 팔린다. 알다시피 두려움은 탐욕보다 상품 판매에 더 도움이 된다. 가족 중 누군가 뇌졸중이나 허리 골절로 인해 더 이상 일할 수 없는지 여부는 관련이 없다. 직업 능력에 가장 큰 영향을 끼치는 정신 질환과 골격계 질환은 위에 언급된 공포 마케팅으로 파는 보험이 아니다. 산업재해 보상보험의 혜택을 받지 못하는 사람이라면 따로 정신 질환과 골격계 질환을 보장해주는 보험 상품에 가입해야 한다.

이것은 상해보험의 경우도 마찬가지다. 암벽 등반, 행글라이딩, 모터사이클과 같은 매우 위험한 취미가 없다면 상해보험은 필요 없다. 상해보험은 첫째, 영구적인 손상에 대해서만 비용을 지불한다. 둘째, 사고는 심각할 수도 있다. 당신의 보험 판매자는 당신의 두려움을 이용한다. 그러나 사고는 상대적으로 드물다. 질병으로 실직할 확률은 사고보다 9배 더 높다.[45] 우리가 사고를 아주 강하게 인지하는 것은 인간의 전형적인 착각 때문이다. 착각의 감정을 활용한 '가용성 휴리스틱(머릿속에 잘 떠오르는 정보나 사례에 근거해 해당 사건이나 사례가 일어날 확률이 더 높다고 여기는 인지적 경향-옮긴이)'이 보험 판매에서 가장 널리 쓰이는 기법 중 하나다.

위험 평가에서 가용성 휴리스틱이 쓰이는 전형적 사례는 상어 공격이다.[46] 인간은 누구나 상어를 두려워한다. 그렇지 않은가? 나는 사르데냐에서 깊은 물속으로 들어가 수영을 하다가 발밑에 어두운 물과 그림자가 보이면 영화의 한 장면이 떠오른다. 매년 전 세계적으로 얼마나 많은 상어 공격이 발생하는지 아는가? 지난 20년 (2000~2019년) 동안 연간 100번을 넘지 않았고, 대부분 훨씬 적었으며 그 중 평균 6마리 미만이 치명적이었다.[47] 전 세계적으로, 일 년 내내 말이다. 사르데냐에서도 치명적인 상어 공격이 있었다. 마지막 공격은 1721년 6월이었다. 따라서 해변으로 가는 도중에 차 안에서 사고를 당하거나 아침에 화장실에서 미끄러질 가능성이 더 높다.

또 다른 상해보험의 말도 안 되는 종류 중 하나로 기여 회수 보험 Unfallversicherung mit Beitragsrückgewähr, UBR이 있다. 만약 당신에게 일정 기간 동안 아무 일도 일어나지 않는다면 납부했던 모든 보험료를 환급받는다. 보험료 원금에 대한 이자도 있다.[48] 상품을 자세히 보면 역시나 말도 안 되는 약관으로 채워져 있다. 상해보험은 연금보험만큼이나 불필요한 상품이다. 당신이 낸 보험금의 일부는 사고에 대비한 부담금으로 들어가고 그 나머지는 연금저축 형태로 보관된다. 그들의 이자 계산법은 이렇다. 보험이 많은 돈을 끌어오면 비용을 제한 후 당신이 지불한 보험료에 더해 돌려주는 방식이다.

그럼 좋은 거 아니냐고? 절대 아니다. 이런 보험은 투자 자본과 너무 깊숙이 연관되어 있다. 당신이 합리적으로 직접 투자를 했다면, 보험료에 이자를 더해 받는 금액보다 더 많은 수익을 올렸을 것이다. 당신이 보는 보험 계약서의 수익률은 너무 낮고 이자는 협소한 범위 내에서 지급된다. 피보험자의 보험료는 매년 찾아오는 인플레이션 영향으로 손실을 입고 있다. 인플레이션율을 1.5%로 가정하면 20년 후 구매력은 25% 이상 손실된다.

내가 아직 찾지 못한, 피보험자에게 기가 막힌 혜택을 가져다줄 보험이 하나 있다. 바로 상어 공격 대비 보험이다. 상어 공격을 받지 않으면 보험료를 100% 돌려받고 이자까지 받으니 정말 꿈같은 일 아니겠는가?

생명보험과 유언장을 마련한다

∨

보험을 리모델링하자

만약 당신이 제3자, 대개는 당신의 자녀, 배우자, 경우에 따라 부모까지 책임질 경우, 당신은 자신이 일찍 죽을 경우에 대비해야 한다. 이것은 당신의 자녀, 배우자, 부모가 당신의 소득과 노동력에 직접 의존할 때에 해당된다. 즉 당신이 아이들을 양육하거나 부모를 보살피는 경우라면 당신이 없더라도 이들의 생활에 지장이 없도록 준비해야 한다. 이럴 때 납부하는 보험료를 아까워해선 안 된다. 보험금은 아이를 교육하고, 배우자를 보호하며 자가 부동산에 대한 어떠한 대출도 상환할 수 있도록 충분해야 한다. 좋은 소식은 여러분이 젊을 때, 생명보험은 상대적으로 저렴하다는 것이다.

이행 과정은 산업재해 보상보험과 동일하다. 어떤 경우에도 자신의 건강상태를 속이지 말고, 수수료 장사를 하는 보험 판매원에게 찾아가지 말라. 당신이 직접 필요한 보장 범위를 선택해 가입하는 보험처럼 인터넷을 통해 직접 보험에 가입할 수 있다. 그게 더 저렴할 수도 있다. 그러나 나라면 그렇게 하지 않을 것이다. 보험은 충격적인 사건 이후에 가족을 보호할 수단이다. 여기서도 전문적인 지원은 내면의 평화를 가져다준다. 그래서 나는 내 문제에 대해 상담을 받으려 전문 컨설턴트를 찾아갔다. 나라고 보험에 대해 아예 모르는 것은 아니다. 그러나 전문가의 조언에 돈을 투자하는 것은, 특히 컨설턴트가 당신이 생각해본 적 없는 해결책을 제안한다면 특히 가치가 있다. 적절한 예를 소개하겠다.

종종 가족을 보호하는 데 필요한 금액은 시간이 지남에 따라 감소한다. 자녀의 교육 기간이 점점 짧아지면서 부동산 대출 상환을 빠르게 할 수 있다. 특정 연령대가 되면 많은 사람이 상속을 받아 생명보험의 보장 범위를 최소한 부분적으로나마 줄일 수 있다. 따라서 보험의 필요성은 점차 감소하지만 보험의 관점에서 보는 위험은 점차 증가한다. 나이가 들수록 통계상 1년 안에 죽을 확률은 계속 높아진다. 이것은 물론 평균적으로 산출된 위험 비용이 증가한다는 뜻이다. 따라서 보험은 부분 보장이 필요할 때 점점 더 비싸진다. 표준 약관을 따르면 추가 비용은 없다. 보험료는 가입기간 내내 동일하다. 따라서 30년간 같은 보험료가 아니라 보험이 보장하는 위험에 정확히 상응하는 보험료를 매년 지불하도록 선택하는 것이 현명하다. 이때 보험료는 시간이 지남에 따라 천천히 증가한다. 그리고 구체적으로 자녀가 학업을 마치거나 대출금을 절반을 상환했거나, 당신이 재산을 상속받았을 때 계약상 보험을 부분적으로 해지할 수 있는 조항을 만들어야 한다. 그러면 처음에 높았던 보험료도 시간이 흐르면서 줄어든다. 이런 식으로 당신이 정말로 필요로 하는 만큼의 보장만 받는 보험료만 지불할 수 있다.

유언장과 재산 상속

법적인 관점에서 사망 시 비상 계획을 세울 때 가장 중요한 요소는 유언이다. 따라서 독일인의 61%가 유언장을 가지고 있지 않다는 것은 놀라운 일이다.[49] 여기에는 여러 가지 이유가 있다. 대부분의 경우 죽음을 다루는 것은 유쾌한 일이 아니기에 자꾸만 미루는 것도 당연하다. 갑자기 닥칠 사망의 후폭풍과 뭔가 잘못될까봐 두려워하는 마음은 대개 문제를 꼬이게 할 뿐이다. 나 또한 다르지 않아서 "이걸 꼭 하긴 해야 하는데", "다음 주말에 자세히 살펴보지, 뭐", "어쨌든 아직은 아냐" 같은 말로 시간을 끌었다. 그래서 유언장 얘기가 나오고도 최종적으로 유언장이 완성되기까지는 몇 년씩 걸리는 경우가 많다.

게다가 많은 사람은 유언장이 없어도 법적으로 규정된 상속법에 따라 일을 처리하면 된다고 생각한다. 물론 그럴 수도 있지만, 반드시 일이 모두 잘 풀리리라는 법도 없다. 실제로 상속법은 상속인들에게 최적의 결과를 가져다주지도 않고, 심지어 역효과를 낳는 경우가 많다. 법적 상속분이 발생한 이후 상황은 상속인과 그의 가장 가까운 친척들의 이익에 부합하지 않는다.

유언장은 당신이 사랑하는 사람을 보호하고 생활을 보장하거나 아이들이 너무 많은 돈을 너무 일찍 받는 것을 막아줄 수 있다. 나는 종종 아주 어린 나이에 매우 많은 자산을 물려받은 사람들을 만나고 한다. 그것은 멋져 보이겠지만 현실은 절대 그렇지 않다. 과도한 경제적 여유로 인해 아무런 걱정거리가 없는 청년은 자기 계발의 의지가 없다. 이런 사람들이 나중에 사회인이 되면 사회관계의 질을 떨어뜨린다.

그러므로 많은 상황에서 법률에 따라 배분된 상속 재산은 가족에게 부담이 될 수 있다. 그래서 유언장에는 가족을 위해 세심한 규정을 만들어둔다. 예를 들어 지정 상속인이 (미성년) 자녀에 대한 유언장 집행을 할 수 있다. 또한 유언장에서 자산은 유증(유언으로써 자기 재산의 일부를 무상으로 타인에게 주는 행위-옮긴이)을 통해 특정 개인에게 상속이 가능하다. 이는 가족 분쟁을 방지하는 역할도 한다.

또한 자산을 현명하게 배분하면 상당한 세금을 절감할 수 있다. 독일의 경우 배우자 상속에 대해 공제되는 금액은 약 50만 유로, 자녀는 40만 유로, 손주는 20만 유로까지 가능하다. 상속뿐만 아니라

10년마다 증여도 가능하다. 자산을 투자할 때 소수점 이하 자리까지 따지는 사람들이 상속 과정에서 발생하는 비용을 부주의하게 낭비해버리는 모습은 놀랍다.[50] 낭비되는 비용을 절세와 공제 혜택을 통해 줄일 수 있기 때문이다.

따라서 합리적으로 작성된 유언장은 자산을 지키는 일일 뿐만 아니라 자기 후손에 대한 예의이자 존중의 문제다. 이 부분에서 위임장과 유언장의 유사성이 나타난다. 좋은 유언장은 피하고 싶은 갈등을 완화시키는 데 도움이 된다. 물론 여기서도 당신은 유언장을 아예 작성하지 않는 선택을 할 수도 있다. 그러나 당신의 행동으로 인해 당신의 후손에게 잠재적으로 어떤 문제가 생길지 인지하고 있어야 한다. 이건 그냥 재미로 하는 말이 아니다. 누군가 자신이 상속받은 재산을 나눠 가진 사람이 있다는 걸 알고 나면 서로를 괴롭히고 배척하며 대립하기 시작한다. 이것은 재산에도 손해를 끼칠 뿐만 아니라 가족을 파괴한다. 그리고 아직 생존해 있는 배우자가 있다면, 그의 말에 귀를 기울여라.

"프란츠, 지금까지 당신은 손해 보는 일만 해왔어요. 이제 제발 한 번쯤은 남자답게 굴어봐요."

나는 이런 사례를 여러 번 보았다. 유언장 작성에 좋은 조언을 받으려고 전문 변호사나 공증인에게 수수료를 지불하는 것은 훌륭한 투자다. 나중에 상속인의 삶의 질을 보장해주기 때문이다. 더 나은 방법은 유언장 작성자 본인이 컨설턴트의 도움을 받거나, '자신의 입'으로 직접 말하면서 함께 유언장을 작성하는 것이다.[51] 유언장을 전문가와 작성하지 않고 비전문가인 개인이 유언장을 임의로 썼을 경우, 사소한 형식적 오류 때문에 유언장의 특정 대목을 공격에 노출시키거나 완전히 무효화할 가능성도 있다.

유언장에 쓰이는 다양한 세금 관련 문제나 법적 안배에는 커다란 단점이 있다. 이론적으로나 실질적으로 유언장도 엄청나게 복잡해질 수 있기 때문이다. 리히텐슈타인에 가족 재단 설립하기, 복잡하게 얽힌 선순위와 차순위 상속인의 관계, 아이에게 장기적으로 편안한 생활을 보장할 조건, 다양한 형태의 규율을 만드는 일까지 모든 일이 가능하다. 세무사와 변호사는 이 모든 작업을 처리하는 전문가들이다. 그들은 죽음을 두려워하고 여러 세대에 걸쳐 가족 위에 군림하려는 가부장의 유언을 이행 가능하게 만들려고 한다. 이런 비정상적인 가부장의 생각은 가부장이 가진 후손에 대한 엄청난 불신 때문이다. 결국 후손은 자신의 인생 계획을 인정하지 않는 가부장의 유언을 완전히 따를 수 없기 때문에 제한된 범위 내에서의 재산만 상속받게 된다.

가부장의 자기 자산에 대한 엄청난 탐욕은 종종 친자녀나 손주들에 대한 애정을 능가하기도 한다. 그리고 사랑하지 않는 며느리나 사위의 대해서는 단 한 푼도 물려주기 싫어한다. 그리고 그 며느리와 사위가 낳은 자식들에게 재산이 돌아가는 것에도 인색하게 군다. 그리고 생존한 배우자가 재혼하는 일도 용납할 수 없다.

분명 당신은 이런 사람은 아닐 거다. 유언장은 당신이 사랑하는 사람들을 보호하기 위한 것이다. 그러므로 무엇을 규제하고 싶은지, 어떻게 하는지 미리 신중하게 생각하라. 고도로 숙련된 질 나쁜 조언자가 끼어들어 일을 망치지 않도록 주의하라. 나쁜 조언자는 당신의 생각에는 관심을 기울이지 않기 때문이다. 과도하게 많은 것을 규제한 유언장은 갈등을 해결하는 게 아니라 촉발시킨다. 사람은 깊이 상처받고 가족은 해체된다.

복잡한 유언장을 작성하지 않는 사람도 때때로 복잡성의 함정에 빠지게 된다. 이들이 일으키는 사고 오류는 오늘 유언장을 쓰면 지금부터 당신의 삶이 끝날 때까지 모든 가능성을 규제해야만 한다는 착각이다. 똑똑히 기억하기 바란다. 인간은 연령이나 닥친 상황에 따라 필요한 것이 달라진다. 10년 내지는 15년에 한 번씩 유언장이 적합하게 작성되었는지 반드시 확인해야 한다. 젊은 시절 작성한 내용은 당신이 결혼해서 아이들이 독립하거나 배우자 한쪽이 미리 유산을 물려받았을 때는 쓸모가 없어진다. 70대 중반의 나이가 되면 25년 전에 작성한 유언장에서 유효한 내용은 얼마 되지 않을 것이다. 그동안 자산이 많이 불어났다면, 전문 지식이 있는 변호사와 함께 유언장을 수정하는 것이 좋다. 유언장을 수정할 때는 비교적 짧은 시간이 걸리지만, 세월이 지나 공증 수수료는 인상되었을 것이다. 만약 당신의 총 자산이 몇백만 유로 이내라면 일반적으로 공증을 하는 것이 가장 저렴한 방법이다.[52]

결혼 계약이 겁쟁이에게
무슨 의미가 있나?

∨

우리는 유언장이 후손에 대한 예의와 사랑의 행위가 될 수도 있고, 죽은 후에도 그들을 지배하고 갈라놓으며 통제하는 수단이 될 수 있음을 알았다. 이런 상황은 결혼 계약에도 유사한 형태로 적용된다. 현명한 혼전 계약은 혼인 생활에 문제가 생길 경우 당신과 당신이 사랑하는 사람이 서로에게서 멀어지지 않도록 보호해줄 것이다. 자본시장 위기에 처한 사람들이 더 이상 돈에 대해 합리적으로 생각하지 않을 때, 18세가 많은 돈을 만지기엔 아직 어리석은 나이일 때, 사람들이 상속 과정에서 싸울 때 모두 긴장이 고조된다. 이별의 순간에 자산 분할을 이야기하는 것은 정말 비극적이다. 그리고 남는 것은 상처받은 감정과 깨져버린 결혼 생활의 꿈, 그리고 트라우마에 시달리는 불안한 아이들이다. 많은 사람은 이별 과정을 거치면서 투쟁과 복수를 다짐하기도 한다. 부부의 양쪽 변호사들을 제외하고는 패자만이 있다. 먼저 아이들이다. 존엄성과 상호에 대한 존중으로 서로를 대하는 사람들도 있지만 대개는 그렇지 않다. 따라서 양측에게 공정한 결정을 내리려면 미리 한계점을 정의하고 합의하는 것이 가장 이상적이다.

사실 나는 낭만주의자로서 결혼 계약의 필요성을 이해하는 데 상당한 어려움을 겪고 있다. 그러나 결국 다음과 같은 결론에 다다랐다. 결혼 계약에 대해 공개적으로 생각하거나 말하지 않는 것은 두

럽기 때문이다. 결혼 계약을 하지 않는 것도 괜찮지만, 그렇다고 그게 딱히 현명한 행동도 아니다. 결혼 생활의 규칙은 결혼 계약이 있든 없든 알고 있어야 한다. 부부는 어떤 경우에도 자신의 선택이 가져올 결과를 예측하고 행동해야 하며 상대의 콧대를 꺾기 위해서 다투면 안 된다. 특히 이혼이 회사의 존속을 위협할 가능성이 있거나, 막대한 자산을 문제없이 처분하려면 혼전 합의가 필수다.

실제로 결혼 계약은 애정과 자기 보호에 기반한 문서가 아닌 경우가 많다. 오히려 그 반대로 유언장과 유사하며 권력에 관한 문서이자 승자와 패자를 정의한다. 최악의 경우에도 선한 행동을 강제하는 문서이기도 하다. 결혼 계약서는 종종 두 배우자 중 한 명에게서 오는 것이 아니라 미래의 시간에서 온다. 아들이나 딸에 대한 사랑, 가족의 꿈을 담은 계약서는 대개 자산가 집안에서 위험을 방지하는 수단으로 사용한다.

키워드는 자산 보호다. 이때 변호사가 개입하면 결혼 계약과 딱히 상관없는 부분까지도 철저하게 규정지을 수 있다. 이 과정에서 부부는 종종 결혼 초기부터 잊히지 않는 심각한 상처를 입는다. 사람들은 누군가 상처 입을 가능성을 차단하기 위해서라도 더욱 결혼 계약이 필요하다고 주장한다.

이쯤에서 나의 기본 논제를 떠올려보자. 돈은 그 자체가 목적이 아니라 삶의 질과 만족도를 높이고, 관계를 안정시키기 위한 수단이다. 당신이나 자녀가 결혼하고 혼전 계약서를 작성한다면 내 논제의 범위를 넘어서서는 안 된다. 그리고 당신에게 권위적 부모가 있다면 개인적으로 변호사를 찾아가 그를 통해 공정성에 대한 자신의 생각을 강조하라. 당신의 부모는 아마 당신의 말에 동의할 것이다. 부모는 자녀의 인격 발전에 어떤 식으로든 기여했으므로 자녀의 의견에 동조하지 않을 수는 없다. 그리고 결혼 전에 직감적으로 좋지 않은 예감이 들면 아예 시작도 안 하는 게 낫다.

효율적인 서류 관리법

마지막으로, 비교적 단순하지만 결코 사소하지 않은 주제가 남아 있다. 모든 서류를 어떻게 관리할 것인가? 금요일 저녁에 배우자의 위임장이나 사전의료의향서가 급히 필요한데, 은행 금고에 보관된 상황이라면 재앙이나 다름없다. 당신이 사망한 뒤 당신의 후손이 당신의 주거래 은행에서 유언장과 생명보험 서류를 보관하고 있는지 일일이 알아봐야 하는 것도 번거로운 일이다.

언제나 그렇듯 나는 가능한 복잡하지 않은 간단한 해법을 추천한다. 관리 파일 하나에 비상 계획을 위한 모든 중요한 문서를 보관하라. 생명보험, 산업재해 보상보험, 유언장 사본, 결혼계약서 등이 여기에 들어가야 한다. 사전의료의향서와 위임장은 원본으로 보관해야 한다. 이 서류들은 사본으로는 권리 행사에 한계가 있기 때문이다. 또한 당신의 자산에 관련된 서류, 즉 계좌 번호와 기타 문서가 있는 곳을 명시해야 한다. 그리고 결혼 계약에 서명한 공증인, 은행

261

컨설턴트, 변호사, 세무사, 필요한 경우 의사까지 중요한 사람들의 연락처를 빨리 찾을 수 있도록 색깔로 구분하여 표시하라. 그리고 이런 서류의 존재를 알아야 할 사람들이 모두 인지할 수 있는 장소에 두어야 한다.

만약 나라면 한눈에 보이지 않는 곳에 둘 것이다. 그 서류를 계속 눈에 띄는 곳에 보관하고 있으면, 서류가 당신의 눈에 보일 때마다 죽음, 이혼, 질병에 대해 항상 생각하게 되기 때문이다. 일반 사본 서류와 공증 받은 사본도 다른 장소, 예를 들어 은행 금고에 보관해야 한다. 유사시 필요한 위임된 대리인도 중앙 관청에 등록해야 한다. 당신의 유언장은 반드시 유언공증재판소에서 중앙시스템에 등록하도록 만들어야 한다. 집에 유언장을 보관하면 유언장 내용에 불만을 품은 일부 자손이 유언장을 없애버리는 사건이 종종 발생하기 때문이다.

재무 컨설턴트를
최대로 활용하기

재무 컨설턴트가 필요한지 아닌지는 쉽게 '예' 또는 '아니요'로 답할 수 없다. 그리고 나 자신도 컨설턴트로 일하고 있기 때문에 이 문제에 대해서는 객관적이지 않다. 그래도 나는 당신이 컨설턴트와 함께 일하는 게 좋을지 결정하는데 도움을 주고 싶다. 또한 당신에게 적합한 컨설턴트를 찾을 수 있는 일련의 기준과 몇 가지 질문을 적어두었다. 이 점에서 나는 다소 편파적이다. 그러나 당신이 확고한 신념을 바탕으로 잘 판단하리라 생각한다.

컨설턴트와 일하면 이렇게 달라진다

모든 사람이 자기 집을 페인트칠하기 위해 전문가가 필요하지 않은 것처럼, 재정 문제를 해결하는 데 반드시 컨설턴트가 필요한 것은 아니다. 컨설턴트와 협력하는 것은 언제나 단점을 동반한다. 그 단점은 바로 비용이다. 컨설턴트가 받는 수수료는 바로 당신의 수익이다. 그리고 그 수익을 얻기 위해서는 컨설턴트의 능력이 또 반드시 필요하다. 컨설턴트에게 일을 맡기면 위험을 감소시키고, 시간적, 심리적 압박에서도 벗어날 수 있다. 컨설턴트가 언제나 성공할지는 의문스럽지만 당신이 받는 재무 컨설팅이 성공을 거두려면 여러 가지 조건이 필요하다. 당신이 재정 상태를 얼마나 잘 관리하고 있는지, 재정을 돌볼 만한 충분한 시간이 있는지, 자산 상황이 얼마나 복잡한지, 그리고 당신의 컨설턴트가 얼마나 능력 있는지에 따라서 재무 컨설팅의 성공이 좌우된다.

미국에서는 아주 오래전부터 진정한 의미에서 독립적인 금융 컨설팅을 제공하는 회사가 존재했다. 미국 금융 컨설턴트의 전체 시장 점유율은 약 20%를 차지하며[53] 이들 회사들 중 상당수는 앞에서 간단히 설명했듯이 증거 기반과 재무 과학적 투자 접근법을 사용하고 있다. 게다가 많은 컨설턴트는 단순한 자금 관리를 넘어 장기적으로 종합적인 재무 상담을 진행한다. 이에 따라 직접 투자 결정을 내리는 고객의 수익과 컨설팅의 도움을 받아 투자하는 고객의 수익 차이를 측정하는 척도인 이른바 '어드바이저의 알파Advisor's Alpha'에 대한 일련의 연구가 있다. 흥미로운 것은 알파, 즉 추가 수익률이 대규모 투자에서 나온 것이 아니라는 점이다. 연구는 두 투자자 그룹이 동일한 저가 제품, 즉 ETF를 사용한다고 가정한다. 수익 차이는 누가 전략을 규율적이고 비용 효율적으로 구현했는지에 따라 달라졌다. 그리고 컨설턴트라는 훌륭한 조언자가 잠재적인 실수에서 고객을 보호했기 때문에 결정적인 수익 차이가 발생했다. 투자회사 뱅가드의 매우 상세한 연구에 따르면, 수익 차이는 연간 최대 3%를 차지할 수 있다.[54] 투자정보 제공업체인 모닝스타Morningstar와 달바Dalbar 도 비슷한 결과를 얻었다.[55]

컨설턴트는 정말 필요할까?

이 모든 것을 순전히 금전적인 시각에서만 바라보면 당신은 여전히 컨설턴트에게 들이는 비용이 수익률을 높이는 데 도움이 된다고 생각할 것이다. 적어도 이론상으로는 그렇다. 그러나 이미 여러 차례 보았다시피 적절한 투자 포트폴리오를 구성하는 것은 마법 지팡이를 한 번 휘둘러 나오는 결과물이 아니다. 그러나 비관적으로 보자면 이론상 그저 동일하다고 말할 뿐이지, 이론과 실제는 항상 같지 않다. 그리고 컨설턴트와 함께 일하는 것이 진정한 장점이 되는 이유가 여기에 있다. 컨설턴트는 당신의 재정적 인생 계획을 위협하는 사각지대를 식별하는 데 도움을 준다. 그는 당신이 인지하지도 못하는 곳에 있는 잠재적인 위험을 발견하고, 투자 감언이설에 넘어가지 않도록 당신을 보호한다. 재무 컨설턴트는 당신의 생각을 되돌아보고 자문하도록 돕기도 한다. 그리고 가장 중요한 것은 위기 상황에서 방향을 잃지 않고 투자 계획을 유지하도록 만든다는 점이다. 그래서 뱅가드의 연구에서는 잠재적인 3% 초과 수익의 절반이 컨설턴트의 이런 행동 코칭 때문이라고 추측한다. 적합한 재무 컨설턴트와 함께 일하면 당신이 옳다고 믿는 것과 실제 행동 사이의 격차를 줄일 수 있다.[56]

간추려 말하면 당신이 적합한 컨설턴트와 협력하는 경우, 한눈에 들어오는 재무계획표에 적어 넣은 당신의 가치관과 목표에 도달할 가능성이 훨씬 더 높아진다. 당신에게 장기적으로 중요한 일, 즉 삶의 질을 유지하기 위해 충분한 돈이 있는지 확인하라. 당신에게 위험은 매년 0.5%씩 감소하는 수입이 아니다. 위험이란 인생에서 어느 순간 심각한 문제가 발생하여 특정 시점에 당신의 인생 계획을 하향 조정해야 하는 경우에 닥치는 것이다. 예를 들어 다른 지역으로 이사를 해야 한다거나, 당신이 지금까지 살았던 환경을 떠나야 하거나 당신의 아이들에게 충분한 교육 기회를 제공하지 못하는 일이 위험에 속한다. 이런 위험을 소위 팻테일 리스크fat tail risk(테일 리스크의 반대 개념으로 꼬리가 두꺼워지면 평균에 집중될 확률이 낮아지기 때문에 이를 통해 예측하면 잘 맞지 않는다는 의미-옮긴이)라고 한다. 컨설턴트는 이 위험을 어느 정도 완화시킬 수 있다. 이것은 당신의 포트폴리오에서 팩터 투자를 통해 이론적으로 투자 포트폴리오를 최적화하는 것만큼 중요한 일이다.

"돈이 많아지면 걱정과 배고픔이 뒤따라온다."[57]

시인 호라티우스는 이런 시적인 말로 자산가의 고뇌를 표현했다. 이러한 맥락에서 좋은 컨설턴트가 자산을 가진 고객의 긴장을 완화시키는 것은 컨설턴트가 지닌 커다란 효용성이다. 고객에게 일시적인 안도감만 주는 게 아니라 심리적으로 불필요한 걱정과 끊임없는 스트레스의 근원을 없애고 내면의 평화를 선사한다. 이런 컨설턴트의 효용을 극대화하는 것은 돈 자체를 목적으로 하지 않고, 돈을 수단으로 사용하는 고객의 자세다.

좋은 컨설턴트 찾는 법

ㅅ

좋은 컨설턴트를 찾는 것은 결코 쉬운 일이 아니다. 컨설턴트를 탐색하는 과정에 접근하는 가장 쉬운 방법은 제외 기준을 만드는 것이다. 영업직 사원과 이야기하는 것은 전혀 의미가 없으니 이건 더 이상 논의할 필요도 없다. 영업 사원은 당신이 원하는 만큼 친절해질 수 있다. 그는 세일즈맨이다. 가장 중요한 점은 당신이 돈을 지불하는 것은 컨설턴트지 재무 영업 부서가 아니다. 우리는 자본주의 시대에 살고 있다. 지불하는 사람이 지시한다. 그래서 유료 상담을 진행하는 독립형 재무 컨설턴트가 필요하다. 전체적으로 보면 상품 판매 수수료에 나가는 돈보다 저렴하다. 그러나 무엇보다 이론상 중립적인 조언이 전제되어야 한다. 그러나 그것만으로는 문제를 해결할 수 없다. 당신의 컨설턴트가 독립적으로 일하지만 무능하다면 무슨 소용이 있나?

따라서 컨설턴트를 만난 다음에는 투자 접근 방식을 명확히 해야 한다. 컨설턴트가 어떤 방식을 택할지 알아보는 좋은 질문은 다음과 같다.

"투자 시장이 붕괴하면 당신은 어떤 조치를 취할 건가요?"

"당신은 위험을 어떻게 관리합니까?"

"주식 지분은 언제 늘려야 합니까?"

"내년에 하락장이 온다고 생각합니까? 만약 그렇다면 대책은 무엇입니까?"

"당신의 투자 포트폴리오에서 가장 중요하게 생각하는 것 세 가지는 무엇이며, 그 이유는 무엇입니까?"

처음 세 개 질문에 대한 좋은 대답은 이렇다.

"시장이 붕괴한다면 나는 더 많이 사들일 겁니다."

네 번째 질문에 이상적인 대답은 이렇다.

"내년에 무슨 일이 일어날지는 아무도 모릅니다. 자본시장 침체는 장기적으로 불가피하고 정상적인 현상입니다. 우리는 언제나처럼 계속 투자 활동을 할 뿐, 섣부른 추측은 하지 않습니다."

만약 당신의 마지막 질문에 컨설턴트가 시장 상황에 대해 호언장담하고, 투자를 제안하거나 위험을 관리할 수 있다고 큰소리친다면 가능한 빨리 그 자리를 떠야 한다. 오늘 아침 경제일간지에서 읽은 내용을 누가 모르겠는가? 또한 당신이 선택한 컨설턴트가 증거에 기반을 두고, 함부로 추측하지 않는 투자 전략을 가지고 있는지 확인해야 한다. 그리고 ETF처럼 저렴한 투자 상품을 취급하고 있는지도 알아봐야 한다.

컨설턴트에게 요구되는 최소 조건을 충족하는 사람을 만나려면 은행에 가거나 보수에 따라 투자 조언을 해주는 재무 관리사를 찾아 가면 된다.[58] 그러나 안타깝게도 이제는 이런 사람을 찾기 힘들다. 특히 대형 컨설팅 업체의 경우, 투자 은행과 이해 상충의 가능성을 배제할 수 없다. 최소한 은행의 영향력 있는 주주와 주요 고객들은 컨설턴트의 자산 관리 영역에 포함되어 있을 것이다. 게다가 대형 컨설팅 업체가 제공하는 컨설팅 계획은 내부에서도 서로 모순되는 전략인 경우가 많다. 이렇게 되면 고객 입장에서는 투자 전략이 결국 무엇을 의미하는지 정확히 알 수가 없다. 반면에 소규모 컨설팅 업체 특히 1인 컨설턴트 형태로 일하는 경우는 명확한 투자 구조가 없고, 프로세스가 부족하며 대표성에 한계가 있다.

컨설턴트를 선정하기 위한 질문들

결국 어떤 컨설턴트를 만나느냐가 관건이다. 그 컨설턴트가 대형 컨설팅 업체 소속이든 중소형 소속이든 상관없다. 따라서 이어지는 내용에서는 당신의 장래 컨설턴트의 능력을 테스트하는 몇 가지 기준과 질문을 적어보겠다.

훌륭한 컨설턴트는 첫 만남에서 컨설턴트가 하는 대답보다는 그가 당신에게 하는 질문에서 알아볼 수 있다. 컨설턴트가 첫 대화에서부터 해결책을 제시했다면 상당히 의심스러워해야 한다. 컨설턴트가 당신의 증권 계좌에서 돈을 빼내 다른 곳에 투자를 하겠다고 말하는 것도 비판적으로 봐야 한다. 컨설턴트는 정말로 충분히 생각했을까, 아니면 당신이 컨설턴트 사무실에 들어서기도 전에 이미 다른 고객에게도 앵무새처럼 읊어대던 수많은 해결책 가운데 몇 개를 꺼내놓은 것일까? 컨설턴트라면 당연히 당신의 자산 규모, 소득 상황에 대한 정보를 알고 나서 당신이 미래에 대략 언제쯤 목돈이 필요할지 예상할 줄 알아야 한다. 또한 컨설턴트는 당신의 채무 관계도 알아야 한다. 그러나 합리적인 재정 진단을 내리려면 이보다 더 많은 정보가 필요하다. 컨설턴트는 당신의 기대와 두려움을 명확히 파악하고 있어야 나중에라도 필요할 때 투자 계획을 수정해나갈 수 있다.

컨설턴트는 당신이 지금까지 겪었던 긍정적이고 고통스러운 경험을 알고, 당신의 자본시장과 금융상품에 대한 이해도를 파악해야 한다. 컨설턴트는 당신이 법적, 도덕적 차원에서 재정적 책임을 지고 있는 사람들도 확인한다. 이 컨설턴트를 선택하면 어떤 세금 혜택이 있는가? 당신에 관한 정보가 없다면 컨설턴트는 당신의 투자 포트폴리오에 대해 합리적인 위험 평가를 수행할 수 없다.

정말 훌륭한 컨설턴트라면 당신이 돈에 관련하여 사회화된 과정과, 돈이 당신의 삶에서 어떤 역할을 하는지 스스로 알아낼 수 있게 도와줄 것이다. 한눈에 보이는 재무계획표에 담겨 있는 당신의 핵심 생각은 무엇이며, 어떤 꿈을 위해 당신은 돈이 필요한가? 당신은 지쳐 쓰러질 때까지 일하고 일찍 은퇴하길 바라는가, 아니면 안식년을 지내고 싶은가?

당신이 컨설턴트에게 질문을 할 때는 투자 접근법에 대해서만 질문하면 안 된다. 가장 먼저 비용에 대한 질문을 해야 한다. 당신의 수수료는 얼마입니까? 거래, 금융상품, 투자 포트폴리오 관리를 위해 들어가는 추가 비용에는 어떤 것이 있습니까? 만약 컨설턴트가 부가세 없이 소요 비용에 대해 답변할 경우, 당신은 그가 정직하고 투명한 방식으로 융통성 있게 재무 컨설팅을 한다고 봐도 좋다. 그러면 함께 일할 조건이 갖춰진 것이다.

이제 기업 투자에서 누가 소유주이고, 때에 따라서는 누가 중요한 주주인지도 똑바로 알고 있어야 한다. 당신의 컨설턴트는 투자처에서 얼마나 큰 의사결정권을 가지고 있나? 의사결정권이 크다고 해서 반드시 좋은 것은 아니다. 대형 컨설팅 업체의 고객이라면 컨설턴트 개인이 현재 생각하는 투자 아이디어를 관철시키기보다 업체 차원에서 계획해둔 핵심 투자 전략을 수행하길 원할 것이다. 이런 경우에는 컨설턴트는 자신이 소속된 업체의 기준에 따라 투자 결정을 내리기 때문에 컨설턴트 개인의 의사결정권이 커도 소용이 없다. 또한 당신은 당신의 투자금을 보유하고 있는 은행, 당신의 컨설턴트 또는 중요한 협력 파트너가 파산할 경우 투자금에 대한 대비책을 확실하게 확인해야 한다. 이런 질문은 무례한 것이 아니라 아주 평범하고 중요한 질문들이다.

더불어 컨설턴트와의 협업 과정에서 당신이 기대하고 있는 것에 대해 몇 가지 질문을 더 할 수 있다. 당신이 정확히 어떤 종목에 투자하고 있는지, 그것이 당신에게 정말로 필요한지 확실히 해야 한다. 그리고 컨설턴트가 단지 자산 투자를 지원하는 역할만 하는지, 당신의 재무적 인생 계획에 대해 던지는 물음에 기꺼이 도움을 줄

준비가 되어 있는지도 알아둘 필요가 있다. 컨설턴트는 당신이 현명하게 비상 계획을 수립할 수 있도록 도와줄 수 있는가? 당신이 만약 잊고 있는 부분이 있다면 컨설턴트가 당신을 자극하여 해야 할 일을 상기시켜줄 수 있는가? 당신의 증권 계좌에 대한 컨설팅 업무에만 한정하지 않고, 당신의 전체적인 재정 계획에 대한 개괄적인 상황을 파악할 수 있는 능력이 있는가? 당신의 배우자와 아이들까지 염두에 두고 투자 계획을 세울 수 있는가? 컨설턴트는 자산 상속, 보험, 금융, 자선 활동, 세금과 같은 중요한 주제에 대해 지속 가능하고 독립적인 컨설팅을 제공하는가? 내 배우자와 아이들도 컨설턴트를 만나 재정적 문제에 대한 걱정을 떨쳐버릴 수 있을까? 또한 당신은 어떠한 경우라도 컨설턴트가 추가로 달성한 성과에 대한 보수를 물어보는 것을 망설여서는 안 된다. 그 보수의 규모를 파악해야만 당신이 그만한 돈을 컨설턴트에게 지불할 가치가 있는지 판단할 수 있다.

여기까지 모든 사항이 확실해졌다면. 이제 당신의 직감에 귀를 기울일 차례다. 당신은 중요한 결정을 내릴 때 보통 사람이 느끼는 일반적인 불안감만 느끼는가, 아니면 혼란한 감정이 느껴지는가? 당신은 당신의 컨설턴트를 믿는가? 그 사람이 친절하다고 생각하는가? 심각한 상황에서 컨설턴트에게 의지하는 그림을 상상해볼 수 있는가? 컨설팅을 받는 과정에서 경험한 내용이 컨설팅 광고에서 접한 것과도 일치하는가? 물론 직감이나 누군가의 친절함에 기대거나 광고 문구에 따라 어떤 중요한 결정을 내리라는 뜻은 아니다. 이것은 당신의 직관에 대해 일종의 거부권을 행사하게 만들어주는 과정이다.

또 한 가지 중요한 것은, 두 명이 보고 듣고 느끼는 것이 한 명이 보고 듣고 느끼는 것보다 더 많다는 사실이다. 당신의 재무 상황에 대해 숨길 게 없는 사람이 있다면 컨설턴트와 상담을 할 때 그를 데려가라. 당신의 지인은 당신의 의견을 보충·수정해주거나 컨설턴트에게 당신이 미처 생각하지 못했던 질문을 던질 수도 있다. 그래도 여전히 의문점이 남아 있다면 당신의 재정적인 미래를 컨설턴트에게 맡기지 않고 직접 관리하는 것이 낫다.

돈으로 행복을 사는 세 번째 방법

이번 주에는 온라인 은행 계좌를 개설하라. 기존 증권 계좌를 온라인 은행에 옮겨라. 흩어진 증권 계좌의 돈이 온라인 계좌에 모두 모일 때까지 투자 계획에 필요한 개선점을 찾아낼 충분한 시간을 벌 수 있다.

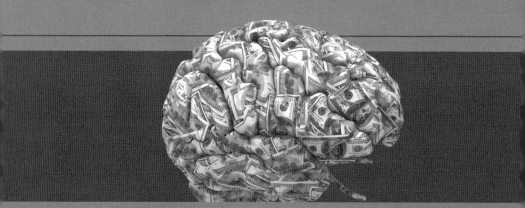

Über Geld nachdenken

4
장

돈, 어떻게 쓸 것인가

다음 날 아침 티파니가 일어났을 때, 그녀는 보물로 가득 찬 상자를 보았어요. "이것으로 무엇을 해야 하죠?" 티파니가 강도들에게 물었어요. 강도들은 어이가 없어 서로를 쳐다보았어요. 강도들도 많은 돈으로 무엇을 할지는 생각해본 적이 없었거든요.[1]

- 토미 웅거러Tomi Ungerer, 《세 강도The Three Robbers》

내가 책 초반에 언급했던 돈의 한계점을 기억하는가? 결국 돈이 멈춘 시간을 의미하며 아직 실현되지 않은 기회라는 사실은 기억하는가? 그렇다면 자산은 무언가를 할 수 있는 능력임을 깨달을 필요가 있다. 그래서 자산을 통해 삶의 질을 높일 여유를 찾아야 한다. 지금부터는 돈을 다시 시간으로 되돌리는 방법과 자산의 소비를 계획하는 법을 알려주고자 한다. 그러면 당신은 나이가 들어도 인생 계획의 확고한 기반을 다지게 된다. 그리고 다음 단계에서는 돈으로 무엇을 할 수 있는지, 어떤 형태의 소비가 당신을 더 행복하게 만들고 어떤 소비가 당신을 불행하게 만드는지 알게 될 것이다.

돈은
시간이다

내가 대형 은행에 몸담고 있을 때부터 매일같이 보아온 것은 언젠가 더 나아질 삶을 꿈꾸며 일생 동안 일하고 저축하던 사람들이었다. 이제 그 사람들이 은퇴를 하면서 계획을 실천에 옮기고 있다. 그들은 이렇게 생각한다.

'이 돈은 내가 원하는 생활 수준을 유지하려고 오랫동안 모은 거야. 내 자산은 절대로 줄어들지 않을 거야.'

누군가는 이렇게 말할 것이다.

"케이크는 먹으면 없어진다."

되도록 돈을 안 쓰고 아주 적게 소비하려고 한다면 아주 조심해야 한다. 이런 행동은 젊은 시절 근검절약했던 사람에게만 나타나는 현상은 아니다. 이것은 돈을 모으면서 그 사람이 얼마나 검소하게 생활했는지와 관련이 있다. 평생 악착같이 절약하고, 절제하면서 소비를 자제하는 습관을 가진 사람들은 노년에도 즐겁게 돈을 쓸 수 없다. 이렇게 하면 결국 저축을 하는 중에는 물론이고 은퇴를 하고 나서도 꿈을 실현하는 게 아니라 모으는 것 자체가 목적이 되어버린다. 자산을 현명하게 사용하면 인간은 풍요로운 삶을 누릴 수 있다. 그럼에도 의외로 많은 사람이 돈을 움켜쥐고 살다가 부자인 채로 죽길 바라는 것처럼 산다. 돈을 물려줄 자식이나 자선 활동 계획이 없다면, 극도로 검소한 삶을 유지해온 사람은 돈을 마치 일생에 단 한 번도 가져보지 못한 것처럼 산다. 정말 비참한 일이다.

그래서 나는 맹목적으로 저축만 하는 사람을 불신한다. 이런 사람에게는 강력하게 소비용 항아리를 만들 것을 추천하기도 한다. 그러지 않으면 역설적으로 아주 높은 저축률을 기록한 사람들이 은퇴 이후 낮은 생활 수준을 유지한다는 결과가 나온다. 물론 그의 상속자는 더 부유해진다. 삶, 희망, 꿈을 실현하는 일을 계속 미루는 것은 대개 현명하지 못하다. 그러기엔 인생이 너무 예측 불가능하다. 실제로, 얼마나 돈을 더 벌 수 있을지 걱정하다 잠자리에 든 사람들이 다음 날 아침에 죽은 채로 발견된 것을 여러 번 보아왔다.

금융 전문가가 말하는 것처럼 당신이 가진 인적자원이 고갈되어 더 이상 돈을 벌지 못할 때는 자본의 일부를 다시 사용해야만 한다는 생각에 익숙해져야 한다. 이것이 일반적이고 더 큰 비극을 막는 방법이다. 돈이 바닥났을 때 남은 삶이 너무 긴 경우를 제외하고 말이다. 그러나 내가 아는 많은 사람의 재산은 그 사람보다 훨씬 더 오래 남아 있다. 극소수 사람들은 너무 많은 재산을 가지고 있어서 세대를 초월하는 제국을 건설할 수 있다. 적어도 2~3세대가 지나면, 현실적으로 대부분 사라진다. 일부 상속자가 자산을 낭비하고, 돈은 세대가 지날수록 점점 더 많은 사람에게 분배되기 때문이다. 이런 현실은 많은 부자에게 씁쓸함을 남긴다. 자산 축적의 숨겨진 목표는 결국 인간이란 존재의 유한성에 대항해 자산의 영속성을 도모하는 것이다. 이런 목적을 가진 자가 자산을 축적할 때는 최대한 눈에 보이는 집이나 기업체 같은 것을 남기는 데 집중한다. 그리고 비상시를 대비해 증권 계좌를 한 개 정도 만들어둔다.

인생에도 끝이 있는 것처럼 자산도 언젠가는 고갈된다는 현실을 받아들이면, 이와 관련된 실용적인 질문을 던지는 게 더 쉬워진다. 지금 내가 가진 돈은 죽을 때까지 쓸 수 있을 정도로 충분한가? 장기적으로 생활 수준을 유지하기 위해 내가 감당 가능한 소비는 어느 정도인가? 그리고 아이들에게 상속할 재산을 남길 것인가?

자산 손실을 계획하고 통제하기

∨

수학적으로 정밀하게 통제된 소비를 가능하게 만들어주는 수많은 컨설턴트가 있다.[2] 문제는 해결방법이 다양해질수록 접근방법이 더 복잡하다는 것이다. 당신이 통제된 소비에 관해 정확하게 알고 싶다면 재무 계획을 전문으로 하는 금융 컨설턴트를 만나라.

이런 컨설턴트를 만나 세운 재무 계획은 매우 합리적이다. 가장 중요한 변수를 추측하고 자신의 재무 계획이 얼마나 현실적이고 견고한지 알아볼 수 있다. 대부분의 사람이 본인 재정 상황을 너무 비관적으로 바라본다. 그래서 재무 계획이 있으면 소비 활동을 할 때나 자본시장에 위기가 닥쳤을 때 예기치 못한 상황에서 급박하게 결정을 내리지 않도록 해준다. 여기까지는 아주 좋다.

그러나 조심해야 한다. 재무 계획은 단순한 계산식일 뿐이다. 재무 계획이 있다고 해도 당신의 인생에서 예기치 못한 상황이 발생하는 것까지는 계산할 수 없다. 또한 수익률, 인플레이션, 기대수명에 관련된 주요 수치가 조금만 변해도 장기적으로 결과에 큰 영향을 미친다. 그러므로 조건에 따라 계산 결과는 아주 긍정적일 수도 있고, 절망적일 가능성도 있다. 모든 재무 계획이 그렇듯 모든 상황은 당신이 계산한 대로 완벽하게 흘러가진 않는다. 계획한 것과 완전히 다른 결과가 나올 가능성이 높다. 3개월만 지나도, 늦어도 3년 안에는 당신의 재무 계획에 따라 계산해둔 결과 중 많은 것이 맞아떨어지지 않는 것을 알게 될 것이다. 처음에는 수치가 조금씩 엇나가지만 시간이 지날수록 그 수치의 격차는 점점 심해진다. 계산으로 산출 가능한 수치의 범위가 너무 넓기 때문이다.

이런 사실을 받아들이기 어렵지만, 그렇다고 당신이 바꿀 수 있는 부분은 없다. 자본시장이나 세금 체계는 거의 예측이 불가능하고, 무엇보다도 개인의 삶에 일어나는 사건은 너무나 다양하다. 사랑, 이직, 불의의 사고를 무슨 수로 수치화하겠는가? 한 가지 확실한 것은 인간이 실제로 아는 건 거의 없다는 사실이다. 따라서 훌륭한 재무 계획이라면 다양한 시나리오와 불확실한 부분을 투명하게 공개해야 한다.

반면에 잘못된 재무 계획은 애초에 존재하지도 않는 안정성이 있다고 장담한다. 마치 환상 속에 존재하는 오색찬란한 괴물과 도시가 있는, 그림처럼 아름다운 야생 지도와 같다. 보기에는 좋지만 길을 잃을 위험이 있기 때문이다. 당신에게 필요한 것은 옛날 환상 속의 지도가 아니라 길을 알려줄 나침반과 좋은 인솔자다. 그러니 쓸데없는 재무 계획이 버려지고 선반에 먼지가 쌓여 방치되는 건 당연하다. 위험한 것은 수수료 위주로 상품을 판매하는 사람이 이런 허황된 재무 계획을 만들 때다. 이런 판매원이 재무 계획을 세우는 과정이 어떻든 상관없이 결국 최적의 상품 추천이 나오도록 투자 시스템에 설정되어 있다. 그래서 고객에게 과도한 펀드 투자를 권하거나 불필요한 생명보험에 가입하기를 권하기도 한다. 이는 대개 이것은 다단계 업체에서 많이 택하는 투자 권유 방식이다.

재무 계획을 짜는 데 의미 없는 생각

현실적이고 합리적인 해결책을 제시하기 전 나는 당신이 나이가 들어 고려할 가능성이 있는 무의미한 생각을 짚고 넘어가겠다. 큰 실수를 피하는 것이 무엇보다도 중요하기 때문이다.

먼저, 금융상품 판매업자들이 상품을 팔면서 가장 많이 인용하는 개념이 바로 라이프 사이클 모델이다. 이런 라이프 사이클 모델이 적용된 투자 상품의 경우, 은퇴를 앞둔 고객의 자산 관리 상품과 연금보험의 주식 지분이 퇴직 몇 년 전부터 단계적으로 채권으로 전환된다. 그러면 은퇴 이후에는 주식 지분이 하나도 남지 않거나 0에 가까워진다. 이때 키워드는 위험 감소다. 그러나 여기에는 상당한 사고 오류가 있다. 현재 독일의 60세 남성의 향후 잔여 기대 수명은 22년이고, 여성의 경우는 25년이 넘는다.[3] 연방 통계청에 따르면 향후 40년 내 걸쳐 이 수치는 3~4년 정도 더 증가할 가능성이 있다.[4] 당신이 죽을 때까지 계속 지출해야 한다면 잔여 수명이 너무 길다. 어쩌면 당신이 일하면서 저축했던 기간보다도 더 길어질 수 있다.

그런데 자산 투자에서 채권 비율이 높은 투자 상품을 선택했다면, 인플레이션에 영향을 많이 받기 때문에 이것은 현명한 투자가 아니다. 또한 일명 라이프 사이클에 맞췄다는 투자 상품은 개인의 삶이나 개인의 재산 상황을 완전히 무시하고 투자를 진행한다. 당신이 돈을 모은 이유가 그저 기본적인 삶을 영위하는 데 필요한 것을 확보하기 위한 것인지, 아니면 생활 수준을 향상시키기 위해서인지가 중요하다. 여기서 적용되는 기본 규칙을 알아둘 필요가 있다.

주식 비율은 100에서 자신의 나이를 뺀 숫자만큼 유지해야 한다. 50세가 지나면 최대 50%, 75세가 되면 최대 25%를 주식에 투자해야 한다. 이것은 애초에 기초 자산이 부족한 사람과 막대한 부를 축적한 사람 모두에게 똑같이 적용되는 기준일까? 이 주식 비율을 전체 총 자산 대비 비율로 볼 것인가, 아니면 증권 계좌 계좌에 있는 자산 규모에 한정된 비율로 볼 것인가? 기타 소득이 얼마나 안정적인지, 그리고 소득이 얼마나 높은지가 여기서 중요할까? 주식 비율은 100에서 자신의 나이를 뺀 숫자만큼 유지하라는 말에는 자본 시장 위험을 줄일 수 있는 현명한 법칙이 담겨있다.

은퇴 후 자산의 4~5%, 심지어 6%까지 인출하는 게 문제가 되지 않는다고 생각하는 사람이 많다. 이는 자신의 상황을 너무 낙관적으로만 보는 생각이다. 특히 채권에 대한 수익률은 기대 이하일 경우가 많다. 그러므로 자산을 인출하는 문제를 너무 가볍게 생각하는 것은 무책임하다. 당신의 투자 전략 시나리오는 자본시장 환경이 열악해진 상황에서도 문제없이 작동해야 한다. 그리고 통계로 나타난 평균 기대수명에 연연해하지 말아야 한다. 여성의 평균 수명이 85세까지 늘어날 수 있다. 그러나 당신이 이미 기대수명이 95세까지 늘어난 상위 10%의 60대 남성에 속한다면, 평균 기대수명은 별 의미가 없다.[5]

연금보험의 속사정

마지막으로, 가장 많은 사람이 착각하는 부분을 보자. 평생 연금을 받고 싶다면 연금보험에 가입하는 것이 합리적이지 않을까? 아니다. 아래에서 더 자세히 설명하게 될 한 가지 예외를 제외하고 연금보험에 가입하는 것은 재앙을 불러오는 일이나 다름없다. 연금보험은 투명하게 운영되지 않고, 들어가는 비용도 높다. 게다가 인간의 생활 수준을 떨어뜨리고, 다음 세대까지 부담을 지워 후손이 누릴 재정적 여유를 박탈한다. 그런데도 놀라울 정도로 많은 사람이 연금보험에 가입하고 하고 있다. 이 보험 상품에 모든 투명성이 결여되어 있는 게 확실한데도 당신에게 부적합한지 알아보기 위해서는 법부무 직원나 금융 수학 교수 수준의 지식이 필요하지 않다. 초등학교 학력이면 충분하다. 보험 견적서가 있다면 이제 간단한 계산만 해보면 된다.

구체적인 예를 들겠다. 당신은 63세의 남자이고 보험료로 40만 5000유로를 지불했다. 그러면 보장된 연금은 약 1250유로가 되며 보험의 초과 배당금은 1550유로가 된다. 당신이 조기 사망하는 경우, 당신은 상속인이 10년 동안 최소한 미지급 연금을 받게 하고 싶다. 여기서는 보험사의 말뿐인 약속이 아닌 계약상 보장된 금액을 기준으로 계산하겠다. 납입한 보험료를 모두 돌려받을 때까지 얼마나 걸릴까?

1단계: 40만 5000유로 ÷ 1250유로 = 324

324개월 동안 보험료를 납부해야 보장 연금을 수령한다.

2단계: 324개월 ÷ 12개월 = 27

324개월은 약 27년이다.

3단계: 63세 + 27년 = 90년

90살이 되어야 연금을 받기 시작한다.

사실 이건 복잡한 계산이 아니다. 그러나 한 번 계산을 해보면 말도 안 되는 결과 때문에 잘못 계산했거나 숫자를 잘못 입력한 게 아닌지 확인할 수밖에 없다. 현실도 정말 이럴까? 이 남성의 사례는 결코 극단적인 예시가 아니며 연금보험에 가입한 누구나 받아보는 결과물이다.[6] 초과 배당금을 추가해 계산을 해도 연금을 받을 받는 시기는 80대 중반이 된다. 그리고 한 가지 더 나쁜 소식은 당신이 연금을 받기 시작했어도 그동안에 물가가 상승했기 때문에 당신의 구매력은 떨어질 수밖에 없다. 왜냐하면 연금 인상률은 일반적으로 인플레이션율보다 낮기 때문이다. 결국 인플레이션율을 반영하면 85세든 90세든 연금을 받기 시작해도 여전히 당신은 손해 보는 입장에 있다. 더 자세히 알고 싶다면 인터넷에서 이자 계산기를 활용해보면 된다. 납입 자본에 대한 가정 수익률을 1%, 2% 또는 3%로 설정해 계산하면 놀라운 결과가 나올 거다. 1%의 수익률을 가지고도 100세까지도 버틸 수 있으며, 수익률이 3%일 때는 영원히 자본이 고갈되지 않는다. 그런 다음 연방 정부의 평균 기대수명 보고서를 토대로 당신이 보험을 계약할 당시에 남은 기대수명이 얼마인지 확인하면[7] 애초에 거대 자본을 확보하고 있는 보험사를 이기지 못할 게임이라는 것을 깨달을 것이다.

수년간 생명보험이나 연금보험에 가입했고 이제 평생 연금과 저축한 자본을 인출하는 선택을 할 수 있는 상황이 더 나을 수 있다. 중도 해지하기로 결정하기 전에 여기서도 확실한 계산이 필요하다. 상황이 좀 낫다고 해도 일반적으로 중도 해지는 매우 매력적이지 않은 선택이다.

당신이 중도 해지를 결정할 경우, 극도로 낮은 연금보험 수익률 외에도 또 다른 단점이 있다. 그 중에 두 가지를 말해보겠다. 첫째, 납입 자본금의 일부만 할인된 가격으로 돌려받거나 아예 돌려받지 못할 수 있다. 원칙적으로 더 이상 계약을 해지할 수 없게 된다. 둘째, 당신이 사망하면 남은 돈의 대부분은 상속인이 아니라 보험사에 돌아간다. 소위 연금 보증 기간을 사용해 보험사가 가져갈 돈을 줄여볼 수는 있다. 그러면 남은 금액을 쉽게 파악할 수 있다.[8]

이런 단점과 불이익에도 불구하고 왜 수많은 사람이 보험 계약을 하고, 또 다시 중도 해지하기로 결정하는가? 내 생각에는 아무래도 사람들의 머릿속에 일종의 공식이 있는 것 같다. 바로 '안전한 은퇴 = 연금보험'이다. 나는 보험에 들기 전, 자기 손으로 계산기 한 번 두드려보지 않은 사람들을 많이 만났다. 그리고 또 하나의 결정적인 요인은 바로 손실을 기피하는 감정이다. 이 감정은 인간이 결정을 내릴 때 가장 큰 실수를 범하게 한다. 투자자들이 자본시장에서 왜 비합리적으로 행동하는지에 대해 위에서 이미 여러 번 다루었다. 이렇게 손실을 회피하는 감정은 안전한 노년기를 맞이하기 위해서 반드시 필요하다는 주장에 강력한 힘을 실어준다.

대니얼 카너먼과 아모스 트버스키는 사람들이 예상치 못할 결과가 나올 확률을 0으로 만들려고 비합리적으로 높은 비용을 기꺼이 지불한다는 사실을 잘 보여주었다. 예를 들어 사람들은 어떤 위험도 없이 88달러를 받는 것을 선호하지, 98%의 확률로 100달러를 받기를 원하지 않는다. 후자의 경우에 명확히 10달러가량의 이득을 볼 수 있음에도 말이다. '안전 효과'라고도 부르는 이러한 인지 왜곡은 아주 큰 금액의 경우에도 동일하게 나타난다.[9] 은퇴 후에도 생활 수준을 유지한다는 것은 물론 매력적인 제안이다. 그러나 정확하게 계산할 수 없는 자본시장의 투자 결과보다 적지만 안전한 연금 지급을 선호하는 성향이 사람들을 연금보험으로 끌어들인다. 이렇게 보험에 가입하는 사람은 일반적으로 구조화된 사고가 시작되기도 전에 직관적으로 결정해버린다. 이런 판단의 근거는 너무나 막연하다. 특정 기대치와 확률에 대한 적절한 계산조차 이루어지지 않은 느낌이 든다. 다시 한 번 말하지만 100% 안전한 금융상품은 이 세상에 없다. 보험 상품만 굳게 믿는 가입자는 보험사가 파산할 경우 닥치는 높은 체계적 위험이나, 생명보험 회사가 보험 상품을 다른 보험 회사에 매각하는 위험은 고려하지 않는다. 새로운 보험사가 인수 이후에 잠재적으로 월 연금 지불액을 눈에 띄게 낮출 수 있다는 점을 모르기 때문이다.[10]

연금보험이 유의미한 상황은 단 하나다. 이미 상대적으로 나이가 많고 앞으로 생활하기에 재산이 매우 빠듯할 것이 예상되는 경우다. 보험 게임에서 보험사가 승리하는 원칙은 깨지지 않을 것이다. 그러나 보험 가입 희망자가 노화해 평균 기대수명에 가까워지면 보험사와 일종의 내기를 해볼 만한 상황이 된다. 만약 지금 당신이 나이가 들어 소득이 부족한 상황에서 수익이 필요하다면, 자본 투자를 선택하면 안 된다. 오히려 실질적으로 건강을 잃을 위험성이 높아진 나이에는 확실한 경제적 지원이 필요하다. 당신이 지금 80세이고 향후 12~13년간 연금을 받는다는 보장이 있다면, 실제 남은 수명이 7년 정도라 해도 별 상관이 없다.[11] 이때 당신에게 일어나서 일어나선 안 되는 일은 당신이 93세까지 생존했을 때 재정적 지원이 끊겨 버리는 것이다. 보험 약관에 이에 대비한 항목이 있다면 문제가 없다.

인생 전반의 재정 계획 세우기

대부분의 사람에게 현명한 투자는 보험 가입보다 더 나은 결정이다. 견고하면서 실용적인 해결책을 소개하겠다. 지금까지의 모든 조언과 마찬가지로 최선의 정답은 아니지만, 당신은 충분히 실행하고 통제할 수 있다.

트레비 분수를 기억하는가? 비상시 대비책으로 쓰이는, 소비와 자산 축적용 항아리 말이다. 소득 활동이 중단되면 자산 침식이 시작되므로 항아리에 있는 자산을 소비하는 방식을 약간 수정해야 한다. 이때도 즐거운 소비는 물론 중기적 목표를 위한 예산은 여전히 확보되어 있어야 한다. 변동이 필요한 부분은 당신이 비상 예산과 투자용 예산을 수정해야 한다는 것이다. 이 두 가지 예산은 이제 장기적으로 당신의 생활 수준을 유지할 수 있는 방식으로 설정해야 한다.

가장 먼저 할 일은 은퇴에 필요한 돈이 얼마인지 알아내는 것이다. 이 금액을 알아내려면 평균 기대수명을 알고 있어야 한다. 그리고 당신이 통계상 평균 기대수명을 넘어서 생존할 가능성도 있기 때문에, 오래 생존하면서도 재정적으로 문제를 겪지 않으려면 당신의 평균 기대수명이 상위 5%에 속한다고 생각하고 계산해야 한다. 이에 따르면 현재 60세인 남성은 95세, 60세인 여성은 97세가 상위 5%에 속하는 평균 기대수명이다.[12] 나는 이것을 낙관적인 기대수명이라고 부른다. 평균보다 훨씬 높은 기대수명으로 계산하면 당신은 첫 번째 안전망을 구축할 수 있다.

다음 단계는 매달 필요한 금액을 결정하는 것이다. 몇 달간 소비 계획을 기록한 가계부와 지난 1~2년간의 계좌 잔고를 분석해보면, 현실적으로 당신에게 한 달에 얼마가 필요한지 알 수 있다.

다행스럽게도 순수하게 자신이 모은 자산으로만 소비하며 살아가는 사람은 아주 적다. 그래서 당신은 위에서 계산된 예상 필요 금액에서 연금 소득과 임대료 수익을 공제할 수 있다. 그러나 너무 긍정적으로만 계산하면 안 된다. 임대 부동산이 있을 경우에는 최소 5~10%의 공실률을 생각해야 한다. 그리고 유지보수를 고려해 1평방미터당 최소 2유로를 또 공제해야 하며, 오래된 집일수록 이보다 더 많은 금액을 공제해야 할 수도 있다. 이 과정을 거치고 나면 이제 매월 필요한 추가 수입이 얼마나 되는지 계산이 가능하다.

투자 시장에 자산을 투자하기 전에는 향후 5년 동안 사용할 돈을 일반 은행 계좌에 넣어두어야 한다.[13] 그 계좌에서 매월 생활비가 빠져나가는 계좌로 자동 이체를 설정해놓으면 된다. 자본시장의 상황이 좋을 경우 이 5년의 예산은 투자 활동을 통해서도 금방 채울 수 있다. 위기의 순간에는 따로 확보해둔 예산을 바로 빼지 말고 일단 지켜봐야 한다. 내가 추천하는 안전장치를 사용하면 투자 시장에 위기가 닥쳐도 5년을 버틸 수 있다.

왜 이런 방법을 추천하느냐고? 당신에게 필요한 예산을 뺀 나머지 자본금을 주식 비율이 50%인 투자 전략에 투자하면, 5년이란 시간은 수익률과 위험 단원에서 말한 경험 법칙에 따라 투자 포트폴리오가 심각한 손해를 다시 복구할 확률이 매우 높은 기간이다. 이렇게 5년이라는 시간을 설정하는 것은 투자 시장에서 최악의 손실이 발생한 시기를 초기에 설정해두고 회복할 시간을 갖기 위해서다. 이것으로 전체 결과를 망칠 위험을 완화시킬 수 있다.[14] 그리고 장기간 지속해서 관찰하다 보면 투자 포트폴리오를 재조정할 필요가 없다. 그리고 시간이 지날수록 위험 비율은 천천히 감소한다.

당신의 투자 항아리에서 꺼낸 금액은 점점 적어지지만 5년 예산을 확보해둔 항아리의 돈은 변함없으므로 상황이 안정적으로 유지된다. 물론 가진 자산을 전부 쏟아부어 투자했다면 더 나은 총 수익을 얻을 수 있을 것이다. 그러나 나의 제안은 투자에 신중하게 접근하고, 부정적인 상황에서 당신을 보호하며 심리적인 압박을 받지 않게 만들어준다. 그리고 자본시장이 위기에 빠지더라도 당신의 투자 전략을 고수할 수 있다. 이것이 수익을 최적화하는 일보다 더 중요하다. 평균 기대수명을 반영한 계산법 외에도 이렇게 5년 예산을 확보한 뒤 투자 전략을 세우는 방식은 당신의 투자 성공 가능성을 높이는 두 번째 안전망이 된다.

마지막으로, 달성할 수 있는 수익과 감수할 위험을 가정해야 한다. 여기가 가장 힘든 부분이다. 주식 비율 50%의 투자 상품에 퇴직 준비금의 일부를 투자한다고 가정해보자. 소위 '몬테카를로 시뮬레이션Monte Carlo simulation(불확실한 상황에서의 의사결정을 목적으로 확률적 시스템의 모의실험에 이용되는 절차-옮긴이)'에서 해당 투자 포트폴리오를 계산하면 완전히 다른 세상이 펼쳐진다. 그 이유는 자본시장에 높은 수준의 불확실성이 존재하기 때문이다. 시뮬레이터가 1000개 또는 1만 개의 임의 프로세스를 계산하면 이들 중 일부는 눈에 띄게 좋아 보이거나 일부는 매우 나빠 보이는 것이 당연하다.[15] 따라서 은퇴 준비 자금을 투자할 때는 매우 신중한 접근이 필요하다. 수익을 최대한 비관적으로 예측해야 한다. 당신이 전반적으로 자본 구매력을 유지하고, 향후 5년간 자본 항아리를 채울 수익이 인플레이션율만큼 높을 것이라고 가정해야 한다.[16] 이렇게 비관적인 수익을 가정하는 것이 바로 세 번째 안전망이다.

이제 필요한 자본을 결정하려면 연간 자본 수요량에 낙관적으로 계산한 잔여 기대수명을 곱하기만 하면 된다. 이 계산 과정에서 인플레이션과 수익률은 수학적으로 서로 상쇄되므로 무시해도 된다. 이것이 모두 잘될 것이라는 보장은 없다. 그러나 신중한 가정하에 만들어낸 투자 포트폴리오는 당신의 인생이 끝날 때까지 유지될 가능성이 매우 높다. 구체적으로 말하자면 60세의 남성이 소비를 시작해 위에서 언급한 몬테카를로 시뮬레이션을 기준으로 보면 90세까지 자산이 유지될 확률이 97.5%다. 당신이 95세가 되어도 여전히 자산을 보유하고 있다면, 가장 높은 기대 수명을 가진 상위 5%

에 속할 것이다.[17] 문제가 발생하는 경우는 오직 당신의 투자 포트폴리오가 지속해서 오랫동안 최악의 수익률을 보이고, 당신이 아주 오랫동안 생존할 경우다. 이 두 가지 경우가 맞아떨어질 확률은 1% 미만이다.

그래도 여전히 불안하다면, 그것은 인간의 DNA 깊숙이 자리 잡은 손실 회피 본능 때문이다. 이것은 아주 정상적인 반응이다. 자본을 소비하는 사람들은 자본시장 변동에 예민하게 반응한다. 그래서 나는 안전망이 과도하게 많은 것이 부족한 것보다는 훨씬 낫다고 생각한다. 그 이유는 안전망이 극도로 합리적이어서가 아니다. 안전망이 있으면 자본시장에서 예측되는 공포 시나리오에 대비할 수 있기 때문이다. 안전망이 없다면 투자 전략을 고수하지 못할 위험이 너무 높기 때문에, 위기 상황에서 미래의 생활 수준을 걱정하면서 여전히 고민에 빠질 것이다.

그래도 당신이 있지도 않은 100% 안전한 수익처를 찾으려고 보험에 가입하길 원한다면 이 점을 명심하라. 자본시장에서 극단적인 하락장이 발생할 가능성이 있는 것처럼 보험업계에도 위험은 어디든 있다. 자유시장 경제는 언제든 회복될 것이다. 그러나 몇몇 보험사는 그렇지 않을 수도 있다. 그리고 당신은 당신이 사랑하는 사람들을 생각해야 한다. 자본시장에 투자하면 자산의 상당 부분을 사랑하는 사람들에게 남겨줄 수 있다.

자산의 구매력이 유지되고 투자 시장의 상황이 평균 수익을 내고 있다는 전제하에 65세 즈음 소비가 시작된다면, 당신이 평균 기대

수명에 도달했을 때 자산의 절반 이상이 남는다.[18]

    마지막으로 구체적인 예를 살펴보겠다. 페터는 현재 60세다. 그가 95세 이상까지 생존할 확률은 5% 미만이다. 따라서 그의 자산은 35년 내지는 420개월 동안 유지되어야 한다. 그는 국가 연금에서 1800유로를 수령한다. 또한 아우스부르크의 있는 90평방미터짜리 아파트에서 월 900유로의 임대료 수입이 있다. 페터는 공실이 생길 것을 대비해 월 10%, 즉 90유로를 공제하고, 유지보수 예비비로 월 180유로를 또 공제하고 있다. 수학적으로 따지면 그는 한 달에 대략 2430유로의 수입을 얻는다. 페터의 주관적 관점으로는 경제 상황이 최악이 되어도 이만한 수익이 있으면 충분하다. 그러나 페터의 기존 생활 방식을 유지하려면 한 달에 700유로가 더 필요하다. 이 금액에서 페터가 '원래' 장거리 여행을 다니던 부분은 빠져 있으니 결국 전체적으로 그의 생활을 영위하는 데는 한 달에 3600유로가 넘는 돈이 필요하다. 경험 규칙을 적용하면 페터는 매월 1170유로가 추가로 필요하며, 420개월 동안에는 총 49만 1400유로가 필요하다.

    이제 페터가 75만 유로가 들어있는 증권 투자 계좌가 있다고 가정해보겠다. 이렇게 되면 그의 생활 수준을 유지하는 데 충분한 자산이 뒷받침된다. 그러면 앞서 고민한 모든 것은 문제가 되지 않는다. 페터의 인생 계획은 안전하고 확실하다. 이론적으로 그는 계획적 소비가 아닌 높은 위험성을 감수하고 25만 유로가 넘는 자금을 투자할 수도 있을 것이다. 페터가 심리적으로 안정을 얻기 위해 자신에게 '불필요한' 돈을 일반 계좌에 묶어둘지, 아니면 위험이 동반된 투자 상품에 투자를 할지는 개인의 취향에 달려 있다.

그러나 자산이 충분하지 않다면 상황은 달라진다. 지금 페터의 경우에는 자산이 현재 생활 수준을 유지하기에 알맞은 수준이거나, 이보다 더 낮아질 가능성이 있으므로 이런 상황에 대한 대안을 생각해봐야 한다. 단순히 주식 비율을 높여서 수익률을 압박하는 것은 좋은 투자 결정이 아니다. 물론 그렇게 투자해도 평균적으로는 수익이 더 좋을 수도 있지만, 불행하게도 부정적인 시나리오를 고려하지 않을 수 없다. 그리고 이런 부정적인 시나리오가 존재할 확률이 아예 없을 확률보다 높다.

차라리 페터에게는 아예 소비를 하지 않는 편이 더 현실적인 대안이 된다. 이를 위해 페터는 자신의 자산이 허락하는 한도 내에서 소비 가능한 지출액을 거꾸로 계산해야 한다. 더불어 그는 자신이 임대하고 있는 부동산을 적시에 매각하는 것에 대해서도 생각해봐야 한다. 심리적으로는 부동산을 매매할 마음을 먹는 것이 아주 어렵다. 특히 나이가 들어갈수록 더욱 그렇다. 그러나 재산의 본질은 사람이 먹고사는 문제에 달려 있기 때문에 페터는 불가피한 선택을 해야만 한다. 집에서 욕실을 따로 떼어 팔아 호주 여행을 갈 수는 없다. 언젠가 페터가 80세가 되고, 재정적인 여유가 거의 없어지면 그는 최소한의 생활 수준을 유지하기 위해 보험에 가입하는 것도 고려해볼 수 있다.

연금 소득자가 꿈의 직업?

∨

현재 인터넷에서 가장 활발하게 논의되고 있는 주제는 가능한 빨리 재정적으로 독립하고 자유를 누리고 싶다는 것이다. 40세 이전에 은퇴할 수 있는 방법이 있는데 60세, 65세 또는 그 이상으로 나이가 들 때까지 기다려야 하는 이유는 무엇인가? 돈과 행복에 관해 다룬 목차에서 이미 터무니없다고 말했던 '아주 빠르게 부자가 되는 방법' 말고도 절약, 미니멀리즘같이 재정적인 독립을 위한 더욱 지적인 방법이 존재한다. 기본적으로 이런 지적인 생각을 하려면 무슨 소비를 하지 않아야 살아갈 수 있는지를 분명히 해야 한다. 일상에서 의식적으로 가능한 많이 저축을 해둬야 한다. 소득의 60% 내지는 80%까지 저축해야 한다는 의견도 있다.[19]

이런 식으로 되도록 빨리 '노동의 쳇바퀴'에서 벗어나 '수동 소득' 만으로 생활할 수 있어야 한다. 이때 쓰이는 키워드는 '파이어Financial Independence Retire Early, FIRE(재정적 독립과 조기 은퇴)'다. 나름 지적인 방식을 통해 빠른 은퇴를 꿈꾸는 사람들은 터무니없이 과도한 투자 수익이나 비현실적인 투자 프로젝트를 추구하지 않는다. 그 대신 자신이 누리는 현재의 생활 수준을 극단적으로 하락시켜 소비를 절제하고 저축을 통해 재산을 모은다. 일단 이들의 방식만 놓고 보면 '7년 안에 100만 유로 만들기'[20]와 같은 말보다는 약간 더 현실적이다. 이렇게까지 가혹한 저축 방식을 좋아하는 사람이라면 이들의 말을 환영할 것이다. 그럼에도 나는 상당한 의구심을 품고 있다. 인간을 물질적인 안락함에서 분리한다는 가정은 틀림없이 심한 거부 반응을 불러오기 때문이다.

탐욕과 금욕의 한계선은 매우 빠르게 넘어갈 수 있다. 근본적으로 검소한 생활 방식은 문화적 참여와 사회적 참여를 포기해야만 가능해진다. 내가 배우자나 자녀에 대해 재정적인 책임을 지고 있다면 가족에게도 좋지 않은 일이다.

그리고 또 다른 문제는 돈을 받고 일하는 행위를 부정적인 것으로 인식하는 것, 즉 '햄스터 쳇바퀴'라고 표현하는 것이다. 20년 동안이나 즐겁지 않은 일을 하기에는 인생이 너무 짧다. 모든 행위의 초점을 한 푼이라도 아끼는 데 맞춰 즐겁지도 않은 직장을 다니고, 나중에 더 좋은 삶을 누리기 위해 지금의 불만족스러운 생활 수준을 견딘다는 것은 시간을 돈으로 바꾸고, 또 나중에 은퇴하고 나서 돈을 시간으로 바꾸기 위한 경제 활동에서 매우 불리한 거래다.

미래를 길게 내다보지 않고 현재만 견디며 살아가는 것은 그리 설득력 있는 인생 계획은 아니다. 특히 미래 전망이 상대적으로 우울해 보인다면 더욱 그렇다. 안락한 삶을 위해서는 충분한 수입을 창출하는, 만족스러운 직업을 찾는 것이 우선이 아닐까? 7년 만에 100만 유로를 모으자는 말이 얼토당토않은 것만큼, 검소한 생활을 강조하는 이면에는 단순히 충분한 돈만 있으면 모든 문제가 해결되고 행복해질 거라는 착각이 있다. 너무 순진한 생각이다.

검소함과 무관하게 나는 40세, 50세, 67세와 같은 나이에 은퇴한다는 개념에 대해 상대적으로 커다란 불신을 갖고 있다. 은퇴나 중단이라는 표현은 뭔가 다 끝나버렸다는 인상을 주지 않는가? 어느 정도의 성취감을 주는 일은 멋지다.

나의 컨설팅 원칙은 내 아버지의 인생을 본받아 만들어졌다. 나의 아버지는 80세가 넘어서도 여전히 고객을 위해 일하는 것을 즐기고, 일할 수 없다는 생각만으로 괴로워하신다. 나는 내 아버지 같은 사람이 많아져야 된다고 생각한다. 내가 직접 회사를 창업한 이유 중 하나도 어느 시점에 타의에 의해 강제 은퇴한 다음 소파에서 여생을 보내지 않기 위해서였다. 은퇴 후 무기력하게 시간만 보내는 인생을 살다보면 정신적으로 빠르게 쇠약해질 위험이 있다.

그렇다고 일 중독자가 되어 죽을 때까지 돈만 버는 일이 가치 있다는 의미가 아니다. 또 그렇게 사는 게 결코 바람직하지도 않다. 돈을 벌기만 하면서 자기 인생을 누리지도 못하고 은퇴할 시기만 바라며 살아갈 필요는 없다. 나는 여기서 행운의 복권 당첨을 말하는 것이 아니다. 더 이상 일할 필요도 없고, 매일같이 해변에 누워 손에 우산 장식이 달린 칵테일을 들고, 오후에는 모터보트에서 지루할 때까지 시간을 보내는 환상은 내가 말하고자 하는 바가 아니다. 이런 삶을 모두가 누릴 수는 없으므로 공상만 하면서 소비를 조절하지 못하면 결국 파산이라는 결말을 맞게 된다.

나는 소비에 관한 문제를 현명하게 해결한 사람들을 많이 만났다. 그들은 단지 일을 그만두는 것에서 그치지 않고, 또 다른 인생 계획을 세워 열심히 살았다. 그들은 '먼저 일하고, 그다음에 쉬자'라는 원칙을 지켰다. 여기 40세에 회사를 매각하고 재단 활동을 중점적으로 시작했던 안드레아의 사례가 있다. 그리고 3년간 공부를 마치고 회사에 취업한 다음, 퇴직 후 뮌헨에서 방콕까지 자전거 여행을 떠난 파울도 있다. 그리고 마티아스는 회사가 주식에 상장된 이후, 컨설턴트로 변신하여 뮌헨에서 창업 상담 시장에 뛰어들어 벤처 기업을 운영했다. 그리고 마리아는 55세에 IT 회사를 떠나 중고 서점을 열었다. 마이클은 48세에 회사를 그만두고, 가족과 함께 3년간 세계 일주를 했다.

이들 중 일부는 큰 자산이 필요한 일도 있고, 또 일부는 자신의 꿈을 이루기 위해서 재산보다는 자신감이 더 필요한 경우도 있었다. 나는 종종 돈보다는 용기, 상상력, 창의력이나 굳은 의지가 부족한 사람들을 발견한다. 이런 사람들은 회사나 병원에서 하루에 12시간씩 머무는 것이 돈을 벌기 위해서는 어쩔 수 없다고 생각한다. 그들은 이런 생각을 갖고 자신의 고객이나 환자에게 친절하게 대하는 것이 모습을 비상식적이며 비윤리적이라고 생각한다. 결국 이 생각은 변명일 뿐, 마음에 벽을 세워 좀 더 나은 사람이 되기를 거부하는 행동이다. 너무 진지하게 생각하는 것보다 가만히 자신의 내면을 들여다보는 편이 낫다. 어떤 사람이 죽음을 앞둔 마지막 순간에 이런 생각을 하겠는가? 아, 내가 주말에 일을 더 했더라면 돈을 좀 더 벌고 죽지 않았을까? 따라서 당신에게 돈을 시간으로 바꾸는 일에 대해 생각하기에 적절한 시기는 바로 지금이다.

·13·

소득은
능력이다

마지막으로 돈이 좋은 가장 큰 이유는 무엇인지, 돈을 소유하는 진정한 목적은 무엇인지 알아보겠다. 그것은 다시 사용하는 것이다. 즉각적으로 필요한 기본 욕구가 충족되면, 어느 시점부터는 낭비가 시작된다. 돈이 무한정 있는 경우를 제외하고는 항상 낭비에 대한 부담이 뒤따른다. 소비가 가치 있는 이유와 그렇지 않은 이유는 무엇인가? 돈이 부족하다는 것은 실제로 좋은 현상이다. 그리고 돈을 즐겁게 쓸 수 있는 전제 조건이 되기도 한다. 돈이 너무 많아서 더 이상 돈이 중요하지 않은 사람에게 궁극적으로 돈은 가치가 없다.

소유보다 설계

∨

돈으로 살 수 있는 아름다운 것이 많다. 신분을 드러내는 상징에 돈을 투자한다면 더 멋진 차, 더 비싼 시계, 더 큰 제트기를 소유할 수 있다. 그러나 돈이 무한정 많다고 해서 만족도 무한정 느끼는 것은 아니다. 오히려 돈이 많을수록 하향 곡선을 그리는 만족감의 척도가 있다. 사람은 자신을 동년배 내지는 자신보다 조금 더 부유한 사람과 비교한다. 고급 옵션을 추가한 BMW X7 차량으로 아우토반을 내달리면 만족감을 느낄 수 있다. 수십 대의 저가 승용차를 추월하고, 슈타른베르크-니빌에서 새로운 레이싱 기록을 세울 수도 있다. 회사 동업자가 지난 주에 당신과 정확히 똑같은 자동차 모델을 주문했다는 것은 당신의 신경을 다소 건드릴 수 있다. 그러나 고급 차량에 전체 인테리어를 전부 가죽으로 장식하거나 아메트린(보석의 일종-옮긴이) 메탈 소재의 옵션을 장착해도 일부러 어딘가로 여행을 떠나지 않는 한, 그 차를 이용해 매일 교통 체증을 뚫고 출근한다면 피아트 판다 중고차와 환경이 크게 다르지 않다.[21]

돈이 아무리 많아도 이런 딜레마에서 벗어날 수는 없다. 나는 친구 플로리안의 사례에서 영감을 얻었다. 플로리안은 몇 년간 부유한 아랍계 고객들을 위해 747 제트기의 인테리어를 고급스럽게 단장하는 회사에서 일했다. 전 세계에서 1년에 4~5대 가량의 개인 제트기 주문이 들어온다. 인테리어에만 5000만 유로에서 1억 2000만 유로의 예산이 든다. 제트기 내부는 금으로 된 수도꼭지와 고급스러운 침실, 욕실, 회의실, 바, 라운지 공간까지 있어 화려함의 극치를 달린다. 엄청나게 수익성이 높은 사업 모델이었다. 왜냐하면 다음 고객은 기존 고객이 선택한 인테리어보다 무조건 더 값비싼 인테리어 옵션을 선택했기 때문이다.

"이전에 만든 제트기 시설보다 더 크고 더 빛나고 더 비싸게 해주세요."

이런 예시가 불편할 수는 있겠지만, 내가 말하고자 하는 것은 신분을 드러내는 상징이 당신을 목표에 더 가깝게 만들 가능성은 적다는 사실이다.

영혼의 크레디트 포인트

돈을 물건으로 바꿀 때 명심해야 할 몇 가지 기본 규칙이 있다. 자본은 유한하니 자신에게 정말 유의미한 몇 가지 일에만 소비를 해라. 가능하면 5년, 10년 후에도 버리지 않고 부서지지 않을 만한 것을 골라야 한다. '더 빠르고, 더 비싸고, 더 큰 것'과는 상관없이 그 물건 자체의 가치에 집중해야 현명한 소비를 할 수 있다. 오래된 골동품과 미술 작품을 사는 것은 좋은 소비가 될 수 있다. 작품 구매를 하면서 접촉하는 사람이나 대화를 통해 사회적 지위가 올라가기도 한다. 또 예술품 수집은 돈이 아무리 많은 사람이라도 공급에 제한이 있기 때문에 자산가라고 해서 무한정으로 가질 수 있는 재화가 아니다.[22]

상징으로 지위를 나타내려는 행위와 비슷한 개념은 충동구매를 통한 보상 심리다. 예를 들어 당신은 하루를 정말 보람차게 보냈다. 그리고 당신 자신이 너무 자랑스럽게 느껴진다. 그러다 집에 가는 길에 어느 상점 앞을 지나면서 자신에게 상을 주고 싶다는 생각을 한다. 아니면 몸이 좋지 않고 아픈 상황에서 가게 앞을 지나칠 때 자신에게 선사하는 위로의 의미로 충동구매를 하기도 한다. 그러나 당신은 여기서 기억해야 한다. 당신이 재정적 어려움에 빠지는 순간은 5~20유로짜리 금액을 매주, 매달 반복적으로 지출하고, 이것이 축적되어 불필요한 소비가 늘어날 때다. 예를 들어 당신이 신발장에 신발을 채우는 데 지속해서 소액을 지출한다고 생각해보자. 결과적으로 신발장은 천천히 채워지겠지만, 신발장을 채우는 데 지출한 금액은 당신의 재정적 가치와는 일치하지 않는다. 오히려 당신은 당신이 원래 계획한 재정적 목표에서 한 걸음씩 멀어진다.

자산이 무언가를 할 수 있는 능력을 나타내며, 소유 상태를 나타내는 게 아니라면 사물보다는 공유 경험에 투자하는 것이 합리적이다. 결국 인간을 행복하게 만들어주는 것은 신분의 상징이 아니라 의미 있는 관계이기 때문이다. 내가 이런 주장을 할 때면 어떤 사람은 이렇게 말한다.

"그게 무슨 소용이지? 2주 뒤에 휴가가 끝나서 집으로 돌아가면 당신 책상 위에 40년 치 일거리가 쌓여 있을 텐데."

이 말은 틀렸다. 휴가 기간 동안에 당신은 앞으로 40년 후에도 기억에 남을 추억을 쌓을 수 있다. 당신은 추억에 투자하고 있다. 내가 느끼는 행복감은 현재에 한정되어 있다. 현재란 미래와 과거 사이의

짧은 순간이다. 그러나 내가 나중에 시간이 지나 내 인생을 되돌아볼 때, 과거에 존재하는 행복감을 그대로 떠올려볼 수 있다.[23] 공유된 경험과 함께 살아 숨 쉬는 좋은 관계에서 비롯된 이러한 기억은 당신이 오랫동안 간직할 수 있다. 인간의 기억은 매우 선택적이고, 일반적으로 경험을 최적화하는 데 사용된다. 두 시간 동안 이탈리아 모데나의 도로에서의 겪었던 교통 체증은 일정 시간이 지나고 나면 잊힌다. 그 대신 아이들, 친구들과 함께 수영장에서 바비큐를 즐겼던 기억이 더 오래 남는다. 현명하고 때로는 시적인 표현을 즐겨 쓰는 내 아들 루카스는 이것을 가리켜 '내 영혼의 크레디트 포인트'라고 부른다. 루카스를 이런 표현을 쓴 이유를 덧붙여 설명했다.

"나는 이 기억을 내가 우울하고 힘든 날에 다시 꺼내 떠올려 볼 수 있어요."

그래서 나는 당신도 가끔은 재정적으로 전혀 합리적이지 않아 보이는 소비를 하길 권한다. 나에게 아주 소중한 경험을 얘기하겠다. 나는 내 아들 필립과 함께 마드리드에서 열리는 축구클럽의 챔피언스 리그 원정 경기를 보려고 암시장에서 엄청나게 비싼 티켓을 구매했다. 그리고 거기에다 총 6명의 가족이 함께 일주일간의 휴가를 떠나는 예산이 더해지고, 비행기 표값, 호텔 체류비, 음식에 쓰는 비용까지 어마어마한 돈이 들어갔다. 상식적으로 말도 안 되는 엄청난 소비를 해버렸다. 그러나 언젠가는 이 공유 경험이 빛을 발할 것이다. 나중에 우울하고 힘든 날이 찾아와 과거의 크레디트 포인트가 급하게 필요할 때 떠올리면 행복해질 것이다.[24]

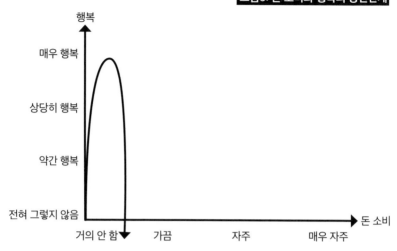

행복

매우 행복

상당히 행복

약간 행복

전혀 그렇지 않음

돈 소비

거의 안 함　　가끔　　자주　　매우 자주

그러나 이렇게 비합리적인 소비를 자주 하면 결국 당신에게 해가 된다. 수년에 한 번 이상 비상식적으로 엄청난 지출을 해선 안 된다. 그리고 너무 자주 이런 방식을 사용하면 자극의 임계값이 이동하기 때문에 원래 의도한 크레디트 포인트의 효과는 사라진다. 결국 자원을 낭비하고 당신의 재정적 가치와는 모순되는 경제 활동을 하며, 당신의 재정적 목표 달성을 위태롭게 만든다.

축제, 소풍, 부모, 자녀 또는 좋은 친구와 함께 떠나는 휴가, 이 모든 것이 당신만 아니라 그곳에 함께 있었던 사람들에게도 의미 있는 추억을 선사한다. 부를 축적하는 것이 항상 인간의 유한성보다 오래 지속되는 무언가를 뒤에 남기려는 행동이라고 하자. 그렇다면 잠시나마 친구, 사랑하는 사람과 추억을 만들며 사는 것도 오래 지속되는 무언가를 남기는 행위라고 볼 수 있다. 아들 필립은 지금까지도 마드리드로 축구 경기를 보러 여행을 떠났을 때를 내가 최고의 아빠였던 순간으로 생각한다. 이제 손자가 생기면 나는 또 다른 추억에 투자할 것이다.

돈을 의미 있게 쓰려면

추억을 쌓기 위해 돈을 지불하는 것은 반드시 소비가 중심이 되어야만 하는 것은 아니다. 돈으로 할 수 있는 가장 좋은 일 중 하나는 돈을 지식이나 교육으로 전환해 자기 계발을 하는 것이다. 이것은 당신만 아니라 당신이 사랑하는 사람, 당신이 재정적 책임을 지고 있는 사람들에게도 효과가 있다. 나는 많은 사람이 경력의 관점에서 학력을 따지고, 교육과 훈련의 개념을 혼동한다는 사실을 알고 있다. 그러나 학력이나 교육은 훨씬 더 많은 범위의 것을 의미하지 않을까? 1년간 교환 학생을 떠나거나 다른 나라에서 유학하고, 직업 훈련, 대학원 과정을 거치면서 들어가는 모든 비용이 처음에는 많아 보일 수 있다. 자기 계발을 하고 식견을 넓히는 일을 그저 '투자 수익률'만을 기준으로 측정하면, 잘못된 우선순위를 설정하고, 잘못된 결정 기준으로 이어진다. 물론 이런 교육 투자의 결과로 때에 따라서는 더 큰 경제적 성공을 거둘 수도 있다. 그것은 분명 좋은 일이다. 그러나 경제적 성공 때문에 교육에 투자하는 것은 동기 부여가 되기에 부족하다고 생각한다.

당신이 정규 교육 과정을 마친 지 오래되었더라도 교육을 위해서 소중하게 돈을 소비할 수 있다. 어학 코스에 등록하고 극장을 방문하거나 오페라를 관람하고. 문화생활을 즐기면 된다. 나는 당신이 더 큰 차나 좋은 시계를 구매하는 것보다 장기적으로 이런 교육활동에 돈을 소비하면 더 많은 것을 즐기며 살 수 있다고 확신한다.

피난처와 만남의 장소

ﾠﾠﾠﾠﾠﾠﾠﾠﾠﾠﾠﾠﾠﾠﾠﾠﾠﾠﾠﾠﾠﾠﾠﾠ∨

우리는 자가 부동산에 대한 결정만큼 광범위하고도 불쾌한 재정적 결과를 초래하는 결정은 거의 없다는 것을 앞선 사례에서 이미 보았다. 이와 동시에 내 가족을 위한 집, 아무도 당신에게서 빼앗을 수 없는 완전한 장소에 대한 열망은 우리 DNA 깊숙이 자리하고 있다. 그래서 휴가 용도로 쓰이는 부동산, 즉 별장을 구매하는 재정적으로 비합리적인 소비가 증가하고 있다. 이런 비합리주의와 연관되는 관념은 바로 낭만이다. 시골의 작은 집, 고즈넉한 산, 바닷가의 파도소리, 따뜻한 남쪽의 평화로운 삶, 평온, 고요함, 고립과 같은 그림을 떠올리거나, 이에 대한 꿈을 꾸는 것은 완전히 정상이다. 이런 생각이 이상적인 별장에 걸맞은 조건이기도 하다. 그러나 별장 구입의 꿈을 실현시키기 전에 최소한 숙고하는 시간을 가지고 몇 가지 따라야 할 기본 규칙이 있다. 그러지 않으면 당신이 꾸던 꿈은 곧 악몽으로 바뀔 것이다.

비용이 얼마나 드는가

우선 당신의 재무 상태를 명확하게 파악해야 한다. 별장 구매를 일반적인 부동산 매매로 간주하고 투자로 생각하는 것은 완전히 잘못되었다. 별장을 팔아서 수익이 나지 않는다고 말하는 게 아니다. 또한 나중에 다시 매매할 가능성이 없다는 뜻도 아니다. 다만 휴가용 별장을 구입하는 것은 기본적으로 당신의 재정 계획이 순조롭게 진행 중이며 별장 구매 계획 자체가 당신의 생활 수준이나 기타 재정 목표가 장기적으로, 또 안정적으로 유지되는 데 심각한 위험을 초래하지 않는 경우에만 선택할 수 있다. 원칙적으로 별장을 구매할 때는 상당한 지출이 발생한다. 나중에 당신의 재산을 상속받는 사람들은 추후에 별장을 다시 현금화할 수 있을지 결렬한 논쟁을 벌일 수도 있다.

그리고 별장 구입과 더불어 절대 과소평가하면 안 되는 부분은 바로 운영 비용이다. 별장 유지보수 비용뿐만 아니라 냉난방비 또한 운영비에 포함된다. 오래된 집일수록 운영비는 높을 것이다. 또한 지방자치단체, 지역 관광협회 또는 지역마다 2주택자에게 부과하는 세금에 따라 부대 비용이 기하급수적으로 늘어날 수 있다. 당신이 구매한 별장을 비어 있는 동안 임대를 주면서 거기에서 나오는 수익을 얻을 수도 있다. 그러나 이 임대 수익이 결국 청소부, 정원사, 별장을 관리하는 사람들에게 다시 투입되면 큰 수익은 얻지 못할 수도 있다. 특히 해외에 별장이 있고, 거기에서 소득을 얻는 경우에는 세금 납부 절차가 훨씬 더 복잡하다. 물론 세금 납부 작업을 타인에게 위임할 수도 있지만, 여기에도 비용은 들어간다. 그렇게 되면 당신이 정작 손에 쥐는 수익은 매우 적다.

재정적 관점에서 보면 사실 별장을 사는 것은 좋은 생각이 아니다. 연간 사용 횟수, 취득비, 지속적인 운영에 드는 총 비용을 계산해보면 1년에 몇 주간 호텔이나 에어비앤비를 사용하는 것이 상대적으로 저렴한 대안이 될 수 있다. 중장기 임대로 별장을 사용하는 것도 구매보다 훌륭한 대안이다. 그리고 5년 또는 15년 뒤에 당신에게 어떤 일이 생기거나 다른 신상의 변화가 생기면 언제든 처분하고 떠날 수 있다. 만약에 별장 설비가 고장 나도 결국 집주인이 해결해야 될 문제이기 때문에 당신은 신경 쓸 필요가 없다. 별장 구매를 결정하기 전에 같은 지역에 있는 집을 잠시 임대하는 것이 좋다. 이를 통해 당신이 그곳에 거주지를 마련했을 때 삶의 질이 얼마나 높아질지, 그리고 사용 빈도가 얼마나 될지 대략 가늠해볼 수 있다.

해당 지역은 휴가철에 심한 교통 체증이 발생하는가? 휴가 시즌이 끝나고 나면 다시 유령 도시처럼 변하는가? 관광객은 어떤 사람들이 방문하는가? 1년 중에 덥고 춥고 습한 날은 얼마나 되는가? 봄에 외딴 곳에 있는 산길이 오토바이를 탄 폭주족들의 단골 모임 장소가 되는가? 나는 그리스 별장을 구매한 한 가족이 8월이 되자 조용하던 해변이 요란한 파티 장소로 변한 것을 보고 후회한 사례를 들은 적이 있다. 그러니 당신에게도 생각할 시간이 반드시 필요하다. 결정하기 전에 충분한 시간을 가져라.

금전적인 것 외에도 상당한 시간과 노력이 들어갈 수 있다. 해외에 있는 별장을 소유하고 운영할 때는 그 나라의 제도가 내가 살고 있는 나라와 다르다는 것을 염두에 둬야 한다. 편법을 시도하려다가 일이 꼬이면 더 많은 비용이 들어갈 수도 있다.[25] 그리고 해외에 있는 관리인과 소통하거나 현지 관청 서류를 처리해야 할 수도 있다. 그러므로 별장을 마련하기 전에 당신을 도와줄 수 있는 사람이 현지에 있는지 파악하는 것이 좋다.

심적인 부담을 줄이려면 몇 가지 비금전적인 기준도 있어야 한다. 이 기준은 내 개인적인 경험과 고객과의 대화에서 발견한 것이기도 하다. 직장과 자신의 실거주지가 지리적으로 가까운 경우, 휴가용 별장은 실거주지에서 반경 2시간 이내를 추천한다. 주말에만 사용하더라도 유지 관리가 되지 않으면 상당히 골치 아픈 문제가 발생한다. 어떤 별장을 보고 첫눈에 반했다면, 감정에 가려져 많은 부분을 간과할 수 있다. 지리적으로 너무 멀리 있는 별장을 보고 마음에 쏙 들어 구매를 했는데 시간이 지남에 따라 부담감이 커지는 경우가 많기 때문이다. 오스트리아 바하우에 아름답고 작은 집을 샀던 친구들의 사례다. 얼마 후 이 친구들은 직장과 거주지에서 너무 멀리 떨어진 별장으로 4시간씩 이동하면서 상당히 힘들어했다. 처음에 별장을 오가며 느꼈던 기쁨은 금세 사라졌다. 결국 7년 후에 그들은 짜증을 내며 별장을 팔아버렸다. 반면에 이동 시간이나 지리적으로 먼 거리를 감당할 자신이 있다면, 멀리 떨어진 별장은 별 문제가 되지 않을 수 있다.

한 가지 더 간과하는 부분은 바로 편의성이다. 특히 도시 거주민에게 별장은 소박한 삶을 즐기려는 낭만과 관련이 있다. 도시 생활에 익숙한 사람이 외딴 별장에 도착해 난방도 안 된 공간에서 반나절을 추위에 떨거나, 우유 사오는 걸 잊어버리는 바람에 45분 동안 자동차로 이동하는 불편을 겪다보면, 별장의 매력은 빠르게 사라진다. 막연히 상상하던 어린 시절의 꿈은 현실과는 상당한 거리가 있다.

이런 문제는 개인이 통제하기 어렵다. 통제의 문제는 모든 유형의 자산에 존재하지만 휴가용 부동산의 경우, 특히 심각하다. 나는 이 문제를 '소속의 딜레마'라고 부른다. 재산은 내게 속한 것인가? 아니면 내가 그 재산에 속해 있는가? 집은 나에게 속한 것인가? 아니면 내가 그 집에 속한 것인가? 이런 질문이 우습다고 생각하는가? 사실 나도 그렇게 생각한다. 그러나 그렇다고 주제가 변하지는 않는다. 우리 가족의 별장을 예를 들어보겠다. 우리 가족은 뮌헨에 살고 있고 토요일에 별장에 갈 계획을 세웠다. 떠날 생각을 하니, 마치 별장이 멀리서 내게 말을 거는 것 같았다.

"당신은 정말 오랫동안 여기 오지 않았군요."

나는 마치 사슬에 묶인 것 같은 기분이 들었다. 별장을 구매한 것이 후회스러웠다. 이것은 매몰 비용 때문에 투자를 철회하지 못할 때 드는 감정과 비슷했다. 나는 별장을 구매하면서 이미 너무 많은 돈을 들였기 때문에 이러지도 저러지도 못하는 상황이었다. 팔기에는 상당한 손해를 감수해야 했고, 계속 가지고 있기에는 부담감이 너무 컸다. 문제는 이게 다가 아니었다.

내가 별장에 머무르는 동안에도 별장에 대한 생각은 내 머리를 떠나지 않는다. 바비큐를 하고 싶은데 문득 지하실 바닥에 물기가 아직 마르지 않았다는 것이 생각난다. 햇빛 아래서 조용히 책을 읽고 싶은데 욕실 문의 경첩이 뒤틀려 있는 게 갑자기 눈에 띈다. 블라디미르 카미너Wladimir Kaminer는 《슈레버 정원에서 보낸 인생Mein Leben im Schrebergarten》이라는 책에서 자신의 이야기를 들려주었다.

"마침 별장에 갔을 때 나는 잔디를 깎고 싶었지만, 못했다. 이웃이 시끄러운 걸 싫어하기 때문이다."

카미너는 자기 별장의 정원에서 친구들과 파티를 하며 즐겁게 지내고 싶었다. 그러나 행정적 문제 때문에 사과나무를 관리하며 관청의 정원 구성 조례를 준수하는 데 긴 시간을 보내야만 했다.[26] 그 책을 처음 읽었을 때 나는 크게 웃을 수밖에 없었다. 그때 우리 가족은 막 작은 오두막을 구입하고 난 뒤였다. 어쩌면 수리나 유지 관리에서 오히려 실거주지보다 휴가용 부동산에 들어가는 비용이 더 많을 수도 있다. 그러나 실거주지에서 보내는 시간이 월등히 많으니 당신은 제한된 시간 내에서 별장을 관리해야 한다. 그러니 당신 대신 별장을 관리해줄 사람을 고용하려면 상당한 돈을 투자해야 한다. 그리고 항상 마지막 경험이 강렬하게 기억에 남기 때문에 별장에서 수영이나 바비큐 파티를 하며 즐긴 시간보다 진공청소기로 청소하던 기억만 남을 가능성이 더 크다. 별장이 너무 멀리 떨어져 있으면 직접 청소하는 게 거의 불가능하다는 것도 염두에 둬야 한다. 아직은 직접 청소하는 것이 그리 힘들지 않겠지만 10년 후에는 상황이 달라질 수도 있다. 결국 휴가용 부동산을 관리해줄 관리인이나 청소 도우미, 세무사나 건물 페인트공을 고용하는 것이 돈을 들여 남의 시간과 자신의 만족을 교환하는 아주 현명한 방법이다.[27]

이 모든 일을 염두에 두고도 별장을 구매하겠다는 생각이 변하지 않았다면, 이제 별장에 투자하는 것이 당신의 재정 목표와 가치에 더욱 가까워진다. 한눈에 들어오는 재정 계획의 핵심 목표 중 하나가 '나와 내 가족이 긍정적인(주로 공통된) 경험이 풍부한 삶을 살 수 있어야 한다'라면, 별장이 여가 활동에 상당한 기여를 할 수 있기 때문이다. 가족의 피난처이자 친구들과 모이는 만남의 장소로 쓰인다는 의미에서 별장은 단순히 재산이나 사치품이 아니라 당신의 관계를 지탱해주는 장소가 된다. 그리고 재무계획표에서 '업무 내용, 근무 시간, 회사의 지리적 위치를 잘 파악해야 한다'는 항목을 살펴보자. 별장은 당신이 방해받지 않고 업무 집중력을 높여주는 장소가될 수도 있다.

나눔의 즐거움

∨

특히 가족에게 많은 돈을 증여할 때 염두에 두어야 할 몇 가지 사항이 있다. 일반적으로 증여에 관해 대부분의 사람은 상속세를 절약하고, 자신의 통제력을 유지하는 것만 생각한다. 증여 과정에서 참고할 만한 사례는 10년마다 다음 세대에게 상속세 공제 한도 내에서 재산을 물려주되 자신의 몫을 남겨두는 것이다. 예를 들어 집은 딸의 소유지만 임대료는 부모에게 입금된다. 상당히 영리하게 처신했다고 생각할 수 있다. 그러나 이런 행위는 증여라기보다는 재정을 최적화하는 일에 가깝다. 자녀 입장에서는 용익권(다른 사람의 소유물을 일정 기간 동안 사용하여 이익을 얻을 수 있는 권리-옮긴이)을 얻은 것에 불과하기 때문이다. 부모가 증여를 하면서 자신의 행위를 자녀의 신뢰를 시험하는 도구로 삼거나 부모로서의 권력을 행사하는 데 이용할 수도 있다. 그렇다고 정당한 이유로 증여를 철회하는 것을 비난하지는 않는다. 그러나 증여를 너무 과도하게 악용하면 오히려 자녀의 삶의 질이 떨어지게 된다. 특정 시점이 되면 자녀를 통제하려고만 하지 말고, 하나의 인격체로 신뢰하며 인정해야 한다.

통제하는 부모의 반대는 아이에게 너무 일찍 많은 것을 맡기는 바람에 아이가 스스로 번 돈의 가치를 모르게 만드는 부모다. 10만 유로 정도의 금액이라도 20대 초반의 나이에는 엄청난 액수로 보일 수 있다. 경제적으로 너무 풍요로운 환경에서 자라면 최악의 경우에는 학업에 대한 의지도 없고, 직장에서 받는 첫 월급의 기쁨도 모르며 인턴 급여를 받아도 큰 보람이나 즐거움을 느끼지 못한다.

당신이 부모라면 아이의 모습을 잘 살펴보라. 아이는 지금 어떤 인생을 살고 있는가? 아이에게 돈은 어떤 의미인가? 당신이 아이에게 재산을 증여했을 때, 아이의 인생은 앞으로 더 나아져야만 한다. 결정은 오로지 당신의 몫이다. 여기서 중요한 것은 당신이 생각할 때 잘못된 질문을 던져서는 안 된다는 점이다. 예를 들어 '내 자산을 아이에게서 보호하는 방법은 무엇일까?'라는 질문은 잘못되었다. 대신 '내 아이를 내 재산 앞에서 어떻게 보호할 것인가?'라는 질문을 던져야 한다. 이런 질문을 던지고 가만히 생각해보면 차라리 아이에게 재산을 증여하지 않는 편이 낫다는 결론이 나온다. 그러므로 다음의 사례를 자세히 살펴보길 바란다.

나는 약 10년 전에 안드레아를 만났다. 아마도 내가 영업 활동을 시작했던 때로 기억한다. 안드레아의 책상 위에는 온갖 은행의 주소록, 자산 관리사의 연락처가 적힌 서류가 잔뜩 널려 있었다. 나는 안드레아의 사무실에서 약 2시간에 걸쳐 영업 관련 프레젠테이션을 했다. 지금 내가 안드레아의 이야기를 하는 이유는 그가 성공한 이후의 삶 때문이다. 안드레아가 사업을 시작한 초기에는 동업자와 일을 하다가 독립하여 투자 회사를 창업했다. 회사의 첫 번째 거래가 성공한 이후 투자 거래량이 늘었고, 회사의 수익률은 엄청나게 높았다. 안드레아의 자산도 증가했다. 그 후 안드레아는 회사 지분을 매각하고 재단을 설립해 두 자녀를 포함해 온 가족이 함께 1년 동안 남아프리카의 말라위로 이주하기로 결정했다. 그곳에서 그는 절대 빈곤이 지배하는 지역 사회와 관련된 후천성면역결핍증AIDS 고아 프로젝트에 대해 알게 되었다. 1년 후 그는 이 프로젝트에 자기 인생을 바치기로 결심했다.

그가 말라위에 살고 있다는 소식을 들었을 때, 나는 물질적인 풍요를 누리던 안드레아의 가족이 그곳에서 지내면서 자신들이 누리던 생활과 너무 다른 현지 생활에 충격을 받고, 죄책감을 느낄 거라고 생각했다. 그러나 그게 아니었다. 안드레아는 말라위에서 삶의 의미를 발견했다. 그는 진심으로 기쁨을 느끼며 일했다. 그는 행동하고 변화를 가져오고, 타인의 문화를 이해하는 법을 배우며 절망적인 상태에 있는 사람을 도왔다. 또한 의약품을 조달하는 일을 담당하거나 현지에서 잠시 선생님으로 일하기도 했다. 결국 그는 투자전문가로 일할 때보다 지금 더 큰 보람을 느끼고 있다. 지금도 안드레아는 투자한 자본으로 최대의 효과를 얻으려고 노력 중이다. 단지 그 효과로 얻는 것이 비금전적인 수익일 뿐이다. 결국 돈에는 한계효용이 있기 때문에 안드레아의 행동은 예전에 비즈니스 파트너로 일할 때보다 더 현명하다.

그는 매우 합리적이고 영리한 방식으로 시간을 돈으로 교환했다. 《세 강도》에 등장하는 강도들처럼 말이다. 티파니는 강도들에게 보물을 가지려는 '이유'를 물었다. 그 질문은 강도들의 삶을 근본적으로 돌아보게 하는 계기가 되었다. 이후 강도들은 안드레아처럼 수십 명의 고아를 돌보며 살아갔다. 그들이 교화돼서라기보다 강도짓을 하는 것보다 고아가 된 아이들을 돌보는 것이 더 큰 기쁨을 주기 때문이었다.

돈으로 무엇을 해야 할지 모를 때 나는 자선 활동이나 나눔의 기쁨을 생각한다. 당신은 이런 행동이 사치이며 빌 게이츠와 워런 버핏이나 하는 일이라고 생각하는가?

"물론이죠. 제가 몇십 억 정도만 있었어도 말라리아나 에이즈 퇴치에 한몫 보탰을 텐데….."

그건 착각이다. 당신이 기부를 하면 당신 자신에게 가장 좋은 일을 하는 셈이다. 심리학자 엘리자베스 던Elizabeth Dunn과 경제학자 마이클 노튼Michael Norton은 돈을 쓰는 행위보다 타인에게 나눔을 베푸는 것이 더 행복하다는 사실을 알려주었다. 그리고 나누는 금액이 많든 적든, 안드레아처럼 돈이 생명을 구하는 데 투자되든, 작은 선물을 주는 데 그치든 상관없다. 나눔을 통한 행복의 효과는 우간다는 물론, 캐나다 같은 부유한 국가에서도 입증될 정도로 강력하다. 갤럽의 연구에 따르면 자산 일부를 기부하는 사람들은 삶의 만족도가 크게 높았다.[28]

나눔은 또한 당신을 조금 더 멋진 존재로 만들어준다. 당신이 다른 사람을 배려하기 때문만은 아니다. 돈에 대한 생각이 당신을 이기적으로 만드는 경향이 있다면, 반대로 돈을 베푸는 것은 당신을 다시 사회적인 존재로 만들기 때문이다.

돈으로 행복을 사는 네 번째 방법

나눔이 어떻게 당신을 행복하게 하는지 시험해보라. 노트북을 열고 5유로, 50유로 또는 500유로를 국경없는의사회, 국제앰네스티에 송금하라. 오늘 밤 남편에게 꽃을 선물하거나, 푸짐한 아침 식사를 사서 내일 아침 동료들을 사무실로 초대해보자. 이 모든 것은 나 자신을 위한 일이다.

돈을 위한 돈이 아닌 삶을 위한 돈

자산이 있다는 것은
인생을 온전히 경험할 능력이 있다는 뜻이다.

- 헨리 데이비드 소로우

돈은 물질 그 자체로는 고유한 가치가 없다. 귀금속, 인쇄 용지, 저장장치의 기능을 화폐인 돈이 대신하는 이유는 사람들이 돈의 역할을 신뢰하기에 가능한 일이다. 시간을 돈으로 바꾸거나 돈을 써서 어떤 일을 할 기회가 있다는 것은 상호 간에 합의가 되었기 때문에 가능하다. 돈으로 거래가 성사되고, 물건이나 사업상 돈을 교환할 때 돈은 더 중요해진다. 돈은 우리를 주변 세상과 연결하고, 사회의 일원이 되도록 한다. 그래서 우리는 돈을 인생 계획을 세우는 것과 연관지어 생각해야 한다.

우리는 먼저 합리적으로 생각하는 법을 배워야 한다. 그래야 성공적인 인생 계획을 세우는 데 돈이 도움이 될 수 있다. 또한 돈에 대한 생각이 어린 시절부터 어떻게 형성되어 왔는지 알아야 한다. 돈에 대한 사고방식은 어릴 때 받은 교육에서 비롯되기도 하기 때문

317

이다. 이 사고방식을 인지하고, 거기서 어느 정도 자유로워져야 한다. 그래야 우리의 가치와 목표가 조화를 이루는 소비 결정을 내릴 수 있다.

돈을 다루는 목적이 삶의 질을 향상시키기 위해서라면, 최고 수익을 내는 투자 상품을 쫓아다니며 돈을 모으는 데 혈안이 될 필요가 없고, 중대한 실수를 피하는 것이 훨씬 더 중요해진다. 이익만 추구하는 금융업계와 소란스럽게 떠들어대는 금융 언론이 두려움이나 탐욕 같은 감정적인 실수를 유발하는 원인이다. 이때 자기감정을 부정하는 사람은 투자 손실이 발생했을 때 생기는 감정을 건설적으로 다루는 방법을 배우지 못할 것이다. 자기감정을 명확하게 파악하고 있어야 예산 계획을 세우고, 위험과 수익 간의 연관성을 이성적으로 바라볼 수 있다. 이렇게 이성적인 사고체계가 확립되면 여유롭고 현명한 투자 결정을 내리게 된다.

실제로 투자를 할 때 돈이 아니라 삶의 질이 우선이라면, 되도록 투명하고 단순하며 오랫동안 통제할 수 있는 해결책이 필요하다. 이 해법은 당신이 오랫동안 유지 가능하며 당신의 인생과도 분명하게 연관이 되어야 한다. 이런 맥락에서 경제적으로는 비합리적으로 보이는 자가 부동산 투자를 선택할 수도 있다. 물론 이 부동산이 당신의 인생 계획에서 핵심 요소를 차지하고, 당신의 재정적 미래를 위태롭게 하지 않아야 한다.

해결책이 완벽하지 않아도 괜찮다. 완벽하지 않은 건 어쩔 수 없는 일이다. 해결책이 있는 것만으로도 충분하다. 이성적인 사고체계가 있으면 비상시 계획을 세우거나 유언장과 위임장을 작성하고, 결혼 계약이나 보험 계약을 진행할 때 큰 도움이 된다. 완벽한 해결책을 만드느라 집착하기보다 확실하게 일을 처리하는 편이 더 낫다.

자산을 불리는 일에만 집중하면 당신은 분명히 불만이 쌓이고, 불안을 느끼며 비호감이 될 것이다. 그러나 그렇게 신경을 쏟아도 당신의 자산에는 별다른 변화가 없을 것이다. 자산이 아니라 삶의 질에 초점을 맞춘다면, 당신은 합리적이고 이성적으로 차분하게 돈을 다뤄서 투자 활동에서도 성공을 거둘 수 있다. 반면에 돈 자체에만 집중하다보면 계속해서 감정적으로 행동하여 잘못된 결정을 내릴 가능성이 있다.

돈을 합리적이고 냉정하게 다룬다는 의미는 돈이 언젠가는 줄어들고, 돈이 영원하지도 않다는 사실을 받아들이는 것이다. 재산 일부를 다음 세대에 물려주는 것은 현명하고 정당한 행동이다. 그러나 시간이 흘러 몇 세대가 지나고 나면 당신의 돈은 모두 사라질 것이다. 그러므로 돈을 쌓아두기만 하는 것은 무의미하다. 돈이 우리를 주변 세상과 연결할 수 있다면 돈을 경험과 추억 또는 개인의 발전에 투자해야 한다. 돈을 사용하여 기업 활동이나 문화 활동 또는 자선 활동에 참여하자. 돈에는 많은 한계가 있다는 사실을 절대 잊어서는 안 된다. 시간과 인간관계가 진정한 행복을 준다는 것을 명심해야 한다. 돈은 시간으로 교환하고 인간관계를 형성하는 데도 현명하게 사용할 수 있다. 바로 이 점이 돈을 중요하게 생각하지 않는 사람까지 돈을 가치 있다고 생각하게 만든다.

· 추천 도서 ·

돈에 대해 너무 많이 생각하면 위험하다. 위기를 극복하고, 돈 이외의 분야까지 다루는 사고방식을 발전시키는 추천 도서를 소개한다. 각각은 이 책의 장별 주제에 관한 내용을 담고 있다.

1장 돈에 관해 생각해보고 싶을 때

칼 리처드, 《부자들의 냅킨 재테크》, 2015

2장 여유를 갖고 싶을 때

한스 로슬링, 《팩트풀니스》, 2018

3장 현명한 선택을 하고 싶을 때

대니얼 카너먼, 《생각에 관한 생각》, 2012

4장 삶의 질을 높이고 싶을 때

엘리자베스 던·마이클 노튼, 《당신이 지갑을 열기 전에 알아야 할 것들》, 2014

·참고 문헌·

Archuleta, Kristy, Sonya L. Britt-Lutter und Bradley T. Klontz. *Financial Therapy: Theory, Research, and Practice.* Springer, 2015.

Bachrach, Bill. *Values-Based Financial Planning: The Art of Creating an Inspiring Financial Strategy.* Aim High, 2000.

Barber, Brad M. und Terrance Odean. "Trading is Hazardous to your Wealth: The Common Stock Investment Performance of Individual Investors." *The Journal of Finance*, 2000: 773-806.

Bar-Eli, Michael, Ofer H. Azar, Ilana Ritov, Yael Keidar-Levin und Galit Schein. "Action Bias among Elite Soccer Goalkeepers: The Case of Penalty Kicks." *Journal of Economic Psychology*, 2007: 606-621.

Beck, Andreas und Enkelmann Wolf-Dieter. *Wahnsinnig reich. Das Buch uber Geld, die Krise und die moderne Gesellschaft.* Context Verlag, 2010.

Bhattacharya, Uptal, Andreas Hackethal und Simon Kaesler. "Is Unbiased Financial Advice to Retail Investors Sufficent? Answers from a Large Field study." *Review of Financial Studies*, 2011: 975-1032.

321

Bogle, John C. *Keine Investment-Zauberformel: Borsengewinne mit gesundem Menschenverstand.* Borsenbuchverlag, 2011.

Bomsdorf, Clemens. *So werden Sie reich wie Norwegen: Genial einfach ein Vermogen aufbauen.* Campus Verlag, 2018.

Bowen, John J. *Breaking Through. Building a World-Class Wealth Management Business.* CEG Worldwide, 2013.

Carson, Ron und Steve Sanduski. *Tested in the Trenches.* Kaplan Aec Education, 2005.

Clark, Andrew E. und Claudia Senik. "Who Compares to Whom? The Anatomy of Income Comparisons in Europe." *Economic Journal,* 2010: 573-594.

Dahl, Edgar. "Macht Geld glucklich?" *Spektrum der Wissenschaft* 5 (2008): 84-87.

Deaton, Angus und Daniel Kahneman. "High Income Improves Evaluation of Life but Not Emotional Well-Being." *Proceedings of the National Academy of Sciences of the United States of America,* 2010: 16489-16493.

Dobelli, Rolf. *Die Kunst des guten Lebens: 52 uberraschende Wege zum Gluck.* Piper, 2017.

—. *Die Kunst des klaren Denkens: 52 Denkfehler, die Sie besser anderen uberlassen.* dtv, 2011.

—. *Die Kunst des klugen Handelns: 52 Irrwege, die Sie besser anderen uberlassen.* dtv, 2012.

—. *Die Kunst des digitalen Lebens: Wie Sie auf News verzichten und die Informationsflut meistern.* Piper, 2019.

Dunn, Elizabeth und Michael Norton. *Happy Money: So verwandeln Sie Geld in Gluck.* Books4Success, 2014.

Ellenberg, Jordan. *How Not to Be Wrong: The Hidden Maths of Everyday Life.* Penguin Group, 2014.

Ende, Michael. *Momo.* Thienemann Verlag, 1973.

Fletcher, Adam. *How to Be German in 50 Easy Steps: A Guide from Apfelsaftschorle to Tschuss.* C. H. Beck, 2013.

Friede, Gunnar, Timo Busch und Alexander Bassen. "ESG and Financial Performance: Aggregated Evidence from more than 2000 Empirical Studies." *Journal of Sustainable Finance and Investment*, 2015: 210-233. Fromm, Erich. Haben oder Sein. dtv, 1976.

Godin, Seth. *This Is Marketing: You Can't Be Seen Until You Learn to See.* Penguin Verlag, 2018.

Graham, Benjamin, Warren E. Buffett und Jason Zweig. *The Intelligent Investor: The Definite Book on Value Investing.* HarperCollins e-books, 2009.

Horisch, Jochen. *Kopf oder Zahl: Die Poesie des Geldes.* Suhrkamp Verlag, 1996.

Harari, Yuval Noah. *Eine kurze Geschichte der Menschheit.* Deutsche Verlags-Anstalt, 2013.

Jauernig, Henning. *Young Money Guide. Richtig mit Geld umgehen und mehr vom Leben haben.* Penguin, 2020.

Jebb, Andrew T., Louis Tay, Ed Diener und Shigehiro Oishi. "Happiness, Income Satiation, and Turning Points Around the World." *Nature Human Behavior*, 2018: 33-38.

Joppich, Lars. *Rente mit 28: In wenigen Jahren zur finanziellen Freiheit.* Eigenverlag, 2017.

Kahneman, Daniel. *Schnelles Denken, langsames Denken.* Siedler Verlag, 2012.

Kaminer, Wladimir. *Mein Leben im Schrebergarten.* Goldmann, 2009.

Kinder, George. *Seven Stages of Money Maturity: Understanding the Spirit and Value of Money in Your Life.* Dell, 2000.

Kommer, Gerd. *Immobilienfinanzierung für Selbstnutzer: Geld sparen und Fehler vermeiden beim Kauf der eigenen vier Wande.* Campus Verlag, 2017.

—. *Kaufen oder mieten? Wie Sie fur sich die richtige Entscheidung treffen.* 2.

Auflage. Campus Verlag, 2016.

—. *Souveran Investieren mit Indexfonds und ETFs: Wie Privatanleger das Spiel gegen die Finanzbranche gewinnen.* 5. Auflage. Campus Verlag, 2018.

—. *Souveran Investieren vor und im Ruhestand: Mit ETFs Ihren Lebensstandard und Ihre Vermogensziele sichern.* Campus Verlag, 2020.

Korth, Daniel. *Soundtrack fur Vermogenswerte: Finde die personliche Freiheit mit vielen Vorschlagen fur deinen Weg in die finanzielle Unabhangigkeit.* Eigenverlag, 2019.

Kostolany, Andre. *Die Kunst, uber Geld nachzudenken.* Ullstein, 2015.

Kruger, Malte, Alexander Schmidt und Gunter Wallraff. *Undercover in der Finanzindustrie: Wie Banken, Versicherungen und Vermogensverwalter Ihre Rente ruinieren und was Sie dagegen tun konnen.* FinanzBuch Verlag, 2018.

Krall, Markus. *Die burgerliche Revolution.* Langen-Muller, 2020.

Kuhn, Peter, Peter Kooreman, Adriaan Soetevent und Arie Kapteyn. "The Effects of Lottery Prizes on Winners and Their Neighbors: Evidence from the Dutch Postcode Lottery." *American Economic Review,* 2011: 2226-2247.

Kuschel, Svea und Constanze Hintze. *Geld steht jeder Frau: Ein Wegbegleiter fur eine reiche und sichere Zukunft.* Allenburg Verlag, 2007.

Loer, Wigbert und Oliver Schrom. "Schroder kassierte fur Buchrechte rund zwei Millionen Euro." *Stern,* November 2014.

Lucke, Marco und Stefan Loibl. *immocation – Die Do-it-yourself-Rente: Passives Einkommen aus Immobilien zur Altersvorsorge.* Eigenverlag, 2017.

Loipfinger, Stefan. *Achtung Anlegerfallen! Wie Sie teure Fehler vermeiden und Chancen nutzen.* FinanzBuch Verlag, 2018.

Muller, Dirk. *Crashkurs Weltwirtschaftskrise oder Jahrhundertchance? Wie Sie das Beste aus Ihrem Geld machen.* Uberarbeitete Taschenbuchausgabe. Knaur, 2010.

Malkiel, Burton G. *A Random Walk Down Wall Street: The Time-Tested Strategy for Successful Investing*. Norton & Company, 2019.

Matson, Mark. *Main Street Money: How to Outwit, Outsmart, and Out-invest Wallstreet's Biggest Bullies*. McGriff Video Productions, 2013.

Mingels, Guido. *Fruher war alles schlechter: Warum es uns trotz Kriegen, Krankheiten und Katastrophen immer besser geht*. Deutsche Verlags-Anstalt, 2017.

Mondello, Enzo. *Finance: Angewandte Grundlagen*. Gabler Verlag, 2018.

—. *Finance: Theorie und Anwendungsbeispiele*. Gabler Verlag, 2017.

Nakazato, Naoki, Schimmack, Ulrich und Shighiro Oishi. "Effect of Changes in Living Conditions on Well-Being: A Prospective Top-Down Bottom-Up Model." *Social Indicators Research: An International and Interdisciplinary Journal for Quality-of-Life Measurement*, 2011: 115-135.

Parisse, Alan und David Richman. *Questions Great Financial Advisors Ask ... and Investors Need to Know*. Kaplan Publishing, 2006.

Pinker, Steven. *Enlightenment Now: The Case for Reason, Science, Humanism, and Progress*. Penguin, 2018.

Pollan, Stephen M. und Mark Levine. *The Die Broke Complete Book of Money: Unconventional Wisdom About Everything from Annuities to Zero-Coupon Bonds*. HarperCollins ebooks, 2012.

Prince, Russ Alan und David Geraciotti. *Cultivating the Middle-Class Millionaire: Why Financial Advisors are Failing Their Wealthy Clients and What They Can Do about it*. Penton Media, 2005.

Reiche, Lutz. "Wie AWD-Grunder Maschmeyer mit Hilfe des Kanzlers die Riester-Millionen einstrich." *Manager Magazin*, November 2014.

Richards, Carl. *The Behaviour Gap: Simple Ways to Stop Doing Dumb Things with Money*. Portfolio, 2012.

—. *The One Page Financial Plan: A Simple Way to Be Smart about Your Money.* Penguin, 2015.

Roland Berger Strategy Consultants. "The Rare Earth Challenge. How Companies React and What They Expect for the Future." 2011.

Rosling, Hans. *Factfulness: Wie wir lernen, die Welt so zu sehen, wie sie wirklich ist.* Ullstein, 2018.

Rosling, Hans und Olga Rosling. *How Not to Be Ignorant about the World.* TEDSalon Berlin. 24.. Juni 2014. https://www.ted.com/talks/hans_and_ola_rosling_how_not_to_be_ignorant_about_the_world/discussion (Zugriff am 29. Juli 2020).

Saint-Exupery, Antoine de. *Wind, Sand und Sterne.* Karl Rauch Verlag, 1999.

Schafer, Bodo. *Der Weg zur finanziellen Freiheit: In 7 Jahren zur ersten Million.* Campus Verlag, 1998.

Schkade, David, Norbert Schwarz, Arthur A. Stone, Alan B. Krueger und Daniel Kahnemann. "A Survey Method for Characterizing Daily Life Experience: The Day Reconstruction Method." *Science,* 2004: 1776-1780.

Schwartz, Barry. *Anleitung zur Unzufriedenheit: Warum weniger glucklicher macht.* Econ, 2004.

—. *The Paradox of choice.* TEDGlobal. 10. Juni 2005. https://www.ted.com/talks/barry_schwartz_the_paradox_of_choice (Zugriff am 29. Juli 2020).

Schwed, Fred. *Where Are the Customers' Yachts? Or, A Good Hard Look at Wall Street.* Wiley, 2005.

Sick, Helma und Renate Schmidt. *Ein Mann ist keine Altersvorsorge: Warum finanzielle Unabhangigkeit fur Frauen so wichtig ist.* Penguin Verlag, 2019.

Silberberg, Alan, Peter G. Roma, Mary E. Huntsberry und Frederick R. Warren-Boulton. "On Loss Aversion in Capuchin Monkeys." *Journal of the Experimental Analysis of Behavior,* 2008: 145-155.

Sinn, Hans-Werner. *Ist Deutschland noch zu retten?* Ullstein, 2004.

Stiftung Warentest. *Das Nachlass-Set: Testament, Vermogensaufsicht, Digitaler Nachlass, Bestattungsverfugung – Beispielfalle und Beispielformulierungen.* 3. Auflage. Stiftung Warentest, 2019.

Sullivan, Dan. *The Good that Financial Advisors Do.* The Strategic Coach Inc., 2010.

Taleb, Nassim Nicolas. *The Black Swan: The Impact of the Highly Improbable.* Penguin Verlag, 2008.

Thiel, Christian. *Schatz, ich habe den Index geschlagen! Wie ich auszog, die besten Aktien der Welt zu kaufen.* Campus Verlag, 2017.

Ungerer, Tomi. *Die drei Rauber.* Herder/Diogenes Verlag, 1963.

Vohs, Kathleen. "The Psychological Consequences of Money." *Science,* 2006: 1154-1156.

Walz, Harmut. *Einfach genial entscheiden im Falle einer Finanzkrise.* Haufe Verlag, 2020.

Walz, Hartmut. *Einfach genial entscheiden in Geld- und Finanzfragen.* Haufe Verlag, 2016.

—. *Einfach genial entscheiden in Geld- und Finanzfragen.* Bd. 3. Auflage. Haufe Verlag, 2020.

Warnecke, Albert. *Der Finanzwesir: Was Sie uber Vermogensaufbau wirklich wissen mussen.* epubli Verlag, 2011.

Weber, Martin. *Genial einfach investieren: Mehr mussen Sie nicht wissen – das aber unbedingt!* Campus Verlag, 2007.

Weber, Martin, Heiko Jacobs, Christiane Laudenbach, Sebastian Muller und Philipp Schreiber. *Die genial einfache Vermogensstrategie: So gelingt die finanzielle Unabhangigkeit.* Campus Verlag, 2020.

주

시작하며

1 개인정보 보호를 위해 인명, 지명 및 기타 몇 가지 사례는 허구로 지어냈다.

1장

1 George Kinder (2000), S. 3 (Ubersetzung: N. Braun).

2 이 이야기 속의 니키는 바로 나다. 비슷한 사례로 동료인 슈테판과 그의 아버지가 나눈 대화는 이러하다. "아빠, 난 테니스를 배우고 싶어요." "테니스는 졸부들이나 치는 거야."

3 Jochen Horisch (1996), S. 173.

4 Zur Geschichte des Geldes als Brandbeschleuniger der menschlichen Entwicklung: Yuval Noah Harari (2013), S. 213-230.

328

5 Markus, 10, 25; Lukas 18, 25; Matthaus, 19, 24.

6 Lukas, 16, 13; Matthaus, 6, 24.

7 https://www.destatis.de/DE/Presse/Pressemitteilungen/2019/10/ PD19_419_639.html (Zugriff am 18. Oktober 2020).

8 유산을 상속받을 자격이 부족한 자들에게 상속세만큼 두려운 것은 없다.

9 피험자가 돈을 연상시키는 그림을 보는 소위 기폭제 실험이다. 피험자는 돈 과 관련된 문장을 완성시키며 모노폴리 같은 게임을 하기도 한다.

10 Daniel Kahneman (2012), S. 75 f.; Kathleen Vohs (2006).

11 Sehr illustrativ der TED-Talk von Paul Piff: https://www.ted.com/talks/ paul_piff_does_money_make_you_mean?language=de (Zugriff am 18. Oktober 2020).

12 이 부분은 기대수명과 평균 연봉을 비교한 국가들의 사례를 보면 명확하 다. 이와 관련된 자료가 잘 정리되어 있는 갭마인더재단의 버블 차트(https:// www.gapminder.org/tools/#$chart-type=bubbles)를 참고하라. 예를 들어 일본과 중 앙아프리카의 수치를 비교해보면 된다.

13 Angus Deaton, Daniel Kahneman (2010); Edgar Dahl (2008); Andrew T. Jebb (2018).

14 Andreas Beck, Wolf Dieter Enkelmann (2010), S. 9.

15 Andrew E. Clark, Claudia Senik (2010); Peter Kuhn et. al. (2010).

16 Lars Joppich (2017).

17 Bodo Schafer (1998).

18 Erich Fromm (1976).

19 Russ Alan Prince (2005), S. 71.

20 증여세 납부와 같이 엄격한 세금 기준이 없는 경우를 말한다.

21 https://www.youtube.com/watch?v=DbqcRG-CT30 (Zugriff am 18. Oktober 2020).

22 https://bankenverband.de/media/files/Charts_Frauen_und_Geld.pdf

(Zugriff am 18. Oktober 2020) Studie April 2019.

23 Manner-Frauen-Studie der DAB, 2008-2014. Zuletzt Studie der Consorsbank 2019: https://www.kreditwesen.de/bank-markt/marktberichte/research/ so-unterscheiden-frauen-maenner-geldanlage-id60300.html (Zugriff am 18. Oktober 2020).

24 헬마 지크(2015)는 여성 금융 전문가의 선구자적 인물이다.

25 https://www.geldfrau.de/blog-frauen-geld/; https://madamemoneypenny. de (Zugriff am 18. Oktober 2020).

26 *SZ GELD* 1/ 2020 https://sz-media.sueddeutsche.de/titel/downloads/ SZGeld-Magazin_20-1.pdf.

27 Carl Richards in: https://www.nytimes.com/guides/year-of-living-better/ how-to-talk-about-money (Zugriff am 18. Oktober 2020).

28 학문적으로 '금융 치료Financial Therapy'는 아직 초기 단계에 머물러 있다. 그러나 치료 기법과 재정 노하우를 결합시킨 접근법이 있다. (크리스티 L. 아르홀레타 등)

29 https://www.nytimes.com/guides/year-of-living-better/how-to-talk-about- money (Zugriff am 18. Oktober 2020).

30 Fragen zitiert nach https://thephysicianphilosopher.com/three-kinder- questions/ (Zugriff am 18. Oktober 2020). Weiterfuhrend: George Kinder (2000).

31 '돈이 나에게 중요한 이유'를 묻는다면 나는 확실히 그것의 '가치' 때문이라고 말할 수 있다(칼 리처드, 2015).

2장

1 벤자민 그레이엄은 투자의 전설이자 워런 버핏의 스승으로 알려져 있다.

2 나는 지금까지도 이 말이 귓가에 맴돈다.

3 https://www.marktforschung.de/aktuelles/marktforschung/studie-dergfk-deutsche-vertrauen-eigener-bank-und-versicherung-stehen-derbranche-aber-skeptisch-gegenueber/ (2010); auch: https://bankenverband.de/media/files/Umfrageergebnis_zooI3aY.pdf (Zugriff am 18. Oktober 2020); https://de.statista.com/statistik/daten/studie/71791/umfrage/vertrauen-in-finanzinstitute-und-versicherungen-in-der-finanzkrise/ (Zugriff am 18. Oktober 2020) (2019).

4 https://finanz-szene.de/banking/bei-deka-und-dz-bank-droht-einlehman-oma-2-0-desaster/ (Zugriff am 18. Oktober 2020).

5 Lutz Reiche (2014); Wigbert Loer, Oliver Schrom (2014).

6 다단계 업자의 경우, 계약 후 5년 내에 보험 상품이 해약되면 수수료의 일정 부분을 다시 내놓아야한다.

7 https://www.finanzwesir.com/blog/schools-out-finanzwesir-rocktfolge78 (Zugriff am 18. Oktober 2020).

8 https://hartmutwalz.de/strukkis-an-hochschule-wie-finanzvertriebe-unsere-kinder-koedern/ (Zugriff am 18. Oktober 2020).

9 https://www.faz.net/aktuell/finanzen/meine-finanzen/sparen-und-geldanlegen/finanzvertriebe-ueberreden-studenten-zu-ueberteuertenversic herungen-16441441.html (Zugriff am 18. Oktober 2020).

10 Ausfuhrlich hierzu: Malte Kruge (2018).

11 *Der Aktionar*, 3/2013, erneut 48/2014.

12 *Euro am Sonntag*, 41/2019.

13 *Borse online*, 22/2019.

14 흥미로운 예시를 들어보겠다. 2016년과 2018년에 발행된 〈포커스 머니〉 표지에 똑같은 포즈의 막스 오테 사진이 실렸다. 헤드라인까지 흡사하다. '유로화는 반드시/언젠가 사라질 것입니다.' *Focus Money* 28/2016 und 44/2018 mit identischem Titelbild (Max Otte) und fast wortgleichem Aufmacher: "Der

Euro muss/wird platzen".

15 *Effectenspiegel* 2/2018.

16 〈포커스 머니〉는 많은 양의 과거 데이터를 온라인으로 제공하고 있어 좋은 자료가 된다. https://www.focus.de/finanzen/money-magazin/archiv/ (Zugriff am 18. Oktober 2020).

17 투자증권에 관한 정보를 쉽게 찾아볼 수 없는 경우에는 펀드, 주식 및 원자재에 한정하여 투자하는 것이 낫다. 정보가 없다는 것은 좋지 않은 결과로 인해 판매가 중지되었다는 뜻이기 때문이다.

18 https://svwealth.com/wp-content/uploads/2018/04/dalbar_study.pdf (Zugriff am 18. Oktober 2020).

19 미국의 경우 이 기간에 평균 2.65% 성장했다. siehe ibid.

20 Wenn Sie nachrechnen wollen, nutzen Sie https://www.zinsen-berechnen.de/zinsrechner.php (Zugriff am 18. Oktober 2020).

21 Carl Richards (2012).

22 *Focus Money*, 5/2016.

23 https://www.spektrum.de/lexikon/psychologie/rationalisierung/12462 (Zugriff am 18. Oktober 2020).

24 Daniel Kahneman (2012), S. 348. Ein unterhaltsamer Einstieg in die Materie kognitiver Verzerrungen: Rolf Dobelli (2011) und Rolf Dobelli (2012).

25 Alan Silberberg et al. (2008).

26 이 대목에서 나는 금융 컨설턴트로서 객관적일 수 없다. 하지만 그것이 나의 판단에 영향을 끼치지는 않는다.

27 https://zendepot.de/podcast/ (Zugriff am 18. Oktober 2020), Folge 50.

28 물론 베티나는 실명이 아니다. 나는 책에 그의 이야기를 써도 되는지 물었고, 그는 이 이름을 써주길 바랐다. 고마워요, 베티나.

29 프리드리히와 바이크의 극도로 히스테리적인 발언이 그러하다. 원한다면 이들의 유튜브 링크를 클릭해서 확인할 수도 있지만, 그러지 않길 바란다. [디르

크 뮐러(2010, 128-131쪽)].

30 Markus Krall, 2020.

31 Dirk Muller (2010), S. 138-143. Hier: S. 143.

32 onvista.de 또는 finanzen.net의 온라인 툴을 이용하여 막스 오테, 프리드리히, 바이크, 디르크 뮐러의 펀드 상품들이 장기적으로 어떤 가치 변동을 보였는지 확인해보라. MSCI 월드 인덱스를 사용해도 좋다.

33 반면에 미국에서는 인플레이션의 공포가 아직 생소했다. 미국인에게 집단 공포를 불러일으키는 것은 1929년 대공황 시기의 디플레이션, 즉 화폐 평가 절상 현상이었다.

34 https://www.dasinvestment.com/boersenautor-und-fondsmanager-stefan-risse-beendet-multi-asset-fonds-mit-hohen-verlusten/ (Zugriff am 18. Oktober 2020).

35 https://forms.gapminder.org/s3/test-2018 (Zugriff am 18. Oktober 2020).

36 Eine gute Einfuhrung: Guido Mingels (2017). Grundlegend: Hans Rosling (2018); Steven Pinker (2018).

37 Copyright Maximilian Prager.

38 믿지 못하겠는가? 다음의 홈페이지에서 계산해보자. https://www.zinsen-berechnen.de/sparrechner.php (Zugriff am 18. Oktober 2020). 일단 1000유로로 시작해 이자 주기 144(12×12) 내지는 217(18×12+1)을 입력해보라. 짜잔, 결과가 튀어나온다!

39 Roland Berger Strategy Consultants (2011), https://www.faz.net/aktuell/finanzen/devisen-rohstoffe/industriemetalle-so-investieren-anleger-inseltene-erden-16351.html (Zugriff am 18. Oktober 2020).

40 https://www.goldsilber.org/wertentwicklung-technologiemetalle.php (Zugriff am 18. Oktober 2020).

41 https://www.stoxx.com/document/Bookmarks/CurrentFactsheets/STGREGT.pdf. Fur aktuelle Kurse nutzen Sie ISIN CH0131037324.

42 Quelle: Bundesbank. Gerd Kommer (2018), S. 172.

43 https://www.welt.de/finanzen/geldanlage/article188417209/P-RAnleger-zahlten-Millionen-fuer-Container-die-es-nicht-gab.html (Zugriff am 18. Oktober 2020).

44 Daniel Kahneman (2012), S. 32-36, beziehungsweise S. 31-136.

45 앵커 효과를 과소평가할 수는 없다. 대니얼 카너만(2012), 153-163쪽.

46 Quelle: www.msci.com.

47 Prominent: https://de.scalable.capital/dynamisches-risikomanagement (Zugriff am 18. Oktober 2020).

48 https://www.youtube.com/watch?v=wzwHCzhwtkU (Zugriff am 18. Oktober 2020).

49 원칙적으로 위험(리스크)의 개념은 엔초 몬델로(2016, 22-46쪽)가 사용하기 시작했다.

50 Zahlen nach: https://www.gerd-kommer-invest.de/corona-crash/ (Zugriff am 18. Oktober 2020).

51 나 역시 인권 착취, 환경 파괴, 극심한 글로벌 불평등, 독점 형성, 소수에게 집중되는 부와 권력 같은 문제를 알고 있다. 전 세계가 독일의 사회 시장 경제 모델을 부러워하는 것도 무리는 아니다. 그러므로 나는 국가가 경제에 개입하고 부를 재분배하는 것에 이견이 없다.

52 다음은 1872년 이후 미국 시장의 관찰 결과를 나타내고 있다. https://www.marketwatch.com/story/check-out-this-graphic-and-sleeptight-on-your-retirement-account-2019-03-12 (Zugriff am 18. Oktober 2020).

53 1987년 이후 단기간에 만들어진 〈한델스블라트〉에서 MCSI World와 Rex P 포트폴리오를 이용해 만든 수익 및 위험 레이더(2020년 10월 18일자, https://finanzen.handelsblatt.com/boersenkurse-rendite-risiko-radar)를 활용한다. 이를 통해 손해를 복구하는 데 걸리는 시간을 테스트할 수 있다. 관심이 있다면 www.portfoliovisualizer.com에서 차별화된 몬테카를로 시뮬레이션을 경험해볼 수

도 있다.

54 보장 범위는 각 은행 고객 1인당 10만 유로다.

55 https://schliesslich-ist-es-ihr-geld.de/deep-risk-diese-5-risikengefaehrden-ihre-langfristanlage-und-vorsorge/ (Zugriff am 18. Oktober 2020).

56 https://www.bundesbank.de/de/presse/pressenotizen/geldvermoegensbildung-und-aussenfinanzierung-in-deutschland-imzweiten-quartal-2019-810608 (Zugriff am 18. Oktober 2020); https://www.welt.de/finanzen/article186446060/Geldvermoegen-Deutsche-besitzen-6-2-Billionen-Euro.html#cs-lazy-picture-placeholder-01c4eedaca.png (Zugriff am 18. Oktober 2020).

57 https://www.tagesschau.de/wirtschaft/boerse/coronakrise-spareinlagen-101.html (Zugriff am 18. Oktober 2020).

58 숫자를 사랑하는 사람들을 위해 덧붙인다. 물가 상승률이 1.5%라는 것은 구매력 손실이 1.478%라는 뜻이다. (https://www.zinsen-berechnen.de/inflationsrechner.php (2020년 10월 18일).

3장

1 Antoine de Saint-Exupery (1989), S. 48 f.

2 선택지가 너무 많으면 오히려 불행하다. 이에 관한 자료는 다음 홈페이지에서 찾을 수 있다. https://www.ted.com/talks/barry_schwartz_the_paradox_of_choice?language=de (Zugriff am 18. Oktober 2020), Barry Schwartz (2004).

3 이것은 완전히 복제에 최적화된 ETF에 한하여 적용된다. 하지만 이런 식으로 임의 생성한 후 과대평가된 ETF 문제는 개인적으로 여기에 포함하지 않으려 한다.

4 Brad Barber, Terrance Odean (2000).

5 Uptal Bhattacharya et al. (2011).

6 https://de.extraetf.com/etf-search (Zugriff am 18. Oktober 2020).

7 https://www.bundesbank.de/dynamic/action/de/statistiken/
zeitreihendatenbanken/zeitreihen-datenbank/723444/723444?treeAncho
r=GELD&statisticType=BBK_ITS&openNodeId=GELDZINS (Zugriff am 18.
Oktober 2020).

8 Zahlen nach: https://www.gerd-kommer-invest.de/corona-crash/ (Zugriff
am 18. Oktober 2020).

9 https://www.gerd-kommer-invest.de/pains-of-factor-investing/ (Zugriff am
18. Oktober 2020).

10 이에 관해 더 깊이 알기를 원하면 게르트 코머(2018, 329-361쪽)의 글을 참고하
기 바란다. 이것은 개인 투자자에게 가장 가치 있는 정보로 인정받는다. 하지
만 코머 역시 최근 들어 얼마나 많은 투자자가 장기적으로 투자할지 의문을
제기하고 있다. (https://www.gerd-kommer- invest.de/pains- offactor-investing/, 2020
년 10월 18일).

11 이때 위기 상황에서 주식 투자 비율을 절반으로 낮추면 전체 투자 포트폴리
오상에서 주식 수익률이 계속 늘어난다고 생각하는 것은 앞뒤가 맞지 않는
다. 이 생각은 그저 경험에서 비롯된 예측일 뿐, 항상 맞아떨어지지 않는 원칙
이다.

12 https://www.yumpu.com/de/document/read/49753356/dws-
klimawandel-samuel-begasse (Zugriff am 18. Oktober 2020).

13 https://www.finanzen.net/anleihen/a1hc9 l-bmw-finance-anleihe.

14 https://www.test.de/Prokon-Genussrechte-im-grossen-Stil-4589379-0
(Zugriff am 18. Oktober 2020).

15 일련의 연구 결과가 이를 뒷받침한다. (구나어 프리데 외, 2015).

16 코머는 30년간 주식 수익률 8.5%를 달성하고, 세금 유예 혜택을 받아 최종적

으로 29%의 수익을 얻었다.

17 코머(2018, 243쪽, 253쪽, https://www.gerd-kommer-invest.de/corona-crash/)가 정리한 달러로 환산된 120년간의 수익이다. 원자재 투자 수익률 역시 매우 실망스러운 수준이다.

18 원래는 고딕체로 표시해야 했다. 나는 일부러 출처를 남기지 않았다. 책을 읽는 독자가 누구라도 이런 결말을 맞길 바라지 않기 때문이다.

19 Siehe auch Carl Richards (2015), S. 120.

20 보도 섀퍼(1998). 동기 부여 과정은 별로였지만, 결국 상대적으로 좋은 결과를 불러왔다.

21 https://www.gerd-kommer-invest.de/kapitalbildende-lebensversicherung/ (Zugriff am 18. Oktober 2020).

22 https://www.procontra-online.de/artikel/date/2019/02/bdv-die-meisten-leben-vertraege-werden-gekuendigt/ (Zugriff am 18. Oktober 2020); Hartmut Walz (2016), S. 269. 자료에 따르면 80%까지도 해지가 된다.

23 Hartmut Walz (2016), S. 272.

24 Siehe auch Hartmut Walz (2016), S. 283-295.

25 https://hartmutwalz.de/finger-weg-von-versicherungsmaenteln-gastbeitrag-von-dr-nikolaus-braun/ (Zugriff am 18. Oktober 2020).

26 Zahlen nach https://www.gerd-kommer-invest.de/corona-crash/ (Zugriff am 18. Oktober 2020).

27 부동산 투자 신탁. 예상되는 인덱스는 FTSE NAREIT USA 또는 FTSE에서 개발한 유럽 부동산이다.

28 중개인에게 지불하든 판매자에게 지불하든 상관없이 중개 수수료는 판매 대금에 합산된다.

29 비이성적으로 행동하는 대신 합리적으로 아무것도 하지 않는 행동 편향, 즉 인지 왜곡이다.

30 https://www.gerd-kommer-invest.de/das-risiko-von-direktinvestments-inimmobilien-besser-verstehen/ (Zugriff am 18. Oktober 2020).

31 Marco Lucke; Stefan Loibl (2017).

32 건설 허가를 받고도 시공업체 도산 등의 이유로 부동산이 미개발될 위험을
과소평가하는 사례가 반복되고 있다.

33 Daniel Kahneman (2012), S. 422-426.

34 https://www.gerd-kommer-invest.de/pains-of-factor-investing/ (Zugriff
am 18. Oktober 2020). 자세히 살펴보면 부동산 경제의 긍정적 요소로 표시
된 부분 또한 발견할 수 있다. https://www.immomakler-muenchen.de/
immobilienverkauf-muenchen/ (Zugriff am 18. Oktober 2020).

35 Gerd Kommer (2018), S. 243.

36 https://de.statista.com/statistik/daten/studie/70265/umfrage/
haeuserpreisindex-in-deutschland-seit-2000/ (Zugriff am 18. Oktober 2020).
Korrigiert um historische Inflation nach: https://www.finanz-tools.de/
inflationsrechner-preissteigerung (Zugriff am 18. Oktober 2020).

37 Daniel Kahneman (2012), S. 356-368.

38 Naoki Nakazaro et al. (2011).

39 ETF 저축 계획에 사용 가능한 금액은 대략 다음과 같다. (이자+부채 상환+유지
비)-[절약한 임대료+정부 보조금(해당되는 경우)], 게르트 코머(2016, 188쪽).

40 Kalkuliert nach https://www.interhyp.de/vorfaelligkeitsentschaedigungsre
chner/ (Zugriff am 18. Oktober 2020). 법적으로 조기상환 위약금은 논쟁의 여지
가 있다.

41 Nach Gesamtverband der deutschen Versicherungswirtschaft (GdV):
https://www.dieversicherer.de/versicherer/entdecken/news/die-10-
haeufigsten-versicherungen-der-deutschen—-in-gifs-4146 (2017); zu
Lebensversicherungen: https://www.gdv.de/resource/blob/49582/833
23faa82e7dd8d5185178f4e1a07e1/lebensversicherung-in-zahlen-2019—
-download-data.pdf (Zugriff am 18. Oktober 2020) (2019).

42 Adam Fletcher (2013), S. 9.

43 https://www.deutsche-alzheimer.de/fileadmin/alz/pdf/factsheets/ infoblatt1_haeufigkeit_demenzerkrankungen_dalzg.pdf (Zugriff am 18. Oktober 2020).

44 https://www.bmjv.de/SharedDocs/Downloads/DE/Service/Formulare/ Vorsorgevollmacht.pdf?__blob=publicationFile&v=20 (Zugriff am 18. Oktober 2020).

45 https://www.finanztip.de/unfallversicherung/ (Zugriff am 18. Oktober 2020).

46 대니얼 카너먼(2012)에 따르면 가용성 휴리스틱에만 적합한 것이 아니다. (https://www.gapminder.org/videos/how-not-to-beignorant-about-the-world/, 2020년 10월 18일).

47 https://de.statista.com/statistik/daten/studie/158200/umfrage/anzahlder- haiangriffe-weltweit/ (Zugriff am 18. Oktober 2020).

48 https://www.allianz.de/vorsorge/unfallversicherung/ubr-erwachsene/ (Zugriff am 18. Oktober 2020).

49 Studie Deutsche Bank/Ahlensbach 2018: https://www.deutsche-bank.de/ dam/deutschebank/de/shared/pdf/Studie_final.pdf (Zugriff am 18. Oktober 2020).

50 §16, §19 ErbStG.

51 Etwa: Stiftung Warentest (2018).

52 당신의 마지막 유언을 남긴다면 공증인을 찾아라. 그러면 유언장 공증보다 시간과 비용이 발생하는 상속 증명서를 후손이 신청하는 번거로움을 줄일 수 있다.

53 https://www.cnbc.com/2015/06/03/shift-from-sales-to-planning-fuelsfee- only-business.html (Zugriff am 18. Oktober 2020).

54 https://advisors.vanguard.com/iwe/pdf/ISGQVAA.pdf (Zugriff am 18. Oktober 2020), insbes. S. 4. Dazu auch: https://www.kitces.com/blog/trust-researchadvisor-planner-use-benefits-value-vanguard-alphamorningstar-gamma/ (Zugriff am 18. Oktober 2020).

55 https://www.morningstar.com/articles/918226/gamma-in-action (Zugriff am 18. Oktober 2020); https://svwealth.com/wp-content/uploads/2018/04/dalbar_study.pdf (Zugriff am 18. Oktober 2020).

56 https://advisors.vanguard.com/iwe/pdf/ISGQVAA.pdf (Zugriff am 18. Oktober 2020), S. 15-17.

57 Crescentem sequitur cura pecuniam majorumque fames. Horaz. Oden. III, 16,17.

58 Nachzuvollziehen auf den Seiten der Bafin: https://portal.mvp.bafin.de/database/HABInfo/ (Zugriff am 18. Oktober 2020).

4장

1 Tomi Ungerer (1963).

2 Empfehlenswert: Gerd Kommer (2020), insbes. S. 160-193.

3 Gesundheitsberichterstattung des Bundes (getragen von RKI/DESTATIS), https://www.destatis.de/DE/Themen/Gesellschaft-Umwelt/Bevoelkerung/Sterbefaelle-Lebenserwartung/_inhalt.html (Zugriff am 18. Oktober 2020).

4 https://de.statista.com/statistik/daten/studie/273406/umfrage/entwicklung-der-lebenserwartung-bei-geburt—in-deutschland-nach-geschlecht/ (Zugriff am 18. Oktober 2020).

5 www.berechnen.org; vgl. https://www.7jahrelaenger.de/7jl/unsere-rechner/lebenserwartungsrechner (Zugriff am 18. Oktober 2020).

6 2020년 8월 기준으로 다양한 보험 상품의 평균을 기반으로 계산했다. 사례별

조건은 조금씩 다르고, 기본적으로 모든 회사에서 비슷하게 충격적인 수치를 나타낸다.

7 Gesundheitsberichterstattung des Bundes (getragen von RKI/DESTATIS) http://www.gbe-bund.de/oowa921-install/servlet/oowa/aw92/WS0100/_XWD_FORMPROC (Sterbetafel 2016/17).

8 Siehe Hartmut Walz, https://www.neunundvierzig.com/blog/haende-wegvon-sofortrenten (Zugriff am 18. Oktober 2020) (2108).

9 Daniel Kahneman (2012), S. 381-395, insbesondere S. 386f.

10 Hartmut Walz (2020), S. 108-110.

11 www.berechnen.org; Grundlage unterschiedliche Versicherungsangebote vom Juni 2020.

12 www.berechnen.org.

13 금액이 10만 유로를 초과하는 경우, 초과 금액은 ETF 채권을 매수하거나 금액을 여러 기관에 나눠 투자하라.

14 Zum Sequenzreihenrisiko: Gerd Kommer (2020), S. 45-48.

15 Gerd Kommer (2020), S. 45-48. https://www.portfoliovisualizer.com.

16 물론 주식 배당금이 지속해서 감소하기 때문에 계산은 부정확하다. 은퇴가 늦어질수록 인플레이션에 대응하기가 더 어려워진다.

17 인플레이션 적용 주식 수익률 5.2%, 인플레이션 적용 채권 수익률 및 과거 거래 변동 폭 -0.5%, 평균 주식 배당률 35%(이 중 50%는 미국 주식, 나머지 50%는 미국을 제외한 국제 주식). 당신이 투자를 시작하는 시점에 따라 수치는 달라진다. (www.portfoliovisualizer.com).

18 위(www.portfoliovisualizer.com)와 같은 방식으로 수익률을 입력하면 여성의 경우 재산의 평균 55%, 남성의 경우 평균 60%를 투자한다. 입력 결과는 65세에 투자를 시작한다고 가정할 때 5%의 수익률을 내려면 남성은 평균 연령 95세, 여성은 97세가 되어야 한다(www.berechnen.org.).

19 입문자에게 절약주의자 플로리안 바그너Florian Wagner의 인터뷰를 추천한

다. https://www.hr-inforadio.de/podcast/das-interview/florian-wagner--frugalist,podcast-episode-66060.html (Zugriff am 18. Oktober 2020).

20 Bodo Schafer (1998).

21 Vgl. Elizabeth Dunn, Michael Norton (2013), S. 85-87.

22 Andreas Beck, Wolf Dieter Enkelmann (2010), S. 10.

23 Daniel Kahneman (2012), S. 465-503.

24 자기만의 의식 관념이 있고 허세를 부리며 낭비가 많은 문화권에서 시스템을 안정화시키는 데 중요한 역할을 한다.

25 '혁신적인' 해답이랍시고 별장을 아예 없애버리는 전형적인 사례다. 만약 당신이 이런 방식을 통해 일종의 여유를 갖고자 한다면, 당신은 시한폭탄 위에 앉은 꼴이 될 것이다.

26 Wladimir Kaminer (2009).

27 Elizabeth Dunn, Michael Norton (2013), S. 101-128.

28 Elizabeth Dunn, Michael Norton (2013), S. 130-159, insbes. 135-138.

Über Geld nachdenken

인생을 좌우하지만 제대로 이야기해본 적 없는

돈을 생각하다

1판 1쇄 인쇄	2022년 2월 23일
1판 1쇄 발행	2022년 3월 2일

지은이	니콜라우스 브라운
옮긴이	박제헌
펴낸이	고병욱

책임편집 유나경 **기획편집** 윤현주 장지연 조은서
마케팅 이일권 김윤성 김도연 김재욱 이애주 오정민 **디자인** 공희 진미나 백은주 **외서기획** 이슬
제작 김기창 **관리** 주동은 조재언 **총무** 문준기 노재경 송민진

펴낸곳	청림출판(주)
등록	제1989-000026호

본사	06048 서울시 강남구 도산대로 38길 11 청림출판(주) (논현동 63)
제2사옥	10881 경기도 파주시 회동길 173 청림아트스페이스 (문발동 518-6)
전화	02-546-4341 팩스 02-546-8053
홈페이지	www.chungrim.com
이메일	cr1@chungrim.com
블로그	blog.naver.com/chungrimpub
페이스북	www.facebook.com/chungrimpub

ISBN	978-89-352-1372-6 (03320)